Walter Delabar

Literaturwissenschaftliche Arbeitstechniken

Eine Einführung

Für Jasmin Grande als Dank

Die Deutsche Nationalbibliothek verzeichnet diese Publikation
in der Deutschen Nationalbibliografie;
detaillierte bibliografische Daten sind im Internet über
http://dnb.d-nb.de abrufbar.

Die Herausgabe dieses Werkes wurde durch
die Vereinsmitglieder der WBG ermöglicht.
Einbandgestaltung: schreiberVIS, Seeheim
Satz: Lichtsatz Michael Glaese GmbH, Hemsbach
Gedruckt auf säurefreiem und alterungsbeständigem Papier
Printed in Germany

Besuchen Sie uns im Internet: www.wbg-wissenverbindet.de

ISBN 978-3-534-22256-8

Inhalt

I. Wissenschaftliches Arbeiten

1. Was ist Literaturwissenschaft?

Gesellschaftliches Zentralmedium Text

Am Anfang steht eine banale Feststellung: Wissenschaftliches Arbeiten besteht in den Literaturwissenschaften in der Regel darin, Texte zu lesen, um daraus wieder Texte zu machen. Ein wissenschaftliches Studium zu absolvieren bedeutet deshalb vor allem, diejenigen Kompetenzen zu erwerben, die es Ihnen ermöglichen, wissenschaftliche Texte zu produzieren. Das klingt profan und nicht besonders bedeutend, ist es aber nicht: Denn ohne Texte ist unsere Gesellschaft nicht denkbar. Texte zu verstehen, einzuordnen und zu produzieren ist zwar auf den ersten Blick nichts Besonderes. Erst ein zweiter Blick macht deutlich, dass der Gegenstand literaturwissenschaftlichen Arbeitens 1. bedeutender Teil unserer persönlichen Lebenswelt ist und 2. die Erkenntnis von Wirklichkeit ermöglicht. Wir greifen auf Realität nicht direkt, sondern vermittelt über Sprache zu. Wenn wir uns anderen vermitteln wollen, brauchen wir Vermittlungsinstrumentarien, also Medien. Und das meistbenutzte und wohl leistungsfähigste Medium ist das Medium Text. Neben Texten gibt es ohne Zweifel noch andere Varianten von Sprache und (allgemein formuliert) Symbolformen: Gegenstände, Bilder, Formeln und Töne. Aber auch sie müssen aufgezeichnet werden und auch sie sind nichts anderes als Vermittlungsinstrumente, die zwischen uns, den anderen und der Realität stehen. Alle diese Medien müssen aufgezeichnet, archiviert, ausgewertet, analysiert und interpretiert werden und sie beschäftigen sich gleichzeitig damit. Das aber ist die Aufgabe der jeweiligen Fachwissenschaft, für die Literatur eben die der Literaturwissenschaft.

Besondere Bearbeitungsform von Realität

Literarische Texte nun sind besondere Bearbeitungsformen von Realität. Ihre wissenschaftliche Analyse legitimiert sich also genau daher: Fragen an literarische Texte sind immer Fragen nach dieser besonderen Verarbeitungsform von Realität.

Erkenntnisinteresse klarstellen

Das geschieht zumeist mit einem bestimmten Erkenntnisinteresse. Warum ist es interessant zu wissen, woher Brecht seine Anregungen für die *Dreigroschenoper* bezog? Oder Sie wollen zeigen, dass in Heinrich Manns Roman *Der Untertan* eine bestimmte Mentalität kritisiert wird, nennen wir sie „Untertanengeist“, die die Entwicklung des obrigkeitshörigen Denkens im Wilhelminischen Deutschland befördert hat. Oder Sie interessiert die Entwicklung des Frauenbildes in der Literatur des 18. Jahrhunderts. Jedes dieser Themen steht im Zusammenhang mit spezifischen Fragen an die Gesellschaft, an ihre Konstruktion und die Möglichkeiten ihrer Änderung. Erkenntnisinteresse und die Erklärung von Zusammenhängen sind unverzichtbare Bestandteile von Wissenschaft. Deshalb müssen Sie sich am Beginn Ihrer Arbeit damit beschäftigen, herauszuarbeiten, „warum“ Sie sich „womit“ beschäftigen: Gegenstand, Erkenntnisinteresse und deren Ausrichtung stehen also am Beginn.

Nutzen von Wissenschaft

Wissenschaft insgesamt ist Teil eines Prozesses, in dem es – allgemein gesagt – um die Verbesserung unserer Lebensbedingungen geht. Dazu trägt jedes wissenschaftliche Fach bei, auch die Literaturwissenschaft. Der Fortschritt von Wissenschaft und Fächern jedoch ist teilweise nur indirekt diesem generellen Interesse verpflichtet. Jedes Fach beschäftigt sich auch mit Themen und Aufgaben, die nur die wissenschaftlichen Fächer selber interessieren: Sie dienen dazu, sie funktionsfähig zu halten, sie dienen der Selbstvergewisserung, sie stellen die Grundlagen dafür bereit, dass jede Wissenschaft angemessen funktionieren kann.

Funktion der Spezialthemen

Sich über die Spezialthemen einer Wissenschaft lustig zu machen, ist einfach: Sich über Editoren oder Archivrecherchen, in denen zum Teil Jahre intensiver Arbeit stecken, zu amüsieren, ist billig, wenn man sich nicht die Mühe macht, zu prüfen, warum solche Arbeiten wichtig sein können. Die Kluft zudem zwischen Natur- und Geisteswissenschaften, zwischen Wissenschaften und unserem Alltagsleben rührt nicht zuletzt daher, dass viele wissenschaftliche Themen für die jeweils andere Seite unwichtig und nicht nachvollziehbar sind. Auch wenn man jede Wissenschaft jederzeit der Prüfung unterziehen muss, was an ihr relevant ist oder nicht, hat jede Wissenschaft grundsätzlich ihren Platz im gesellschaftlichen und kulturellen Gefüge.

Kriterien wissenschaftlicher Arbeit

Sie können sich im Alltag ohne Weiteres für Themen interessieren, wie sie oben genannt worden sind. Sie können sich als Laie um diese Themen intensiv bemühen (das heißt ohne eine wissenschaftliche Ausbildung und ohne den dafür notwendigen Apparat) und Sie können das als Wissenschaftler/in tun. Nur, wo der Laie, der (im positiven Sinne) „Dilettant" seinen persönlichen Vorlieben und seinen selbst entwickelten und nur für ihn gültigen Denkweisen folgen darf (und dabei oft sehr interessante Ergebnisse erzielt), muss sich der/die Wissenschaftler/in einer genauen Kontrolle unterwerfen und der Selbstkontrolle unterziehen: Wissenschaft beruht auch in den diskursiven Wissenschaften – wie in den exakten (Natur-) Wissenschaften oder den Sozialwissenschaften – auf offen verhandelten Voraussetzungen, nachprüfbaren Quellen, stringenten und konsistenten Argumentationsschritten und schließlich darauf, dass alles das, was wissenschaftlich behauptet wird, auch der Diskussion offensteht. Wissenschaft kann auch behaupten (sie muss es sogar), aber sie muss sich auch damit befassen, diese Behauptungen zu belegen und plausibel zu machen. Dazu dienen wissenschaftliche Regeln, mit anderen Worten: die jeweiligen Methoden.

Wissenschaftliches Arbeiten unterscheidet sich also von anderen Formen der Aneignung von Gegenständen oder Themen durch Regeln, die dazu dienen, ihre Ergebnisse nachvollziehbar, wiederholbar und kontrollierbar zu machen. Das bedeutet für die Naturwissenschaften, soweit sie sich als exakt und empirisch verstehen, etwas anderes als für die Geisteswissenschaften oder die Sozialwissenschaften.

Benennen und Erklären

Wissenschaften ordnen, erklären, modellieren und machen Voraussagen. Ihre Basis-Operationen sind folglich „Klassifikation, Experiment, Modellkonstruktion und die Entwicklung von Theorien oder Aussagesystemen" (Jensen 1999, S. 914). Das geschieht in einem Umfeld, das sich stetig ändert. Damit ändern sich nicht nur die Gegenstände, auch die Wissenschaftler, ihre Methoden und selbst ihre Fragen ändern sich.

Orientierung geben, handlungsfähig machen

Wissenschaft soll Menschen in einer komplexen und sich schnell verändernden Welt Orientierung geben und sie handlungsfähig machen. Menschen sollen Handlungsmöglichkeiten erkennen, entwickeln und ihr eigenes Handeln kontrollieren können. Damit sich Menschen aber in einer sich rasch ändernden Welt bewegen können, brauchen sie auf den verschiedensten Ebenen oder Handlungsbereichen etwas, was Struktur, Ordnung oder Modell genannt werden kann. Diese Ordnung ist aber nicht den jeweiligen Handlungsbereichen eingeschrieben, sondern wir ordnen Gegenstände nach Kriterien, die wir selbst festlegen. Daraus ergibt sich ein Ordnungs- wie Wahrnehmungsmodell. Dieses Modell ist nichts anderes als ein Denkmuster, eine Hypothese, wie Sachverhalte oder Phänomene zu erklären sind oder wie sie funktionieren.

Erfolg statt Wahrheit

Das aber heißt, dass Wissenschaft im Grundsatz nicht an der Wahrheit orientiert ist, sondern am Erfolg – nämlich am Erfolg der Erklärung. Hier taucht jedoch kein moralisches Problem auf (das sich etwa im Widerspruch von Erfolg und Wahrheit ausdrücken könnte), sondern ein faktischer Maßstab: Wissenschaftliche Wahrheit muss sich in der Realität erproben lassen, muss erfolgreich sein.

Erfolg ist Akzeptanz ist Plausibilität

So kann es geschehen, dass Erklärungsmodelle eine lange Zeit Bestand haben, anerkannt werden und als wissenschaftlich gelten, dann jedoch von anderen Modellen abgelöst werden und ab dann als überholt und veraltet, mithin als wissenschaftlich falsch gelten. Der Erfolg eines wissenschaftlichen Denkmodells ist so gesehen nicht notwendig daran orientiert, ob es wahr ist, sondern daran, ob es akzeptiert wird. Seine Erklärungs- und Lösungsansätze müssen als plausibel und angemessen gelten. Das ist aber im Wesentlichen von gesellschaftlichen und kulturellen Standards abhängig.

Prämissen und Ergebnisse

Die Schwierigkeiten, die dabei entstehen, stammen daher, dass Grundannahmen, Prämissen und Rahmenbedingungen, die zum Teil sogar unausgesprochen sein können, das Verständnis und damit die Kommunikation erschweren. Wissenschaftler/-innen können also je nach Ausgangslage zu unterschiedlichen Ergebnissen kommen.

Sachlichkeit, Sachgemäßheit, Angemessenheit

Damit wird die Seriosität von Wissenschaft nicht in Frage gestellt. Unser Verständnis von einer angemessenen und seriösen Wissenschaft ist dagegen zeitgebunden und von ihren Kontexten abhängig. Und das bedeutet, dass Wissenschaft immer auch ihre Bedingungen und Prämissen mitreflektieren muss, wenn sie angemessen vorgehen will. Objektiv ist sie nur in dem Sinne, dass, wer sie betreibt, sich um Sachlichkeit, Sachgemäßheit und Angemessenheit bemühen muss.

Wenn auch in allen Wissenschaften grundsätzlich die Ziele, Kriterien und Verfahren ähnlich sind, kann das in jedem Fach zu völlig anderen Konsequenzen führen. Jede Wissenschaft kann nur die Fragen beantworten, die ihren Gegenständen angemessen ist.

2. Text und Literatur: Gegenstände der Literaturwissenschaften

Textwissenschaften

Textwissenschaften sind anders als andere Wissenschaften. Das hat vor allem mit dem Gegenstand zu tun. Texte gehören zwar zweifelsohne zu den beobachtbaren Sachverhalten, aber sie gehören zweifellos zu einer anderen Kategorie von „Gegenständen“ als Strömungsverhältnisse in Luftschichten, als Sporen unter einem Mikroskop oder als das Verhalten von Einzelmenschen in Massenversammlungen. Über deren Beschreibung mag es zwar unterschiedliche Ansätze und Auffassungen geben. Dahinter steckt aber der Wunsch nach einer möglichst präzisen Beschreibung, die nutzbringend eingesetzt werden kann. Literaturwissenschaftler beschäftigen sich vor allem, so Jürgen Schutte, mit der „Literatur als ‚gesellschaftliche[s] Verhältnis‘ und als […] spezifische kommunikative Tätigkeit des Menschen“ (Schutte 1993, S. 3). Auch in den Literaturwissenschaften gibt es den Wunsch nach Modellen, die die Vielfalt der Realität in sich aufheben können. Aber statt von Modellen und Formeln sprechen die Literaturwissenschaftler lieber von Strukturen, Typen oder Mustern. Literaturwissenschaftler verwenden in der Regel Texte. In diesen Texten stellen sie Verbindungen her oder sie präsentieren Erklärungs- und damit Deutungsversuche (also Hypothesen und Denkmuster).

Themen der Literaturwissenschaft

Die Gegenstände der Literaturwissenschaften haben sich in den vergangenen Jahrzehnten, also etwa seit 1967 deutlich verändert. Durchgängig bis heute bildet die Auseinandersetzung mit dem literarischen Kanon eine wichtige, wenn nicht die wichtigste thematische Konstante in der Literaturwissenschaft. Gelegentlich wird die Etablierung der Weimarer Klassik, also der Literatur der Autoren um Goethe und Schiller, als eines der wichtigsten Verdienste der frühen Germanistik bezeichnet. Zugleich hat sie sich aber seit den 1960er Jahren in viele nicht minder wichtige Teilbereiche ausdifferenziert. Zu diesen Teilbereichen gehören:

- die Kinder- und Jugendliteratur
- die Massen- und Trivialliteratur
- die Arbeiter- und proletarische Literatur
- die Erzähltheorie
- die Forschung zur Sach- und Fachliteratur
- die literaturhistorische Lexikografie
- die Forschung zu einzelnen Epochen und Themen, die nicht auf Autorinnen und Autoren fokussiert ist
- Studien zu Autorinnen und Autoren, die vom Kanon nicht berücksichtigt oder mittlerweile wieder vergessen worden sind
- die Exilforschung
- die Literatur des Dritten Reiches
- interdisziplinäre Themen unter Einschluss von Musik, Film oder Theater
- kulturwissenschaftliche Themen
- Gender und Geschlecht
- Performance
- sozialhistorische Themen.

Funktion von Texten

Der Gegenstand aller Literaturwissenschaften ist im Zentralbereich des gesellschaftlichen Lebens angesiedelt, denn Text ist das wichtigste Beschreibungs-, Simulations- und Reflexionsmedium der Gesellschaft. Keine Gesellschaft ist denkbar ohne Symbolisierungs- und Simulationsformen, die als Kommunikationsmedien fungieren. Je komplexer die Gesellschaft und entwickelter das technologische, soziale und wirtschaftliche System ist, desto bedeutender werden sie. Schrift und Text übertreffen dabei noch Bild, Musik, Kunst oder mathematische Formeln, weil sie der Wissensspeicherung, dem Nachvollzug von Ereignissen und der Reflexion von Erfahrung dienen und weil die Fähigkeit zu ihrer Rezeption weit verbreitet ist. Lesen und schreiben zu können gehört zu den Grundkompetenzen unserer Kultur. Außerdem sind Texte kommunikations- und handlungsorientiert und auf diese Weise in die Alltagspraxis integriert. Das heißt, dass Texte nicht nur der stillen Lektüre vorbehalten sind, sondern zum einen der Verständigung zwischen Menschen dienen, auch der unter Wissenschaftlern. Zum anderen dienen sie der Anleitung zum Handeln: Von Gebrauchsanleitungen bis zu stark abstrahierten Texten, die für den ungeübten Leser oft unverständlich und extrem selbstbezüglich zu sein scheinen, sollen Texte immer letztlich Handeln in Gesellschaft möglich machen. Das kann direkt und unmittelbar geschehen (Handlungs- und Betriebsanleitungen). Das kann aber auch sehr vermittelt geschehen. Da aber menschliches und das heißt gesellschaftliches Handeln über Medien vermittelt wird, müssen diese Medien (d.h. vor allem Texte) einerseits mit Bedeutung aufgeladen werden und andererseits verstanden, interpretiert werden. Texte sind damit nicht per se handlungsorientiert, sie können sich auch auf die grundsätzlichen Bedingungen menschlichen Handelns beziehen, diese Basis entweder konstruieren oder sie erkennbar machen. Das geschieht durch unterschiedliche Textsorten.

Praxisrelevanz hat Literatur (und damit auch Literaturwissenschaft), weil Literatur Realität in mehrfacher Hinsicht verarbeitet: als Abstraktion, metaphorisch, symbolisch, als Spiegel, als Reflex, als Simulation, als Spiel. Sie funktioniert auch als ihr Gedächtnis.

Literatur und Realität

Die Literatursoziologie hat sich immer aufs Neue am Verhältnis von Literatur und Realität abgearbeitet und dabei immer neue Erklärungsvarianten ausgebildet. Dabei ist als grundsätzliches Ergebnis zum einen festzuhalten, dass der Referenzbereich von Literatur immer Realität ist. Zum anderen aber ist Realität für Menschen nur medial erfassbar. Es mag sich dabei um Medien handeln, die zur körperlichen Ausstattung von Menschen gehören (die Augen zum Beispiel), oder um Medien, die von ihnen selbst als technische Applikationen entwickelt wurden (Fernseher oder Bücher). Spätestens diese Erkenntnis begründet den zweiten Referenzbereich von Literatur, nämlich die Literatur selbst. Texte beziehen sich auf Texte (oder andere Medien), weil nur sie kommunikative Funktionen übernehmen können. Texte beziehen sich aber auch deshalb auf Texte, weil sie einem gemeinsamen Kontinuum angehören, das von spezifischen Regeln und Konstituenten bestimmt wird, nämlich von den Regeln und Elementen der Textproduktion.

Kulturelles Gedächtnis

„Literatur ist, emphatisch gesprochen, eine spezifische Form des kulturellen Gedächtnisses, die intensive Beschäftigung mit Literatur ist gesellschaftliche Erinnerungsarbeit" (Jeßing, Köhnen 2007, S. IX). Ohne Zweifel sind

Gedächtnis und Erinnerung wichtige Aufgaben der Literatur und damit auch der Literaturwissenschaft. Nicht zuletzt die Besonderheiten der deutschen Geschichte verweisen uns ganz energisch darauf, dass eine Bewältigung der Gegenwart ohne Kenntnis ihrer Entstehung nicht möglich ist. Aber die Aufgaben von Literaturwissenschaft gehen darüber hinaus. Daraus lassen sich aber bereits weit reichende Konsequenzen ziehen: Denn auch die Beschäftigung mit den historischen literarischen Beständen ist eben auch eine Beschäftigung mit den Reflexions- und Simulationsweisen, wie sie in diesen Texten aufgehoben sind. Auf diese Weise lässt sich erkennen, wie andere Menschen in anderen Situationen gedacht und gehandelt haben oder ggf. gehandelt hätten. Die Beschäftigung mit dem Archiv Literatur erhellt damit nicht nur vergangene Verhältnisse, ihre Vorformen oder die Genese der gegenwärtigen, sondern eben auch die Wahrnehmung von Differenz und Alterität: Jeder gesellschaftliche Zustand, jedes Problem und jede Lösung wird wahrnehmbar und prüfbar, auch prüfbar darauf hin, wie sie mit der eigenen Gegenwart zusammenhängen oder welche Alternativen zur Gegenwart sie denkbar machen. Das hat politisch und ideologisch positive wie negative Seiten. Qualität hat diese Herangehensweise in jedem Fall.

Literatur als Simulationsmedium

Das heißt: Literatur ist zwar ein „Sonderfall der Kommunikation“, aber dieser Sonderfall hat mehr Aufgaben als nur Erinnerungsarbeit zu leisten oder Gedächtnis zu sein: Zu diesen Aufgaben gehören Unterhaltung und Zeitvertreib ebenso wie die Anleitung zum selbständigen Denken, die Kritik vergangener und heutiger, ja auch die Vorwegnahme künftiger Entwicklungen und die Diskussion von drängenden Problemen: also Simulation, Reflexion und Diskussion.

Enger und weiter Literaturbegriff

Bisher ist der Begriff „Literatur“ verwendet worden, ohne ihn genau zu bestimmen. Dass er vom Begriff „Text“ abzugrenzen ist, dürfte klar geworden sein. „Literatur“ meint vor allem Belletristik, also schöne Literatur. Das aber ist nur ein „enger“ Begriff von Literatur, der von der Praxis in den Literaturwissenschaften und in der Literaturproduktion der Autoren längst überholt ist. An die Stelle des engen ist ein weiter Literaturbegriff getreten, mit dem alle Texte in den Fokus der Literaturwissenschaften rücken, die über einen eingeschränkten praxisorientierten Charakter hinausgehen. Alles was nicht Fach-, Sach- oder Gebrauchstext ist, ist Literatur.

Gattungen

Damit umfasst der Literaturbegriff deutlich mehr als nur die drei Kerngattungen Lyrik, Dramatik und (erzählende) Prosa, die im 18. Jahrhundert durchgesetzt wurden. Selbstverständlich gehören heute Autobiografien, Reiseberichte, Reportagen, Briefe, Essays, Features, Filmskripte, Hörspiele, Flugblätter, Text-Bild-Montagen, transmediale Formen insgesamt und vieles andere mehr zur Literatur oder sagen wir besser zum Gegenstandsbereich, der von Literaturwissenschaftlern untersucht und behandelt wird. Text ist in Abgrenzung dazu jede schriftliche oder schriftlich fixierte (als Buchstabenfolgen) Form der Kommunikation.

3. Arbeitsbereiche der Literaturwissenschaft

Teilbereiche der Literaturwissenschaft

Literaturwissenschaft beschäftigt sich, lässt man die Teilbereiche des Faches Revue passieren, mit den folgenden Themen:

- biografische und bibliografische Recherche
- literaturhistorische Lexikografie (Autoren- und Sachlexika)
- Textbeschreibung
- Texterstellung in Edition und Kommentar
- Textlektüre, Textverständnis, Textanalyse und Texterklärung, die zur Einordnung der Texte in ihren historischen, kulturellen und gesellschaftlichen Kontext einerseits oder der Interpretation des Textes andererseits ausgefächert werden
- Literaturtheorie (inkl. Ästhetik und Erzähltheorie) und Modellbildung, in denen die Funktionsweise der Literatur und die Funktion der Literatur in der und für die Gesellschaft reflektiert wird
- Methodik, um die Qualität der Forschung und ihre Ergebnisse durch die Reflexion ihrer Vorgehensweisen zu garantieren
- Kultur- und Literaturgeschichte unter Einschluss der Autorenbiografien und der Veränderungen des Literaturbetriebs
- Rezeption von Literatur
- Literaturdidaktik, also die Vermittlung von Literatur
- Begriffs- und Fachgeschichte als Versuch, die historische Situierung des Faches zu erforschen und festzuhalten.

Mit anderen Worten beschäftigen sich Literaturwissenschaftler damit, die Basis ihrer eigenen Tätigkeit, also Texte zu sichern und zur Verfügung zu stellen. Sie ordnen diese Texte dann in Klassen und Rubriken ein, kümmern sich um diejenigen Personen, die diese Texte hervorgebracht haben, um sich ein möglichst genaues Bild vom Text, seiner Entstehung, seinen Entstehungsbedingungen und seiner Bedeutung zu machen. Sie ordnen Autoren zu Strömungen oder Gruppen und analysieren die Strukturen, in denen sie sich bewegen. Sie nehmen die Texte genau unter die Lupe und analysieren ihre Elemente auf den verschiedenen Ebenen (Themen, Motive, Stil, Konstruktionen etc.), sie interpretieren sie und sie erklären sie (d. h. sie beschäftigen sich damit, welche Themen, Fragestellungen und Lösungen sie für welche Probleme anbieten, und aus welchem Grund sie dies tun). Schließlich beschäftigen sie sich damit, wie Texte zu überliefern und zu vermitteln sind. Dieser ganze Komplex wird theoretisch erfasst und es werden Modelle entworfen, wie Literatur arbeitet und welche Funktionen sie übernimmt. Daneben beschäftigen sich Literaturwissenschaftler damit, wie sie das, was sie tun, korrekt tun. Sie definieren Begriffe und schreiben die Geschichte ihres eigenen Faches.

Literarische Texte als Kernbereich

Im Kern des Faches stehen aus Gründen der Tradition die literarischen Texte, also jene fiktionalen Sprechweisen, in denen Realität reflektiert, simuliert und diskutiert werden kann. In diesem Sinne bilden Romane, Erzählungen, Gedichte und Dramen und die sich darauf beziehenden sonstigen Textäußerungen den historischen Kern des Faches. Hauptgegenstand sind Texte, die zur Prosa, Lyrik oder Dramatik gehören und zudem zu einem bestimmten Korpus von Texten mit breiter Anerkennung (Kanon).

Der Ort bestimmt die Wissenschaft

Wissenschaft findet in der Universität statt. Lesen, Schreiben, Hören und Sprechen sind unter anderem deshalb literaturwissenschaftliche Tätigkeiten, weil sie in Bibliotheken, Archiven, Akademien, Instituten, Tagungen und Hörsälen stattfinden und die literarische Qualität von Texten in den Fokus nehmen. Eine Bibliothek ist ein anderer Ort als eine sommerliche Liegewiese in einem Freibad, obwohl an beiden Orten (unter anderem) gelesen und geschrieben wird, auch wissenschaftlich.

Das Ziel der literaturwissenschaftlichen Arbeit ist das bessere Verständnis der Texte, des Schreibprozesses und der Rezeption. Handlungsrelevant wird diese Tätigkeit, wenn wir Texte als Symbolisierungs- und Simulationsformen verstehen, die Kommunikation überhaupt erst ermöglichen. Das heißt, indem Texte verstanden werden, kann die von ihnen behandelte Realität verstanden und behandelt werden. Dies aber wird nur über weitere Texte möglich, die aus dem wissenschaftlichen Prozess heraus entstehen. Die literaturwissenschaftliche Tätigkeit ist also zirkulär und zugleich fortschreitend angelegt.

Methoden und Theorien

Methoden und Theorien sind Handwerkszeug, ohne die die literaturwissenschaftliche Arbeit nicht möglich und nicht wissenschaftlich wäre (Baasner, Zens 1990). Methoden sind Verfahren, die es ermöglichen, Erkenntnisse zu schaffen, zu sichern, vergleichbar und nachvollziehbar zu machen. Sie folgen Regeln, die dies ermöglichen. Allerdings bedeutet das nicht, dass damit festgelegt wäre, welche Methoden und Modelle ein Wissenschaftler oder eine Wissenschaftlerin benutzt. Lediglich in der Editionswissenschaft hat sich ein Standard durchgesetzt, der einigermaßen stabil ist. Aber sobald wir diese einigermaßen sichere Basis der literaturwissenschaftlichen Arbeit verlassen, herrscht große Vielfalt. Welcher Methode Wissenschaftler folgen, hängt von vielen Voraussetzungen ab. Außerdem lassen sich verschiedene Methoden miteinander kombinieren.

Wissenschaftliche Methode

Grundsätzlich heißt „wissenschaftliche Methode“:

1. Sie gehen mit dem Ziel vor, die gewählten Texte zu verstehen und erklären zu können, das heißt, die gewählte Fragestellung beantworten zu können. Dafür müssen Sie Ihr Vorgehen auf Ihren Gegenstand anpassen. Methodisch vorzugehen heißt hier vor allem erst einmal, dass Sie kontrolliert und von Regeln geleitet vorgehen.
2. Sie bewegen sich in der Regel in drei Arbeitsbereichen: in der Literaturgeschichte (unter Einschluss der Kulturgeschichte), in der Literaturtheorie und in der Interpretation. Jeder Arbeitsbereich hat seine besonderen Anforderungen an methodisches Vorgehen.

Theorien haben in den letzten Jahrzehnten einen unglaublichen Boom erlebt. Konnte man in den 1960er Jahren noch grob von zwei Schulen sprechen, der Kritischen Schule und der werkimmanenten Schule, hat sich das Feld heute stark ausdifferenziert. Das von Ansgar Nünning herausgegebene *Metzler Lexikon Literatur- und Kulturtheorie* referiert auf über 720 Seiten theoretische Entwürfe, Modelle, Begriffe und die damit verbundenen Autoren. Das führt uns zu dem Widerspruch, dass wir heute zwar mehr Möglichkeiten haben, Literatur zu begreifen, dabei jedoch außer den Texten keine Arbeitsbasis (also Theorie oder Methode) haben, die verbindlich und verpflichtend wäre. Das heißt, wir verzichten heute darauf, verbindliche Aussagen zu treffen, um stattdessen in ein permanentes wissenschaftliches Gespräch eingebunden zu sein, in dem es unter anderem darum geht, Einverständnis über Texte zu erzielen.

Das führt uns zur Funktion von Theorien:

Theorien

Theorien sind Erklärungsmodelle, die es erlauben, Ereignisse und Gegenstände zu ordnen, aufeinander zu beziehen sowie ihre Eigenschaften und ihre Funktion zu erklären.

Sie können erklären, was geschieht und wie das zu beurteilen ist, sie sind aber nicht identisch mit dem Geschehen. Sie sind die notwendige Voraussetzung für Erkenntnis. Je nach Prämisse und Interesse können sie sich jedoch deutlich voneinander unterscheiden.

Sie werden feststellen, dass sich auf der einen Seite die wesentlichen methodischen und theoretischen Zugriffe hinreichend deutlich voneinander unterscheiden lassen. Auf der anderen Seite hat jeder dieser Zugriffe ein bestimmtes Ziel und lässt deshalb auch Grenzen in seinen Ergebnissen erwarten. Außerdem ist seit den 1970er Jahren die Zahl der Methoden und Theorien stark gewachsen.

Theorien- und Methodenvielfalt

In einem 1975 erschienenen Standardwerk wurden zum Beispiel vier Methoden voneinander unterschieden: Positivismus, Formalismus/Strukturalismus, Hermeneutik und Marxismus (Hauff et al. 1975). Ein 1990 erschienener Band zu neueren Literaturtheorien erklärte nicht nur, dass sich aus Methoden Theorien entwickelt hätten. Der Band benannte auch eine Vielzahl neuerer Methoden/Theorien: unter anderem Diskursanalyse, Psychoanalyse, Semiotik, Kultursoziologie, Systemtheorie, Feministische Theorie, Dekonstruktion (Bogdal 1990, [3.]2005). Zugleich sind die Übergänge zwischen Methoden und Theorien immer fließender geworden, da die Basis jedes Verfahrens Denk- und Erklärungsmuster sind (vgl. Geisenhanslüke 2008).

In der literaturwissenschaftlichen Praxis dominiert heute ein Methoden- und Theoriepluralismus, der sich zum wesentlichen Teil nach dem jeweiligen Untersuchungsgegenstand und nach den Fragen richtet, die an seinem Beispiel beantwortet werden sollen.

Wenn Sie eine Theorie oder Methode wählen, dann sollten Sie ihr auch konsequent folgen. Das widerspricht nicht einem Methoden- und Theorienmix. Aber zum einen sind Sie verpflichtet, die Theorien und Methoden ernsthaft anzuwenden. Die Wahl eines psychoanalytischen Ansatzes hat mit Küchenpsychologie nichts zu tun. Achtung also vor Kurzschlüssen etwa der Art, dass ein merkwürdiges Verhalten einer Romanfigur oder eine Aufsehen erregende Themenwahl eines Lyrikers auf ein Kindheitstrauma des Autors schließen lasse. Zum anderen dürfen Sie nur Elemente verschiedener Theorieansätze oder Methoden miteinander kombinieren, bei denen das möglich ist. Sie müssen Kombinationen verschiedener Theorien und Methoden allerdings immer begründen.

4. Was Literaturwissenschaftler lernen

Textkenntnis und mehr

Wenn es bisher den Anschein hat, als ob literaturwissenschaftliches Arbeiten lediglich daraus besteht, tagtäglich am Schreibtisch zu sitzen, dann muss das hier (teilweise) korrigiert werden. Die Arbeit von Wissenschaftlerinnen und Wissenschaftlern kann sehr vielfältig sein und sehr verschiedene

Fähigkeiten und Kenntnisse erfordern. Das ist bereits in der Skizze wissenschaftlichen Arbeitens angedeutet worden, als dort von Bibliotheken, Archiven, Tagungen und der Lehre die Rede war. Literaturwissenschaftliches Arbeiten heute besteht nicht nur daraus, Aufsätze und Bücher zu schreiben und über die eigenen Spezialgebiete gelehrt zu dozieren. Wissenschaft heute ist viel mehr: Literaturwissenschaftliche Kompetenz besteht darin, sich in der Literatur des jeweiligen Fachgegenstands, also zum Beispiel in der deutschsprachigen Literatur in ihrer Gesamtheit, auszukennen und sein Wissen stets zu erweitern. Wenn sich die Literaturwissenschaft aber darauf beschränken würde, würde sie zurecht an Bedeutung verlieren. Denn keine Gesellschaft leistet sich eine Wissenschaft, die sich auf die Verwaltung von Wissensbeständen beschränkt. Insbesondere dann, wenn sehr schnell zu belegen ist, dass niemand diese Wissensbestände auch nur einigermaßen aufnehmen, speichern und wiedergeben, und erst recht, wenn niemand sie anwenden und verwenden kann.

Ein einfaches Rechenbeispiel zeigt, dass es nichts weniger als überheblich ist zu behaupten, irgendjemand sei in der Lage, auch nur die deutsche Literatur des 20. Jahrhunderts in Gänze zu kennen.

Man kann nicht alles lesen

Ein Wissenschaftlerleben dauert vielleicht 50 Jahre. Nehmen wir an, dass ein fleißiger Literaturwissenschaftler pro Woche zwei Bücher liest, (die, sagen wir zwischen 200 und 300 Seiten umfassen), dann bringt er es in seinem gesamten beruflichen Leben auf etwa 5200 Bücher inkl. Sekundärliteratur. Das ist viel und eine beeindruckende Leistung, aber eine flächendeckende Kenntnis lässt sich auf diese Weise nicht ansammeln, zumal nicht am Beginn einer wissenschaftlichen Karriere. Nach drei Jahren Studium kommen Sie auf etwas mehr als 300 Bücher und gelten damit als ausgebildeter Fachmensch. Kein Wunder also, dass viele Studierende aber auch erfahrene Literaturwissenschaftler darunter leiden, sich in ihrem eigenen Fach nicht wirklich auszukennen und kaum alle als kanonisch geltenden Texte der Primär- und Sekundärliteratur zu kennen. Wissenschaftler müssen also in jedem Fall extrapolieren, das heißt lernen, von dem, was sie wissen, auf anderes zu schließen. Sie müssen sich aber auch beschränken, um überhaupt ernsthaft ihr Fach zu betreiben (nicht zuletzt hieraus bezieht der literarische Kanon seine Legitimität). Leselisten helfen hier, auch wenn sie problematisch sind.

Praxisrelevanz

Außerdem wird jede Wissenschaft heute (und gerade die Literaturwissenschaft) auf mehr drängen, und sei es, dass sie sich als Schreibschule oder als Vorbereitungsinstanz für andere, praktische Tätigkeiten versteht, etwa für den Deutschunterricht oder eine Tätigkeit im Verlagswesen.

Literaturwissenschaftliche Kompetenzen

Schaut man sich die literaturwissenschaftliche Tätigkeit an, dann besteht sie aus mehreren, vielfältigen Tätigkeitssegmenten:

- Themenfindung
- Problematisierung
- Gegenstandsbefragung
- Recherche
- Reflektion
- Abstraktion
- Diskussion

- Ableitung und Hinleitung
- Darstellung und
- Wiedergabe.

Literaturwissenschaftler müssen lesen, schreiben und reden können. Sie müssen logisch zu denken vermögen und sie müssen Sachverhalte unterschiedlicher Provenienz, die nichts miteinander zu tun zu haben scheinen, in Zusammenhang bringen können. Sie müssen von wenigen erkennbaren Elementen auf große Zusammenhänge schließen können. Sie müssen in der Lage sein, Informationen zu erkennen und sie angemessen zu verarbeiten.

Sieht man die literaturwissenschaftliche Tätigkeit so, dann bleibt vom „grauen Ärmelschoner" und vom „schön schreibenden Ästheten" wenig übrig. An deren Stelle treten Wissenschaftsarbeiter, die vielfältig gebildet und einsetzbar sind und die zahlreiche Kompetenzen ausgebildet haben.

Literaturwissenschaftler als Textarbeiter

Literaturwissenschaftler entwickeln sich also mehr und mehr zu einer Art Textarbeiter. Im Kernbereich des Faches finden sich zwar immer noch die bekannten Themen und Gegenstände: in der Germanistik zum Beispiel literarische Texte vom Mittelalter bis zur Gegenwart. Aber an den Rändern und in der beruflichen Praxis, für die sich Literaturwissenschaftler zweifelsohne qualifizieren, sind es weniger diese Gegenstände als die Kompetenzen, die in der Beschäftigung damit eingeübt werden, die von Bedeutung sind. Solche literaturwissenschaftlichen Kompetenzen, die also beinahe nur nebenbei entwickelt werden, sind

- sich rasch in neue Themen einzuarbeiten und das Ergebnis dieses Arbeitsprozesses zusammenzufassen und zu präsentieren.
- Dafür müssen Literaturwissenschaftler lernen, aus Indizien und Hinweisen angemessene Folgerungen zu ziehen und zu präsentieren.
- Dafür müssen sie auch in der Lage sein, Beziehungen zwischen kulturellen Teilsystemen wahrzunehmen (etwa Literatur zu Kulturbetrieb oder Technikkultur) und produktiv zu bearbeiten. Der Zusammenhang zwischen den Medien, die uns zur Verfügung stehen, und den Gewohnheiten, die wir in der Bildung und Unterhaltung annehmen, ist zum Beispiel offensichtlich: Kalender „provozieren" Kalendergeschichten, Telefone motivieren zum Gespräch, Bücher dazu, sich zurückzuziehen (auch in der Öffentlichkeit).
- Konkrete Gegenstände müssen unabhängig davon, ob sie einem nah oder fern, bekannt oder unbekannt sind, abstrakt wahrgenommen werden, um sie beschreiben und verstehen zu können.
- Hinzu kommt, dass Literaturwissenschaftler sich intensiv damit beschäftigen, sachlich korrekt, in argumentativen Schritten und insgesamt zusammenhängend zu schreiben.
- Das schließt die formale Korrektheit ebenso ein wie den Anspruch, adressatengerecht zu schreiben.

Literaturwissenschaftliche Berufe und Kompetenzen

Literaturwissenschaftler werden bis heute meistens Lehrer. Genauer wäre es aber zu schreiben, dass es viele Lehrer gibt, die ein literaturwissenschaftliches Fach studiert haben. Egal aber ob Studierende in die Wissenschaft, in die Schule, in die Medien oder sonst wohin gehen, um zu arbeiten, Vermittlung wird ein bedeutender Teil ihrer Tätigkeit bleiben. Bereits im Studium werden solche Kompetenzen ausgebildet. Bereits bei der Vorbereitung und Umsetzung von Referaten und Thesenpapieren spielen Überlegungen eine Rolle, wie denn die Ergebnisse der eigenen Arbeit am besten vermittelt werden.

Hinzu kommen Kompetenzen etwa bei der Organisation und Durchführung von Tagungen, bei der Akquisition von Drittmitteln, bei der Strukturierung und Leitung von wissenschaftlichen Einheiten, was zum Beispiel auch Kompetenzen bei der Personalführung einbezieht. Das Ziel der heutigen wissenschaftlichen Karriere ist generell der Wissenschaftsmanager, der unabhängig von seinem fachlichen Profil Wissenschaft organisiert. Lesen und Schreiben allein reicht für eine wissenschaftliche Karriere heute nicht mehr aus. Auch außerhalb der Wissenschaft sind weitere Kompetenzen und Kenntnisse gefragt.

II. Materialsuche

1. Quellen: Primärquellen, Textausgaben, Sekundärquellen, Forschungsliteratur

Untersuchungsgegenstand und Quellen

Die Basis Ihrer literaturwissenschaftlichen Arbeit sind literarische Texte, also die Quellen – um damit einen Begriff zu wählen, der nicht nur Texte, sondern auch andere Medien umfassen kann. Wenn Sie interdisziplinär oder multimedial arbeiten, kommen zu den Texten weitere Quellenarten hinzu, die im Wesentlichen aber genauso herangezogen, gesucht, gefunden und bearbeitet werden wie literarische Quellen. Außerdem unterscheiden wir nach Primär- und Sekundärquellen.

Primär- und Sekundärquellen

- Primärquellen sind diejenigen Texte und Medien, die Gegenstand Ihrer Untersuchung sind. Das sind in der Regel literarische und belletristische Texte. Aber auch andere Textformen wie Essays, Sachtexte, theoretische Texte oder historische oder biografische Quellen können Gegenstand Ihrer Untersuchung sein.
- Sekundärquellen sind diejenigen Texte und Medien, die Sie benötigen, um Ihre Untersuchung durchzuführen. Die Sekundärquellen lassen sich nochmals unterscheiden nach
  - Forschungsliteratur, also Untersuchungen zum Gegenstand Ihrer Abhandlung, die bereits zuvor erschienen sind. Dazu zählen auch theoretische Texte oder Untersuchungen und Abhandlungen aus anderen Fächern, die Sie für Ihre Forschung heranziehen. Gelegentlich wird in Literaturlisten zwischen der allgemeinen Forschungsliteratur und der speziellen unterschieden. Auch Einträge in Nachschlagewerken und Lexika gehören zur Forschungsliteratur.
  - Materialien wie zum Beispiel historische und biografische Quellen, Archivmaterialien, mediale Zeugnisse aus dem Umkreis des Untersuchungsgegenstandes und andere literarische Texte, die einen ähnlichen Gegenstand behandeln, ähnliche Schreibweisen aufweisen wie der Text, den Sie behandeln, oder die vom Autor als Quellen benutzt worden sind

Primär- und Sekundärquellen werden im Literaturverzeichnis getrennt aufgeführt. Bereiten Sie das frühzeitig vor, indem Sie bei der Anlage bibliografischer Notizen in einer Datei bereits von vorneherein zwischen diesen beiden Quellenarten unterscheiden.

Fokus Primärquellen

Sie müssen Ihre Arbeit klar auf die Untersuchung Ihrer Primärquellen ausrichten. Das bedeutet, dass am Anfang eine intensive Lektüre Ihres Untersuchungsgegenstandes, Ihres Primärtextes erfolgt. Das hat zwei Funktionen, nämlich Sie mit dem Text so gut wie nur möglich vertraut zu machen und Sie in die Lage zu versetzen, für diesen Text Fragestellungen zu entwickeln, die Gegenstand Ihrer Arbeit sein können. Das bedeutet zudem, dass Sie den Schwerpunkt Ihrer Arbeit auf die Textarbeit legen müssen.

Das verschiebt sich bei theoretischen Arbeiten ein wenig. Eine Arbeit über die Funktion ausdifferenzierter Erzählperspektiven in modernen Texten wird wahrscheinlich einen theoretischen Text in den Vordergrund stellen, um dann die Varianten und Konzepte, die er entwickelt, an verschiedenen Primärtexten exemplarisch vorzuführen. Im Grunde genommen haben Sie aber dieselbe Struktur von Untersuchungsgegenstand und Hilfsmittel vor sich.

Untersuchungsgegenstand eingrenzen

Alle übrigen Quellen haben dienende und unterstützende Funktionen. Im Zentrum sollte Ihr Thema und sollten die dafür herangezogenen Texte stehen. Wenn Sie zum Beispiel über die „Mutter-Figuren in der Literatur von Autorinnen Ende der siebziger, Anfang der achtziger Jahre" arbeiten wollen – ein Thema, das in der feministischen und Gender-Forschung eine große Bedeutung hat –, dann sollte das Schwergewicht Ihrer Arbeit auf den dafür einschlägigen Texten liegen (also vor allem zum Beispiel auf Elfriede Jelineks *Die Klavierspielerin*, Helga Novaks *Die Eisheiligen* und Anna Mitgutschs *Die Züchtigung*). Die Fragen, weshalb diese Texte in diesem Zeitraum entstanden sind und warum sie in der feministischen Forschung einen derart hohen Stellenwert hatten, helfen Ihnen bei der Vorbereitung Ihrer eigenen Themenfindung und Fragestellung. Die Textarbeit sollte aber hier im Vordergrund stehen – wie sich aus der Fragestellung ableiten lässt. Es sei denn, Sie fokussieren klar auf die Diskussion in der Forschung und in den einschlägigen Feuilletons, in denen über Funktion, Bedeutung, politische und strukturelle Konsequenzen debattiert wird. In diesem Fall sind Ihre Primärquellen jedoch alle Texte und medialen Äußerungen, die diese Texte diskutieren.

Welche Textausgaben?

Für die wissenschaftliche Arbeit gilt immer und ausdrücklich, dass Sie nur zitierfähige Ausgaben benutzen dürfen. Die Notwendigkeit dieser Anforderung wird gerne unterschätzt, auch von Wissenschaftlern. Aber es kann – ernsthaft bedacht – von dieser Regel keine Ausnahme geben. Denn mit der Benutzung einer zitierfähigen Ausgabe stellen Sie sicher, dass Sie einen Text benutzen,

- der identisch ist mit dem Untersuchungsgegenstand,
- Aussagen über den Gegenstand überhaupt zulässt, also authentisch resp. historisch korrekt ist, und
- für andere nachvollziehbar ist, das heißt, andere müssen die betreffende Ausgabe des Textes finden können.

Allerdings sind hier qualitative Unterschiede und die jeweiligen Umstände zu berücksichtigen. Die Wahl der Textfassung oder Ausgabe hängt nicht zuletzt davon ab, welche Alternativen Sie überhaupt haben. Auch wenn wissenschaftliche Ausgaben literarischer Texte (die sogenannten Historisch-kritischen Ausgaben und deren Auskoppelung, die Studienausgaben) zu bevorzugen sind, stehen sie für viele Untersuchungen überhaupt nicht zur Verfügung. Studierende und Forscher, die sich mit den großen Autoren der Weimarer Klassik beschäftigen, genießen das Privileg, auf solche Ausgaben zurückgreifen zu können. Aber selbst für die großen Autoren der Klassischen Moderne (zum Beispiel Alfred Döblin) liegen oft keine abgeschlossenen, wissenschaftlich bearbeiteten Ausgaben vor. Die großen Brecht-, Benn-, Thomas Mann- und Franz Kafka-Ausgaben sind erst kürzlich vollendet worden. Sie werden sich also bei vielen Themen, vor allem bei Gegenwartsautoren und entlegenen Autoren behelfen müssen. Das aber sollten Sie kontrolliert und mit Bedacht tun.

Ausgaben

Grundsätzlich lassen sich vier Typen von Ausgaben unterscheiden, die als Untersuchungsgrundlage herangezogen werden können:

- Leseausgaben und Verlagsausgaben
- Werkausgaben
- Studienausgaben
- Historisch-kritische Ausgaben.

Bei Studien über neuere Texte insbesondere von lebenden Autoren müssen Sie sich notgedrungen in der Regel auf Lese- und Verlagsausgaben verlassen, die identisch sind mit den Originalausgaben und deren Nachauflagen. In der Regel werden Sie deshalb für eine Studie über Elfriede Jelineks *Klavierspielerin* beruhigt auf die Taschenbuchausgabe zurückgreifen können, ohne befürchten zu müssen, dass es bei ihr weit reichende Abweichungen von der Erstausgabe gibt. Da die Nachdrucke heute meistens nicht neu gesetzt, sondern nur umformatiert, vergrößert oder verkleinert und Texteingriffe der Autoren meist gekennzeichnet werden, kann man dies einigermaßen unbesorgt tun. Allerdings gibt es dazu auch kaum Alternativen.

In einigen Fällen wie zum Beispiel Günter Grass oder Volker Braun wurden bereits Werkausgaben zu Lebzeiten herausgegeben, die von Herausgebern betreut worden sind. Diese Ausgaben sind zu bevorzugen, weil sie in der Regel kontrollierte und von den Autoren genehmigte Fassungen bieten. Um das herauszubekommen, müssen Sie nachschlagen, ob es in der Ausgabe eine editorische Notiz gibt und welche Angaben dort zu finden sind.

Herausgeber solcher Werkausgaben müssen nicht notwendig Wissenschaftler sein, sondern sind oft Personen aus dem engeren Umkreis des Autors und des Verlags oder sind Personen, die sich ausgewiesener Maßen mit dem Autor bereits intensiv beschäftigt haben. Zwar werden immer wieder auch Literaturwissenschaftler mit solchen Ausgaben betraut. So hat zum Beispiel der Germanist Volker Neuhaus die erste Werkausgabe Günter Grass', die 1987 bei Luchterhand erschienen ist, herausgegeben. Werkausgaben werden oft von Verlagen initiiert. Und die haben ein Interesse daran, dass die Ausgaben schnell und kostengünstig auf den Markt kommen. Das bedeutet, dass die Benutzbarkeit des Textes in der wissenschaftlichen Arbeit ein Aspekt unter mehreren ist und möglicherweise nicht ausreichend berücksichtigt wird. Außerdem sind Verlage und Wissenschaftler oft froh darüber, dass Personen aus dem engeren Umkreis, die eine viel bessere Kenntnis vom Werk eines Autors haben, bei einer Werkausgabe mithelfen. Allerdings kann das dazu führen, dass die Texte dann nach Kriterien zusammengestellt werden, die nicht mit denen übereinstimmen, die von Literaturwissenschaftlern aufgestellt werden.

Exempel Bertolt Brecht

Die prominentesten Beispiele sind sicherlich Bertolt Brecht und Franz Kafka. Im Fall Brechts hat seine langjährige enge Mitarbeiterin Elisabeth Hauptmann die berühmte Werkausgabe von 1968 weitgehend bestimmt. Das hat dazu geführt, dass Hauptmann einen Brecht-Textkorpus kreiert hat, der ihrem Verständnis vom Willen Brechts entsprach und der zudem Brecht für die DDR kompatibel machte (so scheint es zumindest für einige Texte). Erst die mittlerweile abgeschlossene *Große kommentierte Berliner und Frankfurter Ausgabe* der Werke Brechts hat den Umfang der Texteingriffe und Textzurichtungen bekannt gemacht, die Hauptmann zu verantworten hat. Man wird in Zukunft also einen anderen Brecht zitieren müssen als bisher. Die Brecht-Rezeptionsforschung jedoch wird sich immer noch auf die alte Ausgabe beziehen müssen.

Hinzu kommt, dass Brecht selbst Zeit seines Lebens in seine Texte eingegriffen hat. Das bedeutet zum Beispiel, dass die Ausgabe der *Hauspostille*, die über Jahrzehnte im Taschenbuch oder in der Werkausgabe vertrieben worden ist, nicht identisch ist mit der Fassung der *Hauspostille*, die 1927 zum ersten Mal erschienen ist. Der historische Brecht ist also nicht identisch mit dem, der uns aus seiner Werkausgabe oder anderen Textfassungen entgegentritt.

Exempel Franz Kafka

Dasselbe gilt für Franz Kafka: Das Textkorpus, mit dem Kafka insbesondere nach dem Zweiten Weltkrieg seinen internationalen Triumphzug angetreten hat, ist nicht identisch mit den von Kafka hinterlassenen Texten. Max Brod, der Herausgeber und Promoter der Werke Kafkas, hat sich dem Wunsch seines verstorbenen Freundes zum Glück widersetzt und dessen Manuskripte nicht vernichtet, sondern zum Druck gebracht. Dafür hat er sie gesichtet, sie in eine für ihn sinnvolle Reihenfolge gebracht und, wo er es für notwendig hielt, bearbeitet. Erst die beiden neuen Kafkaausgaben, die allerdings verschiedenen Editionsprinzipien folgen, haben den ursprünglichen Kafka wieder zum Vorschein gebracht.

Textqualität klären

Wenn Sie also über Kafka und Brecht arbeiten wollen, müssen Sie sich zugleich immer auch darüber im Klaren werden, ob Sie überhaupt verlässliche Texte haben, und wissen, dass Autoren immer wieder in ihre Texte eingegriffen und sie den Zeitläufen und teilweise auch ihren gewandelten Einsichten angepasst haben. Irmgard Keun, Ernst Jünger, Erich Kästner oder Marieluise Fleißer haben immer wieder ihre Texte redigiert. Im Falle des erfolgreichen deutschen Schriftstellers Karl May hat zum Beispiel der Verlag über Jahrzehnte hinweg die Texte bearbeitet, gekürzt und verändert. Wohin Sie also schauen: Sie finden fast überall unsichere Texte, auch in den Werkausgaben.

Textverlässlichkeit

Warum ist es überhaupt wichtig, verlässliche Texte zu haben?

1. Sie müssen sicherstellen, dass der Text, den Sie im Umfeld zum Beispiel der zwanziger oder frühen dreißiger Jahre diskutieren, auch tatsächlich seine damalige Gestalt hat und nicht eine Fassung ist, die so erst in den fünfziger Jahren zusammengestellt worden ist. Anachronismen sind also zu vermeiden.
2. Nun könnte man argumentieren, dass Autor/Autorin selbst zu entscheiden haben, welcher Text der gültige ist. Dagegen ist auch nichts zu sagen. Auf dem korrekten zeitlichen Bezug muss Wissenschaft dennoch bestehen. Wenn also ein Text der zwanziger Jahre im Kontext der zwanziger Jahre diskutiert werden soll, dann muss die Fassung zurate gezogen werden, die damals verfügbar war. Geht es hingegen um die Rezeption von Texten, dann sind möglicherweise die späteren Texte angemessener.
3. Auch ist die Qualität der Änderungen kein vorrangiges Kriterium, denn wo Änderungen unproblematisch sind und wo sie essentiell werden, ist für den Benutzer vor allem von Nachkriegsausgaben nicht nachprüfbar. Damit steht aber die gesamte Forschung zur Disposition, und damit unser Ver-

ständnis gerade der Jahre der Klassischen Moderne im deutschsprachigen Raum einerseits, des Nationalsozialismus an der Macht andererseits. Es ist bekannt, dass viele Texte nach 1945 bearbeitet herausgekommen sind, zum Teil aus stilistischen Erwägungen heraus, zum Teil weil sie den Veränderungen angepasst werden sollten, zum Teil weil sich die Autoren von Schuld reinwaschen wollten und NS-Passagen tilgten. Das kommt alles vor. Die Konsequenz daraus kann nur sein: Zurück zu den eigentlichen Quellen.

Historisch-kritische Ausgaben

Oder zu den Historisch-kritischen Ausgaben: Die beste Arbeitsgrundlage bilden Historisch-kritische Ausgaben und die auf ihnen beruhenden Studienausgaben. Nur in diesen Fällen habe Sie die Sicherheit, dass Sie über die verschiedenen Textfassungen und Entstehungsstufen ausreichend informiert werden. Variantenapparate und Kommentare geben Ihnen eine Vielzahl von Informationen über den Text, seine Gestalt, seine Entstehung und seinen Kontext. Außerdem informieren die Historisch-kritischen Ausgaben in der Regel umfänglich über den werkbiografischen Kontext des Textes. In vielen Fällen werden zudem umfangreiche Einführungen in das Werk gegeben; außerdem wird die Forschung oft detailliert gesichtet und erläutert.

Allerdings werden auch Historisch-kritische Ausgaben nach Kriterien zusammengestellt, die für Sie und Ihre Arbeit von Belang sein können. So kann es zum Beispiel sein, dass die Textfassung, die Sie vorgelegt bekommen, eine Ausgabe „letzter Hand" darstellt. In diesen Fällen folgen also die Werkausgaben der letzten vom Autor selbst überarbeiteten und verantworteten Ausgabe. Das ist eine legitime Entscheidung. In den Fällen, in denen die Ausgabe letzter Hand sich deutlich von der Erstausgabe unterscheidet, der historische Kontext der Erstausgabe aber relevant ist, müssen Sie eine andere, nämlich die Erstausgabe benutzen. Es ist also bedeutsam, dass Sie sich einen Eindruck von der Ausgabe machen, die Sie benutzen. Schauen Sie also in den Kommentar des Textes, den Sie untersuchen wollen, und stellen Sie sicher, dass der Text auch der richtige ist.

Nur Kern-Autoren

Außerdem werden Historisch-kritische Ausgaben nur für wenige, kanonische Texte erstellt. Meistens braucht es mehrere Jahrzehnte und hoch spezialisierte Editoren, um eine solche Ausgabe zustande zu bringen. Diesen Aufwand betreiben Wissenschaft, Verlagswesen und öffentliche Hand (als Hauptfinanzier) nur bei Autoren, die zu den Kerngegenständen des Faches gehören.

Unbrauchbare Ausgaben

Neben den Ausgaben, die Sie – je nach Lage – heranziehen können, gibt es Ausgaben, deren Benutzung in der Wissenschaft sich verbietet. Folgende Ausgaben sollten Sie nicht benutzen:

- Buchclubausgaben (mit wenigen Ausnahmen)
- Taschenbuchausgaben ohne Nennung von Editionsprinzipien (außer bei Taschenbuchausgaben von Gegenwartsautoren)
- gekürzte oder bearbeitete Ausgaben
- Geschenkausgaben
- verschnittene Ausgaben, also Ausgaben, in denen verschiedene Fassungen des Textes miteinander verbunden worden sind
- Ausgaben, bei denen Sie vermuten können, dass in deren Text eingegriffen worden ist.

Handbibliothek

Das führt zu dem Problem der Beschaffbarkeit für die eigene Bibliothek, vor allem bei den klassischen Texten der Literaturwissenschaft: Gerade für Abschlussarbeiten, aber auch für Hausarbeiten ist es sinnvoll, sich eine eigene Bibliothek anzuschaffen, in der vor allem die Texte stehen, die Sie lesen sollten (Kanon des Faches) und die Sie für Ihre Seminare und Arbeiten brauchen. Als Literaturwissenschaftler ist Textkenntnis immerhin eine Ihrer Primärkompetenzen. Für eine solche Bibliothek empfiehlt sich eine Mischung aus bezahlbaren und benutzbaren Texten.

Kosten und Nutzen abwägen

Historisch-kritische Ausgaben sind in der Regel zu teuer für Studierende (und nicht nur für sie). Auch ausgewiesene Fachleute greifen deshalb auf billigere Ausgaben, vor allem auf Studien- oder Werkausgaben zurück, die den Mindestanforderungen genügen. Außerdem gibt es eine Reihe von Verlagen, die auch im Taschenbuch verlässliche Ausgaben bereitstellen. Dazu gehören Reclam, dtv, Fischer-Taschenbuch, Insel, Aufbau, aber nur mit Teilen ihres Programms. Also auch hier bitte genau hinschauen. Kommen Sie an einer Historisch-kritischen Ausgabe nicht vorbei, dann nutzen Sie die Exemplare in der Universitäts- oder Fachbereichsbibliothek und exzerpieren Sie vor Ort. Oder Sie stellen eine Kopie her, die dann zu Ihrer freien Verfügung steht (auch zum Anstreichen freigegeben ist).

Angemessenes Textverständnis

Die zentrale Aufgabe, die Sie bei Ihrer Arbeit lösen müssen, ist das angemessene Verständnis eines Textes oder mehrerer Texte. Dass wir Texte nie verstehen, ohne dass wir eine Vorstellung davon haben, was die Begriffe, Wendungen, Sätze, Bilder und Handlungen bedeuten können, ist selbstverständlich. Wenngleich sich das private Lesen darauf beschränken kann, von einem Text genau das zu verstehen, was der Leser/die Leserin gerade gerne verstehen möchte, ist die wissenschaftliche Lektüre dazu da, ein angemessenes Verständnis zu entwickeln. Das ist in dreierlei Hinsicht möglich:

Historisch, genetisch, aktualisiert

- ✦ Im historischen Sinn geht es vor allem darum, einen Text in den Kontext seiner Zeit zu stellen und ihn so zu verstehen, wie ihn möglicherweise sein Autor gedacht und seine Zeitgenossen verstanden haben mögen.
- ✦ Im genetischen Sinn steht ein Text in einer Reihe von chronologisch (in der Entstehung oder Wahrnehmung) aufeinander folgenden Texten. Hier erklären sich sein Inhalt und das Verständnis, das Sie daraus gewinnen können, aus der Differenz der Texte zueinander und der Verbindung der Texte miteinander.
- ✦ Im aktualisierten Sinn soll ein Text für ein gegenwärtiges Problem als Beleg, Exempel oder Lösungsform herangezogen werden. Dabei rückt seine historische Bedeutung in den Hintergrund. Ersetzt wird sie durch sein Aktualisierungspotential.

Aufgaben der Sekundärliteratur

Um Texte angemessen verstehen zu können, brauchen Sie also Wissen von dem jeweiligen Umfeld, in dem Texte stehen, und Sie brauchen angemessene Zugriffsweisen und Interpretationsmöglichkeiten. Wissen, Zugriffsweisen und Interpretationen werden Ihnen von der Sekundärliteratur geliefert. Sekundär- oder Forschungsliteratur hat vor allem die folgenden Aufgaben:

- ✦ Informationen über Autor und Text bereitstellen
- ✦ Vernetzungen mit anderen Autoren, Texten und Phänomenen herstellen

- ✦ Interpretations-, Auslegungs- und Argumentationshilfen liefern
- ✦ Kontrolle der eigenen Überlegungen und (stiller) Diskussionspartner.

Omnipräsenz von Sekundärliteratur

Ohne groß darüber nachzudenken, benutzen Sie immer schon Sekundärquellen: Um einen Autor und sein Werk einordnen zu können, verwenden Sie seine biografischen Basisdaten, also Geburtsdatum und -ort sowie Todesdatum und -ort. Außerdem verschaffen Sie sich einen ungefähren Überblick über seinen Lebenslauf und seine Werke. Diese Informationen erhalten Sie direkt oder indirekt aus einem Lexikon, einem anderen Nachschlagewerk, dem Internet oder einer Biografie.

Wenn Sie lesen, dass der Autor vor allem Novellen geschrieben hat und Sie wissen nicht, was eine Novelle ist, schauen Sie in einem Lexikon nach. Wenn Nachschlagewerke, Lexika und die Forschungsliteratur nicht reichen, dann gehen Sie in die Archive und suchen dort nach Informationen. Die aber befinden sich in anderen Dokumenten, in diesem Fall in Archivalien.

Sachgemäße Sekundärquellen nutzen

Wenn Sie mehr über die Zeit und deren Kultur herausfinden wollen, in der der Autor gelebt hat, dann wenden Sie sich an Biografien und an historische Literatur.

Wenn Sie eine gewagte These über ein bestimmtes Werk entwickelt haben, dann lesen Sie die Sekundärliteratur, um zu prüfen, ob jemand schon einen ähnlichen Gedanken hatte wie Sie, wie generell in der Forschung gedacht und argumentiert wird und was die gängigen Thesen sind, die auf diesen Text angewandt werden.

Gruppen der Sekundärquellen

Wenn Sie später an Ihrer Arbeit schreiben, werden Sie zudem feststellen, dass Sie anfangen, die Sekundärliteratur in bestimmte Lager aufzuteilen:

- ✦ in diejenigen Texte, die Ihnen notwendige Sachinformationen geben (Informanten)
- ✦ in diejenigen Texte, die Sie für die Untermauerung Ihrer These verwenden können (Supporter)
- ✦ in diejenigen Texte, gegen die Sie argumentieren müssen (Antagonisten)
- ✦ in diejenigen Texte, die Sie nicht gebrauchen können (Neutrale).

Letzteres kann thematische Gründe haben oder auch qualitative. Auch in der Wissenschaft gibt es schlechte und schlicht unbrauchbare Veröffentlichungen. Sie zu erkennen und nicht zu benutzen, wird mit der Zeit kein Problem mehr sein. Darüber hinaus gibt es Texte, die eine bekannte These oder Theorie neu anwenden oder auf eine breitere Basis stellen wollen und an ihrer Verbreitung arbeiten. Das hört sich im ersten Moment wenig originell an. Solche Arbeiten können aber sehr wertvoll sein. Schließlich gibt es viele Arbeiten, die einer Fragestellung gewidmet oder einer Theorie resp. einer Methode verpflichtet sind, die Ihnen bei Ihrem Thema und Ihrer These nicht weiterhelfen.

Textverständnis verbessern

Sekundärquellen sollen es Ihnen also ermöglichen, Ihr Textverständnis zu verbessern. Das tun sie auf vielen verschiedenen Ebenen, eben durch Sachwissen, Fakten, Denkvorschläge und Einordnungen. Selbstverständlich haben Sekundärquellen und hat die Forschungsliteratur eine große Autorität. Um einem antiken Bild zu folgen, das Robert Merton für eine bis heute noch lesenswerte wissenschaftshistorische Studie verwandt hat: Wir stehen auf den Schultern von Riesen. Etwas zum ersten Mal gedacht oder getan zu haben, ohne dass das jemand vorbereitet hat, ist ein hohes Gut und verdient Anerkennung. Trotzdem gilt eine Meinung, eine Einschätzung oder ein Interpretationsansatz nicht nur deswegen, weil sie von einer Fachkoryphäe publiziert worden sind. Da Literaturwissenschaftler immer um Einschätzung und Interpretationen, das heißt um ein angemessenes Verständnis streiten, verbietet sich die Übernahme einer Position, nur weil sie bereits besteht. Positionen müssen geprüft und abgewogen werden. Forschungsliteratur ist immer auch historisch bedingt und von den Forscherpersönlichkeiten geprägt. Andere Forscher und die Benutzer der Sekundärliteratur sind gehalten, die Arbeit ihrer Kollegen zu respektieren. Jede Arbeit hat es also verdient, dass Sie sich ihr mit dem gebührenden Aufwand widmet (was einschließt, dass Sie sie schnell zur Seite legen, wenn Sie feststellen, dass sie Ihnen nichts nutzt).

Kritischer Umgang mit Sekundärquellen

Eine kritik- und diskussionslose Übernahme aber verbietet sich kategorisch. Ihre Aufgabe ist es eben auch, die Forschungsliteratur auf ihre Anwendbarkeit, Geltung und Plausibilität zu prüfen. Forschungsliteratur hat dienenden Charakter. Sie dient dazu, Ihren Verstand zu schärfen und Ihre Argumentation auf die Probe zu stellen. Sie ist ein Informationslieferant und sie ist eine Art intellektueller Sparringspartner. Sie dürfen und müssen Sie benutzen (dann aber immer kenntlich machen, bitte!). Sie dürfen Sie aber auch nicht in ihren Aussagen verfälschen.

Varianten der Sekundärliteratur

Es gibt verschiedene Arten von Sekundär- oder Forschungsliteratur, die jeweils unterschiedliche Funktionen hat und deshalb auch unterschiedlich benutzt werden muss. Dass sich ein Lexikonartikel von einem Aufsatz in einer Fachzeitschrift und von einem Zeitungsartikel unterscheidet, ist wohl intuitiv klar. Das ist im Übrigen unabhängig vom Medium, auf dem diese Texte bereitgestellt werden.

2. Informationen, Primär- und Sekundärquellen suchen, finden und auswählen

Quellen finden

Wenn Sie zu Themen, Motiven, Gattungen, Autoren, Problemlagen und dergleichen arbeiten, brauchen Sie Informationen: Begriffsbestimmungen, biografische Informationen, Primär- und Sekundärliteratur und weitere Materialien.

Relativ einfach ist der Sachstand bei Autoren und Werken zu kennzeichnen: Wie leicht es ist, Informationen über einen Autor oder ein Werk zu finden, ist abhängig davon, ob Sie sich mit einem Autor/Text beschäftigen, der bekannt resp. unbekannt ist, und wie groß der zeitliche Abstand zu ihnen ist.

Qualität des Wissensfundus

Generell ist der erschlossene Wissensbestand hoch bei den kanonischen Autoren, er ist teilweise nicht minder hoch bei Autoren, die einen begeisterten Freundeskreis haben. Er ist jedoch äußerst gering bei den Autoren, die heute vergessen sind oder die nie allzu bekannt waren. Bei einer Stichprobe zu den deutschsprachigen Autoren des 20. Jahrhunderts kam es zu dem folgenden Ergebnis: Etwa 5 bis maximal 10 Prozent der Autoren des 20. Jahrhunderts sind von größeren Nachschlagewerken und Informationsmitteln intensiv bearbeitet worden. Von etwa 30 Prozent sind Informationen einigermaßen schnell erhältlich. Wenn wir von einer Gesamtzahl von ca. 50000 Autoren für das 20. Jahrhundert ausgehen können, bedeutet das, dass sich die Forschung um etwa 5000 von ihnen überhaupt gekümmert hat. Weniger als 100 aber gehören zum eigentlichen Kanon der Literatur des 20. Jahrhunderts, mit dem sich die Germanistik, deren Gegenstandsbereich das betrifft, intensiv beschäftigt.

Gegenwartsautoren

Bei jüngeren Autoren und Gegenwartsautoren ist der Aufarbeitungsstand naheliegend noch nicht so weit wie bei älteren, auch wenn sie bekannt und viel diskutiert sind und das Zeug zum Kanonautor haben. Diese Autoren finden Sie in der Regel nicht oder nur in strenger Auswahl in den gängigen Literaturlexika. Um Informationen über sie zusammenzutragen, müssen Sie flüchtigere Quellen benutzen: Zeitungen (und damit Zeitungsarchive) und das Internet.

Das ist mit Gegenständen, Phänomenen, Motiven, Gattungen, Texten und dergleichen nicht anders. Es gibt einige Bereiche in den Literaturwissenschaften, die intensiv bearbeitet worden sind, während andere eher stiefmütterlich behandelt wurden. Das hat mit Moden zu tun, aber auch mit der Bedeutung dieser Themen etc. im literaturwissenschaftlichen Feld. Ästhetik und Erzähltheorie gehören zweifelsohne zu den theoretischen Kernbereichen der Literaturwissenschaften. Hier ist die Zahl der Forschungsbeiträge immens groß (auch wenn sich dennoch Moden erkennen lassen). In jedem Fall werden Sie für Themen, die intensiver bearbeitet worden sind – sagen wir zum Beispiel das Bürgerliche Trauerspiel –, eher Informationen und Sachstandsbeschreibungen, aber auch Diskussionen finden, als zu Themen, die nur wenige Forscher interessieren.

Unbearbeitete Themen

Die Beschäftigung mit weniger bekannten Themen, Texten und Autoren birgt deshalb große Chancen, aber nicht minder große Gefahren. Zu den Chancen gehört, dass die Untersuchungsgegenstände unbearbeitet sind. Sie können also hier echtes Neuland betreten, das heißt, sich recht frei bewegen, Thesen ausprobieren, neue Erkenntnisse gewinnen oder als erster in Nachlässen oder Archiven wühlen. Zu den Gefahren gehört, dass Sie mit dem Untersuchungsgegenstand allein gelassen sind, kein Gegenüber haben, an dem Sie sich abarbeiten können, und gegebenenfalls auch sehr wenige Materialien zur Verfügung haben, die Sie zudem selbst beschaffen müssen. Sie müssen sich entscheiden, was Ihnen mehr Spaß macht und mehr Ertrag bringt. In jedem Fall sollten Sie aber bereits ein wenig Erfahrung mit dem wissenschaftlichen Arbeiten und der wissenschaftlichen Recherche haben, bevor Sie sich auf unbekanntes Terrain begeben.

Finden, Erkennen, Auswählen, Beschaffen

Die Suche nach Informationen und Materialien zu Ihren Themen ist in der Regel identisch mit der Suche nach Veröffentlichungen, also Texten, die sich damit beschäftigen. Sie müssen also Publikationen zu Ihrem Gegenstand

- finden,
- identifizieren,
- auswählen und
- beschaffen können.

Diese Schritte gehen meist Hand in Hand, nur manchmal sind sie deutlich voneinander getrennt.

Autoren-Recherche

Sie wollen sich über Autoren informieren? Das Verfahren lässt sich in relativ klare Schritte gliedern:

1. Lektüre verschiedener Lexikonartikel
2. Lektüre von Biografien
3. Lektüre verschiedener, vor allem zentraler Werke
4. Lektüre von Forschungsliteratur zu zentralen Aspekten der Werkbiografie bis hin zu Spezialaspekten.

Für die Lexikonartikel suchen Sie Ihre Bibliothek auf und konsultieren deren Bestand. Als Vorrecherche können Sie auch im Internet websites wie Wikipedia aufsuchen. Aktuelle Biografien recherchieren Sie über www.buchhandel.de oder über die Bibliothekskataloge. Zudem gibt es einschlägige biografische Reihen zum Beispiel bei Metzler, Rowohlt oder Suhrkamp. In der Regel stellen Bibliotheken Autorenbiografien zur Primärliteratur oder erschließen sie durch ihren Katalog, online durch ihren OPAC (Open Public Access Catalogue). Über die Biografie verschaffen Sie sich einen einigermaßen verlässlichen Hintergrund zum Autor.

Das Interesse wird in der Regel durch die Lektüre eines Werks oder mehrerer Werke angeregt worden sein (dann wird der unter 3. genannte Schritt als erstes getan). Aufgrund der biografischen Recherche können Sie anschließend Ihre Lektüren vertiefen und systematisieren. Die Forschungsliteratur recherchieren Sie gleichfalls über Ihre Bibliothek. Entweder, indem Sie nach Ihrem Autor in den Katalogen recherchieren (gedruckt oder online) oder indem Sie einfach zum Regal gehen und schauen, was die Bibliothek vorhält. Das setzt allerdings voraus, dass die von Ihnen benutzte Bibliothek Ihnen freien Zugang zu ihren Beständen gibt. Sonst bleibt nur die Katalogrecherche. Wenn Sie die Forschungsliteratur zum Autor intensiv recherchieren wollen, dann können Sie das über die sogenannten Referateorgane des Faches tun. In der Germanistik sind das vor allem die Zeitschrift *Germanistik* und die *Bibliographie der deutschen Sprach- und Literaturwissenschaft* (BDSL, gedruckt und online). Hin und wieder werden Sie auch auf Personalbibliografien stoßen, die Sie dann in jedem Fall auswerten sollten.

Autoren- und Werkkenntnis

Das primäre Ziel eines solchen Vorgehens ist eine gute Kenntnis von Autoren und ihren Werken. Allerdings können Sie solche Erschließungsarbeiten nur exemplarisch vorantreiben. Selbst die systematische Erarbeitung der kanonischen Autoren des 20. Jahrhunderts würde jeden von uns überfordern und eine deutliche längere Studienzeit erfordern. Eine solche autorenbezogene Recherche empfiehlt sich im Übrigen immer dann, wenn Sie eine größere Arbeit schreiben. Auch wenn später in Ihrer Studie biografische Aspekte keine Rolle und deshalb keine Aufnahme finden, hilft Ihnen eine solche Recherche dabei, Autor und Werk besser einschätzen zu können. Eine solche Recherche schützt auch davor, Aspekte zu isoliert und damit unangemessen zu betrachten.

Einzelfall-recherche

Sind Sie nur auf der Suche nach bestimmten Informationen wie Geburts- und Sterbedaten, der Erstpublikation eines Werks, seinem korrekten Titel oder seinen korrekten bibliografischen Daten, dann benutzen Sie die einschlägigen Nachschlagewerke. Für korrekte bibliografische Nachweise ist die so genannte „Autopsie" des Titels von Vorteil (d.h. Sie nehmen das Buch in die Hand und schauen nach, wie Autor, Titel, Erscheinungsort und Jahr sowie weitere Informationen verzeichnet sind). Bei biografischen Daten sind die meisten Nachschlagewerke hinreichend korrekt und vertrauenswürdig. Datenbanken oder Lexika auf CD-Rom oder im Internet wie das *Deutsche Literaturlexikon*, von Walther Killy herausgegeben, oder das *Kritische Lexikon zur deutschen Gegenwartsliteratur* (KLG) ermöglichen es zudem, auch umfangreichere Nachschlagewerke in der eigenen Bibliothek zu haben, ohne gleich über den Kauf neuer Regalmeter nachdenken zu müssen. Sobald Sie in Spezialbereiche vorstoßen und dort recherchieren, werden Sie auch auf spezielle, teilweise historische Nachschlagewerke und Informationsmittel zugreifen müssen. Möglicherweise werden Sie Ihr ganzes Studium zum Beispiel mit dem *VD 16* (= *Verzeichnis der im deutschen Sprachbereich erschienenen Drucke des 16. Jahrhunderts*) oder seinem Nachfolgeprojekt *VD 17* nichts zu tun haben. Es ist aber hilfreich zu wissen, dass es solche Informationsmittel gibt. Auskunft dazu geben Ihnen die Mitarbeiter Ihrer Universitäts- oder Fachbibliothek oder Sie schauen in Nachschlagewerke wie zum Beispiel Paschek ^{2}1999, Blinn ^{4}2001, Jeßing 2003, Hansel, Kaiser ^{10}2003.

Informationen doppelt checken

Mit der Zeit werden Sie feststellen, dass es sinnvoll ist, eine Information immer noch einmal durch eine zweite Quelle zu bestätigen. Auch in Bibliothekskataloge, sorgfältig gearbeitete Personalbibliografien, Nachschlagewerke und Lexika schleichen sich Fehler und Irrtümer ein.

Themen bezogene Recherche

Am Anfang steht eine erste Fragestellung, sagen wir zum Beispiel die „Funktion der Ehre in Theodor Fontanes Roman *Effi Briest*". Sie interessiert, weshalb die männliche Hauptfigur, Geert von Innstetten, sich von Effi trennt, nachdem er erfahren hat, dass seine Frau möglicherweise Jahre zuvor eine Liaison hatte, obwohl er dabei einem antiquierten Ehrkodex folgt. Sie haben also drei Schlagwörter, mit denen sie suchen: „Fontane", „Effi Briest", „Ehre". Sie wissen, dass die Ehre im 19. Jahrhundert ein starkes, Handlungen bestimmendes Moment gewesen ist, kennen auch aus aktuellen Diskussionen oder Erfahrungen die Bedeutung von Ehrkodices. Daraus folgt, dass Sie sich nicht nur für die Sekundärliteratur aus der literaturwissenschaftlichen Fontaneforschung, sondern auch für Sekundärliteratur aus anderen Fachbereichen interessieren, die ihnen Aufschluss über die Funktion des Ehrkodex im 19. Jahrhundert geben kann. Hinzu kommen historische Materialien zu diesem denkwürdigen Verhaltensmodell. Sie werden klären müssen, inwieweit Fontane die „Ehre"-Thematik auch in anderen Texten behandelt hat. Auch werden Sie nicht vernachlässigen dürfen, wenigstens Seitenblicke auf Texte anderer zeitgleicher Autoren zu werfen, um die Alleinstellung von Fontanes Text und Konzept einschätzen zu können. Da Sie ja von der Aktualität des Ehrkodex wissen, nehmen Sie möglicherweise auch Texte zur Kenntnis, die Vor- und Nachgeschichte dieser besonderen Konzeption im Roman Theodor Fontanes darstellen.

Erklärungsbedürftig ist aber auch das besondere Verhältnis zwischen Effi und ihrem Mann. Immerhin heiratet hier ein Mann in den Vierzigern eine sehr junge Frau, die noch keine 18 Jahre alt ist – eine Verbindung, die uns heute als Mesalliance erscheint (aber selbst Goethe hat sich immer wieder an dem Verhältnis alter Mann – junge Frau abgearbeitet). Möglicherweise hängt von Innstettens Verhalten auch mit der Altersdifferenz zusammen (oder damit, dass er 18 Jahre zuvor um Effis Mutter geworben hat, erfolglos im Übrigen). Sie werden also neben der literaturwissenschaftlichen Forschung Titel aus der Geschichtswissenschaft, der Soziologie und der Anthropologie heranziehen müssen, um zu verstehen, was in diesem Roman geschieht. Das führt neben dem Schlagwort „Ehre" zu Schlagwörtern wie „Ehe", „Familie", „Mesalliance". Da von Instetten adelig ist, zugleich aber ein öffentliches Amt bekleidet (er ist Landrat), braucht es zudem Informationen zur Stellung des Adels im späten 19. Jahrhundert.

Schritt 1

Mit diesen Vorüberlegungen gehen Sie in die Recherche: Bei Seminararbeiten müssen Sie den folgenden Aufwand naheliegend klein halten und sich von vorneherein auf das Wesentliche konzentrieren. Sie werden sich in der Regel auf eine Seminarbibliografie stützen können, die Ihnen die Basisliteratur zu Fontane und zum Umfeld zur Verfügung stellt. Darin werden wahrscheinlich der Sammlung-Metzler-Band von Charlotte Jolles und das Fontane-Handbuch verzeichnet sein. Eventuell haben sie sich auch die schmale Fontane-Biografie von Helmuth Nürnberger angeschafft. In allen drei Bänden finden sich Hinweise zur Forschung, zu Forschungsthemen, zu den hier angerissenen Problematiken und Bibliografien der Forschungsliteratur. Sie werden aber berücksichtigen müssen, wann diese Bände erschienen sind: Nürnbergers Bildmonographie stammt aus dem Jahr 1968, die Auflage in meiner eigenen Bibliothek ist allerdings aus dem Jahr 1997, Jolles' Sammlung-Metzler-Band ist in der vierten Auflage 1993 erschienen, das Fontane-Handbuch stammt aus dem Jahr 2000. Es ist sinnvoll, die Ihnen einschlägig erscheinenden Titel aus diesen Bänden herauszuschreiben und in Ihrer Arbeitsbibliografie zu notieren.

Aktuelle Forschung

Berücksichtigen Sie das Erscheinungsjahr der oben genannten Bände, können Sie davon ausgehen, dass Sie die jüngere Fontane-Forschung dort nicht finden werden. Die ältere Forschung wird jedoch umfassend vertreten sein. Diese Forschungsliteratur ist in vielen Fällen hilfreich, obwohl es zweifelsohne in der Literaturwissenschaft einen wissenschaftlichen Fortschritt gibt. Ob Sie ältere Forschungsbeiträge benötigen, hängt vom Einzelfall ab. In jedem Fall aber müssen Sie neuere Titel älteren vorziehen, weil die neuere Forschung die ältere in der Regel verarbeitet und damit verwertet hat. Sie sparen Arbeit und Aufwand: Verstreut publizierte Erkenntnisse und Bewertungen der älteren Forschung werden in der neueren jeweils zusammengefasst. Die Aufgabe, zu sichten, zusammenzufassen und zu bewerten, übernehmen insbesondere Bände wie die von Jolles, Nürnberger oder das Fontane-Handbuch. Das macht sie wertvoll, auch wenn ihre Veröffentlichung bereits einige Jahre zurück liegt.

Schritt 2

Der nächste Schritt führt Sie zu den literaturwissenschaftlichen Referateorganen: In der Germanistik sind es vor allem zwei Referateorgane, die Sie frequentieren müssen: Die *Bibliographie der deutschen Sprach- und Literaturwissenschaft* und die *Germanistik*. Beide sind als gedruckte, regelmäßig erscheinende Berichterstattungsmedien begründet worden. Zumindest die *Bibliographie der deutschen Sprach- und Literaturwissenschaft* (www.bdsl-online.de) ist mittlerweile auch online zugänglich. Sie erhalten Zugang über Ihre Universitäts- oder Fachbibliothek. Für die gesamte Literaturwissenschaft lässt sich zudem die Datenbank der Modern Language Association (MLA) ergänzen (*MLA International Bibliography,* zugänglich über Ihre Universitäts- und Fachbibliothek).

Referateorgane

Die Referateorgane geben die Forschung strukturiert wieder, das heißt, sie ordnen die Vielzahl der selbständigen und unselbständigen Veröffentlichungen nach Themen und geben unter dem jeweiligen Thema dann die bibliografischen Angaben zu Autor, Titel, Publikationsort und Publikationsjahr wieder. In Datenbanken geschieht das durch die Verschlagwortung (Themen) ergänzt durch die Stichwörter, die in den Titeln vorkommen. Ziel der eigenen Recherche ist die Vollständigkeit der gesuchten Informationen. Unabhängig davon, ob dieser Anspruch erfüllt wird, wird man mit diesen Referateorganen insbesondere die Lücke zwischen den erfassten Titeln unserer oben genannten Handbücher und Orientierungswerke und der Gegenwart füllen können. Wenn Sie dort unter den Schlagwörtern „Fontane", „Effi Briest" und eventuell auch „Ehre" recherchieren, sollten Sie zumindest eine Reihe von weiteren bibliografischen Hinweisen zusammenbringen können. Vor allem die neuere Literatur sollte Sie interessieren. Auch können Sie Ihre Liste der älteren Forschung ergänzen.

Schritt 3

Freilich werden Sie feststellen, dass die neueste Literatur manchmal nur teilweise verzeichnet ist. Um wirklich alle relevanten Neuerscheinungen recherchieren zu können, empfiehlt sich zudem eine Recherche im OPAC Ihrer Bibliothek, in den Verbundkatalogen der Bibliotheken oder im Buchhandel. Schließlich müssen Sie die Literaturlisten der neuesten Publikationen nach interessanten Angaben und Hinweisen durchforsten. Dafür wird es zum Teil notwendig sein, diese Studien zu lesen. Nur so können Sie sicher sein, dass Sie das, was Sie dort finden, auch nutzen können.

Schritt 4

Nur für erfahrene Wissenschaftler: Falls Sie keine Informationen und Forschungsliteratur zu Ihrem Thema finden oder wenn Sie auf der Grundlage Ihrer bisherigen Sichtung der Primär- und Sekundärliteratur weiter in die Tiefe gehen wollen, müssen Sie Ihre Materialien selber zusammenstellen, das heißt suchen, finden, sichten und auswerten. Bei theoretischen Arbeiten wird das unproblematisch sein, weil Sie die theoretischen Annahmen auf der Basis eines Textkorpus entwerfen. Bei Motivarbeiten müssen Sie gegebenenfalls große Lektürestrecken abarbeiten, um Ihr Material zusammenzubringen. Bei Arbeiten zu unbekannten Autoren müssen Sie die Bibliothekskataloge, die *Deutsche Nationalbibliografie* und andere, versteckte Informationsmittel benutzen wie zum Beispiel alte Autorenkataloge und -lexika. Hinzu kommen Archive und Nachlässe, die ausgewertet werden müssen.

Literaturlisten

Dieses Vorgehen führt Sie zu relativ umfangreichen Literaturlisten, die allerdings bis dahin nur bedingt qualifiziert sind. Das heißt, Sie können noch nicht beurteilen, ob die Forschungsbeiträge, die Sie aufgelistet haben, für Ihre Arbeit wirklich von Bedeutung sind. Gerade bei Autoren und Themen, die von der Forschung intensiv bearbeitet worden sind, wird die Zahl der möglicherweise wichtigen Titel groß sein. Sie werden also aus ihnen diejenigen Titel auswählen müssen, die Ihnen am aussagekräftigsten zu sein scheinen. Dabei helfen Ihnen Titel und Untertitel des Buches oder des Aufsatzes. Wenn Sie zudem eine Rezension finden (was in der Regel nur Monographien und Sammelbände betrifft), dann können Sie gegebenenfalls Ihre Vorauswahl weiter begründen. Wenn Sie zwischen verschiedenen Titeln wählen können, die Ihnen gleich wichtig erscheinen, dann wählen Sie den neuesten. Selbst wenn dieser als Studie schlechter sein mag, wird er doch die neueste Literatur verzeichnen und Ihnen auf diese Weise helfen. Gegebenenfalls hilft Ihnen die Lektüre auch bei der Einschätzung anderer Forschungstitel.

Vorauswahl

Ein Titel wie: Paul A. Youngman: Black devil and iron angel. The railway in nineteenth-century German realism. Washington, D.C. 2005 wird Ihnen wahrscheinlich bei Ihrer Arbeit über die „Ehre in Fontanes *Effi Briest*" nicht weiterhelfen. Eher schon ein Titel wie der folgende: Angela Isenberg: Effi auf Abwegen. Fremdheit und Befremdung in den Eheromanen Theodor Fontanes. Marburg 2002.

Am ehesten aber werden Sie Ihr Thema in dem folgenden Titel behandelt finden: Stefan Greif: Ehre als Bürgerlichkeit in den Zeitromanen Theodor Fontanes. Paderborn, München, Wien, Zürich 1992.

In allen drei Arbeiten wird Fontanes *Effi Briest* ausgewertet, allerdings unter verschiedenen Aspekten. Youngman spielt, wenn überhaupt, nur am Rande eine Rolle. Die technische Sensation Eisenbahn ist möglicherweise als Signum der Modernisierung, das heißt Veränderung von Gesellschaft eingesetzt und deshalb für die Entwicklung von Bedeutung. Aber das müssen Sie genauer klären. Isenbergs Studie könnte indirekt, nämlich über die Beziehung von Instetten – Effi für Sie von Bedeutung sein. Greif hingegen scheint für Ihre Arbeit zentral werden zu können. Möglicherweise müssen Sie später auf der Basis Ihrer Fragestellung mit der Arbeit Greifs gegen die Isenbergs argumentieren, deutet Isenbergs Titel doch eine psychologische Lesart und eine Fokussierung auf die Eheproblematik Effies und von Innstettens an, während Greif einer soziologischen Argumentation zu folgen scheint, indem er Bürgerlichkeit und Ehre miteinander verbindet. Ob diese Annahmen stimmen, müssen Sie durch eine kritische Lektüre beider Arbeiten prüfen.

Ergänzung

Allerdings können Sie nicht sicher sein, ob in Ihrer Liste tatsächlich alle relevanten Forschungsbeiträge enthalten sind. Zum einen bemühen sich zwar alle Referateorgane um Vollständigkeit. Dabei sind sie aber nur bedingt erfolgreich. Zum anderen hängt die Zuverlässigkeit dieses Verfahrens davon ab, inwieweit Ihr Suchraster, also Ihre Schlagwörter mit denen der Referateorgane übereinstimmen und inwieweit sie in den Titeln und Untertiteln der veröffentlichten Forschungsarbeiten als Stichwörter ausdrücklich aufgenommen worden sind. Ist beides nicht der Fall, werden Sie keine oder nur wenige, dann aber unspezifische Titel finden. Möglicherweise haben Sie also relevante Literatur übersehen oder sie ist bei Ihren Suchanfragen nie aufgetaucht.

Aus diesem Grund müssen Sie bereits während der bibliografischen Recherchen (Schritte 1 bis 3) in die qualifizierte Auswertung einzelner Titel gehen, zum Beispiel in die Lektüre von Greifs Studie. Immer wenn dort eine Abhandlung der Sekundärliteratur für Ihr Thema interessant zu sein scheint, notieren Sie diese Titel. Auch prüfen Sie gesondert nochmals das Literaturverzeichnis dieser Studie, um dort gegebenenfalls neue Hinweise zu finden. Allerdings werden Sie es als wenig förderlich empfinden, dass Greifs Studie bereits 1992 erschienen ist. Eventuell ergeben sich aber aus der Lektüre Hinweise auf andere Schlagwörter, die Sie für die Recherche einsetzen können, zum Beispiel „Habitus", „Bürgertum" mit Ableitungen wie „bürgerlich", ebenfalls vielleicht „Adel", „Stand" oder „Gesellschaft".

Mit der Ausweitung Ihres Suchrasters und Ergänzung Ihrer Schlagwörter überschreiten Sie schnell die Erfassungsgrenzen der literaturwissenschaftlichen Referateorgane. Da solche Themen zum Beispiel in der Geschichtswissenschaft, der Soziologie, der Kulturwissenschaft und der Anthropologie behandelt werden, wird es hilfreich sein, sich in diesen Fächern umzusehen. Möglicherweise spielen diese Themen aber auch in anderen literaturwissenschaftlichen Fächern eine Rolle, sodass sich eine Recherche auch hier lohnen könnte. Das ist zum Beispiel dann der Fall, wenn ein Thema in der Germanistik nie oder nur unter einem spezifischen Blickwinkel betrachtet worden ist, in einem der Nachbarfächer jedoch völlig anders diskutiert worden ist.

Interdisziplinäre Recherche

Die interdisziplinäre Recherche ist für Fachfremde immer mit Schwierigkeiten verbunden. Entweder sind die einschlägigen und relevanten Informationsmittel des anderen Faches nur bedingt bekannt, möglicherweise liegen sie in anderen Medien vor oder brauchen einen anderen Zugang, oder es gibt nichts Vergleichbares. Hinzu kommt, dass Sie zwar Informationen und Forschungsresultate aus anderen Fächern benötigen, aber Ihren Aufwand in Grenzen halten müssen, um sich nicht zu überlasten und um Ihrem eigentlichen Studienfach nachgehen zu können. Immerhin studieren Sie Germanistik, Romanistik, Slavistik oder Anglistik und nicht Geschichtswissenschaft, Soziologie oder Psychologie. Sie werden also die anderen Fächer vorrangig als Hilfsmittel einsetzen, um literarische Phänomene zu erklären. Damit bleiben Sie vorrangig Literaturwissenschaftler, auch wenn Sie sich zum Beispiel als Literatursoziologe verstehen. Der Schwerpunkt liegt immer noch auf der Literatur. Sie werden also andere Diskussionen führen als die Fachleute der benutzten Fächer, Sie werden deren Erkenntnisse wahrnehmen (kritisch selbstverständlich), ohne notwendig an der fachinternen Abklärung und Diskussion teilzunehmen. Ihr Zugriff ist intentional und nicht der Systematik des benutzten Faches verpflichtet.

Schneeballsystem

In der fachübergreifenden Recherche hat sich das sogenannte „Schneeballsystem" bewährt. Zwar gehen Sie analog zu den oben geschilderten drei Rechercheschritten auch in den anderen Fächern vor. Sie benutzen aber zudem weitere Recherchemöglichkeiten.

Handbücher

Wie bei Ihren literaturwissenschaftlichen Sekundärtiteln entnehmen Sie Literaturhinweise aus den Literaturlisten von publizierten Studien und Handbüchern. Handbücher wie *Geschichtliche Grundbegriffe. Historisches Lexikon zur politisch-sozialen Sprache in Deutschland*, das von Otto Brunner, Werner Conze und Reinhart Koselleck herausgegeben worden ist, ist auch Literaturwissenschaftlern vertraut (zum Beispiel wegen des Eintrags *Modern, Modernität, Moderne* von Hans Ulrich Gumbrecht).

Kataloge

Sie ergänzen diese Recherche um eine Recherche in Bibliothekskatalogen und Verbundkatalogen, möglicherweise „googeln" Sie auch, um einschlägige Hinweise zu finden.

Forschungsberichte, Rezensionen

Schließlich suchen Sie nach einschlägigen Forschungsberichten, Rezensionsorganen und Rezensionen, die Ihnen gegebenenfalls weiterhelfen können.

Schwierig bleibt, dass Sie auf diesem Wege die unselbständig erschienene Literatur (Aufsätze in Sammlungen oder Zeitschriften) nur lückenhaft recherchieren können. Allerdings gibt es von vielen Zeitschriften (auch von den literaturwissenschaftlichen) mittlerweile Ausgaben oder mindestens Inhaltsverzeichnisse online. Da die großen deutschen Bibliotheken sich die Sondersammelgebiete untereinander aufgeteilt haben, können Sie sich für Neuerscheinungen zum Beispiel für die Geschichtswissenschaft, Soziologie oder Psychologie auch an die entsprechenden Bibliothekwebsites wenden.

Verlässlichkeit von Quellen

Sie haben bereits an dem bisher Vorgestellten festgestellt, dass nicht jede Quelle, die Sie benutzen, denselben Stellen- und Nutzwert hat und auch nicht für dieselben Aufgaben herangezogen werden kann. Grundsätzlich gilt: Wissenschaftlich ausgewiesene Quellen verdienen einen höheren Vertrauensvorschuss als nicht-wissenschaftliche. Das bedeutet, dass Sie zwar auch wissenschaftliche Quellen kritisch auswerten müssen. Aber Sie können davon ausgehen, dass solche Arbeiten einen minimalen wissenschaftlichen Standard erfüllen, sonst würden sie nicht in wissenschaftlichen Verlagen erscheinen oder als Dissertationen anerkannt werden. Das können Sie bei feuilletonistischen Publikationen beispielsweise, also bei Artikeln auf den Kulturseiten von Tages- und Wochenzeitungen, nicht voraussetzen. Aber auch wissenschaftliche Studien müssen Sie prüfen: Fehlen zentrale Elemente wissenschaftlicher Studien wie zum Beispiel eindeutige Nachweise oder stellen Sie fest, dass weder zusammenhängend noch plausibel argumentiert wird, dann dürfen Sie solche Studien nicht einsetzen. Eine wissenschaftliche Abhandlung etwa, die sich auf allgemein verbreitetes Wissen („wie allgemein bekannt") oder auf Vorurteile stützt („das sieht man doch bereits daran, dass ..."), sollten Sie nicht verwenden. „Satisfaktionsfähig" und damit zitierwürdig für wissenschaftliche Arbeiten sind also vorrangig andere wissenschaftliche Arbeiten.

Materialien auswerten

Diese Einschränkung trifft selbstverständlich auf Materialien, die Sie untersuchen, nicht zu. Sie sind Gegenstand und müssen wissenschaftlich ausgewertet werden. Auch Kontext-Materialien, die helfen, ein Thema oder einen Text zu verorten und zu verstehen, müssen nicht wissenschaftlich erarbeitet sein. Die Hilfsmittel aber, die Sie für das Verständnis des Textes einsetzen – Informationsmedien, Handbücher, Studien –, müssen wissenschaftlich erarbeitet worden sein. Allerdings dürfen Sie Überlegungen und Argumentationen, die im Feuilleton oder im Internet verwendet werden, durchaus aufnehmen (müssen das aber wie gewohnt nachweisen). Das Kriterium, nach dem Sie dabei vorgehen können, ist das der Originalität und Nützlichkeit eines Gedankens oder eines Arguments.

Trotz dieser Einschränkungen: Es gibt, was die Verwendung von Sekundärquellen angeht, allerdings auch kein Verbot – zumindest solange nicht offensichtlich wird, dass Sie mit der Verwendung dieser Materialien gegen die Regeln wissenschaftlicher Arbeit verstoßen.

Internet

Die Einführung des World Wide Web als Rechercheraum hat freilich eine Problemlage verschärft, nämlich die der Zitierfähigkeit von Lexika und anderen Nachschlagewerken. Grundsätzlich gilt: Internetquellen sind so seriös wie andere Quellen auch, aber eben auch nicht seriöser. Konversationslexika und Internetquellen wie Wikipedia dienen der Vorabinformation. Sollten Sie für Ihre Argumentation in einer Arbeit über Johann Wolfgang von Goethes *Unterhaltungen deutscher Ausgewanderten* (1795) etwa auf Ereignisse oder Entwicklungen der Französischen Revolution verweisen wollen, müssen Sie historiografische Fachliteratur hinzuziehen. Sie dürfen sich nicht darauf beschränken, Lexika zu zitieren, die der Vertiefung von Allgemeinwissen dienen. Handbücher sind, zumal wenn sie ausführliche Sachartikel präsentieren, allerdings zitierfähig. Generell ist die Bedeutung der Internetrecherche und der Internetquellen in den letzten Jahren gestiegen. Das Internet gehört auch in der Wissenschaft zu den primären Informationsquellen. Allerdings ist die Qualität der Internetquellen kritisch zu bewerten.

Ursprüngliche Quellen vorziehen

In der Regel werden Sie gedruckte Quellen und Forschungsbeiträge Internetquellen vorziehen. So haben Sie zum Beispiel in einigen Fällen die Wahl zwischen dem Erstdruck in einer Zeitschrift oder Zeitung, der Internetfassung, die parallel oder im Nachhinein zur Verfügung gestellt wird und dem späteren Druck in einem Buch. Ein Beispiel: Volker Hage hat im Jahre 1999 eine neue Literaturrichtung kreiert resp. einem (von ihm selbst entdeckten) literarischen Phänomen einen Namen gegeben, das „Fräuleinwunder". Er fasste darunter eine Literatur, die von jungen Autorinnen geschrieben wurden, sich durch eine neue, bislang ungewohnte erzählerische Brillanz auszeichnete und erfolgreich war. Diesen für das Feuilleton und die Buchvermarktung der folgenden Jahre folgenreichen Namen prägte Hage im März 1999 in einem umfangreichen Spiegel-Artikel. Dieser Artikel erschien zuerst unter dem Titel: Volker Hage: Ganz schön abgedreht. In: Der Spiegel 53 (1999) Nr. 12, vom 22.3.1999, S. 244–247 (in der Regel wird nur kurz als Spiegel 12/1999 zitiert, unter anderem weil *Der Spiegel* keine Jahrgangsangaben mehr macht). Um an diesen Artikel zu kommen, müssten Sie entweder die Ausgabe aufbewahrt haben, ins Archiv gehen und eine Kopie besorgen oder Sie gehen ins Netz und finden den Artikel dann unter der Adresse: http://www.spiegel.de/spiegel/0,1518,15098,00.html (Zugriff: 8.2.2004). Wie Sie sehen oder wenigstens erschließen können, habe ich den Artikel im Februar 2004 dort gefunden und archiviert. Die meisten Forscherinnen und Forscher, die den Artikel benutzen, stützen sich auffallender Weise auf die Netzfassung. Es gibt jedoch eine dritte Fassung, die Volker Hage in eine Sammlung von Rezensionen aufgenommen hat, die er gleichfalls im Jahr 1999 veröffentlicht hat. Die Angabe: Volker Hage: Fräuleinwunder? Die deutsche Literatur ist wieder im Gespräch. In: Volker Hage: Propheten im eigenen Land. Auf der Suche nach der deutschen Literatur. München 1999, S. 335–341. Auffallende Differenzen der Buch- und Internetfassung sind, dass Volker Hage in der Buchfassung des Aufsatzes den Titel geändert und auf den Anreißer verzichtet hat. Er hat offensichtlich auf die breite Aufnahme seines Schlagwortes reagiert. Außerdem hat er den Titel soweit an die Usancen des Buchdrucks angepasst, dass er den Anreißer, der bei Publikumszeitschriften üblich ist, bis auf einen knappen Untertitel gekürzt hat.

Textfassungen vergleichen

Die Frage, die Sie klären müssen, ist nun, ob die Textfassungen von Zeitschrift, Internet und Buch voneinander abweichen. Ist das der Fall, müssen Sie – weil Sie in der Regel die Wirkung des *Spiegel*-Artikels hinterfragen werden – auf den Zeitschriftendruck vom März 1999 zurückgreifen. Allein also, um sicherzugehen, müssen Sie, wenn Sie keine lückenlose *Spiegel*-Sammlung angelegt haben, ins Archiv (neuerdings stehen die Artikel auch im Netz).

Beschaffen

Keine Literaturliste, kein bibliografischer Nachweis und kein Hinweis auf eine wichtige Publikation hilft Ihnen, wenn Sie die jeweiligen Werke, Aufsätze und Quellen nicht selbst in die Hand bekommen. Die bibliografische

Recherche ist nur die Voraussetzung der Beschaffung und ersetzt sie nicht. Sie ist aber bei einigen Recherchewegen immer zugleich auch mit der Frage verbunden, wo Sie Ihre Quellen finden können.

Sobald Sie Bibliothekskataloge benutzen, vor Ort oder online, auf eine Bibliothek bezogen oder auf mehrere (etwa bei den Verbundkatalogen), können Sie immer zugleich feststellen, ob der gewünschte Titel vorhanden ist und wo er zu finden ist. Zum Teil können Sie sogar feststellen, ob das Buch ausgeliehen ist oder nicht. Dasselbe gilt für Zeitschriften, die allerdings nochmals in der *Zeitschriften-Datenbank* (ZDB) aufgelistet sind.

Vorteile großer Universitätsstädte

In großen Universitätsstädten wie Berlin, München, auch Frankfurt am Main, Hamburg, Köln oder im Ruhrgebiet werden Sie mit der Beschaffung von Literatur kaum Probleme haben. Hier sind für Sie oft mehrere Bibliotheken zugänglich, die sich die Sammelgebiete aufgeteilt haben oder von wichtigen Titeln Mehrfachbestände vorweisen können. Was Sie hier nicht finden, ist wirklich selten. In Berlin stehen Ihnen zum Beispiel vier Universitätsbibliotheken, zahlreiche Fachbibliotheken, eine große Stadtbibliothek und nicht zuletzt die Staatsbibliothek zu Berlin zur Verfügung. Im Ruhrgebiet gibt es auf engem Raum mehrere Universitäten, die schnell erreichbar sind: Düsseldorf, Duisburg-Essen, Bochum, Dortmund. Frankfurt am Main bietet Ihnen neben der Stadt- und Universitätsbibliothek immerhin noch die Deutsche Nationalbibliothek. Schwieriger wird es an Universitäten, die nur kleine Bibliotheken haben und ansonsten regional isoliert sind. Hier müssen Sie sich oft mit minimalen Beständen und langen und zeitraubenden Beschaffungswegen abfinden. Sie werden diese Wege aber oft gehen müssen, weil Sie ansonsten wichtige Quellen nicht persönlich einsehen können. Fernleihen und Kopien werden Ihnen jedoch Hilfe geben können.

Bibliotheken nutzen

Grundsätzlich können Quellen in Bibliotheken ausgeliehen, kopiert (als Fotokopie oder als Scan ist gleichgültig) oder gekauft werden. Archivalien werden Sie als Kopie (oft von Microfilm) oder als Scan erhalten können. Ansonsten müssen Sie sie vor Ort auswerten, das heißt entweder abschreiben oder exzerpieren. Forschungsliteratur grundsätzlich zu kaufen, wird aus finanziellen Gründen nicht möglich sein. Das bedauern zwar Verlage und Autoren gleichermaßen. So unvernünftig, sich eine Edition anzuschaffen, deren Einzelband deutlich über 200 Euro kostet, ist aber in der Regel trotzdem niemand. Es sei denn, er arbeitet intensiv mit diesen Bänden und entschließt sich im Ausnahmefall dazu. Monografien, Dissertationen und Sammelbände bei wissenschaftlichen Verlagen kosten heute meist 50 Euro und mehr. Sie sich regelmäßig anzuschaffen, übersteigt die Möglichkeiten von Studierenden, Lehrenden und Forschenden. Wissenschaftliche Bibliotheken als Einrichtungen der öffentlichen Hand und Ihrer Universität haben also eine wichtige Funktion. Sie versorgen Sie mit Ihrem wichtigsten Arbeitsmittel, mit Literatur. Sie werden also Ihre persönlichen Anschaffungen sinnvoller Weise auf einen kleinen Handapparat von Nachschlagewerken oder CD-Roms konzentrieren. Außerdem werden Sie die Primärtexte erwerben, mit denen Sie intensiv arbeiten. Dafür werden Sie in der Regel Studienausgaben erwerben. In der Altgermanistik haben sich zum Beispiel die Reclam-Bände mit den mittelhochdeutschen Texten der Höfischen Klassik und deren Übersetzung durchgesetzt. In den neueren Literaturwissenschaften ist eine geeignete Ausgabe von Mal zu Mal auszuwählen.

Sinnvolle Vollständigkeit

Wenn Sie Texte beschaffen müssen, sollten Sie zudem nicht streng systematisch-vollständig vorgehen, sondern eine sinnvolle Vollständigkeit anstreben. Bei Ihren Untersuchungsgegenständen (also den Primärquellen) gehen wir davon aus, dass deren Beschaffbarkeit unproblematisch ist. Sollten Sie aber feststellen, dass Sie bislang eine „falsche" Ausgabe benutzt haben und zum Beispiel eine Erstausgabe brauchen, müssen Sie sich diese Ausgabe als Kopie oder Scan, im Nachdruck oder im Original beschaffen.

Fernleihe nutzen

Bei Sekundärquellen müssen Sie die wichtigen, passenden und guten Texte den marginalen, nachrangigen und qualitativ schlechteren vorziehen. Allerdings sind die erreichbaren Quellen den nur schwer zu beschaffenden gleichfalls vorzuziehen. Sie können in der Regel davon ausgehen, dass wichtige und gute Forschungsbeiträge auch gut erreichbar sind. Wenn nicht in Ihrer Bibliothek, so sind sie doch über die sogenannte Fernleihe leicht und das heißt oft auch schnell beschaffbar. Die Bibliotheken haben einen Internet-Bestelldienst eingerichtet, den Sie unter www.subito-doc.de erreichen. Hier können Sie insbesondere unselbständige Schriften recherchieren und gegen Gebühr Kopien bestellen. Je ausgefallener Ihr Thema jedoch ist, desto schwieriger und aufwendiger wird die Materialbeschaffung. Allein aus diesem Grund sollten Sie sich bei Seminararbeiten mit vergleichsweise konventionellen Themen begnügen. Für den großen Paukenschlag haben Sie dann bei der Dissertation immer noch Zeit.

Beschaffung

Als Faustformel für Ihre Beschaffungsbemühungen kann gelten:

- Primärquellen in den korrekten Ausgaben haben Vorrang.
- Die wichtigen Quellen haben Vorrang vor den unwichtigen.
- Die schnell erreichbaren Quellen haben Vorrang vor den nur schwer erreichbaren Quellen.
- Die qualitativ besseren Quellen sind den schlechteren vorzuziehen.
- Forschungsliteratur wird in der Regel in der Bibliothek benutzt oder kopiert, nicht gekauft.
- Nur in Ausnahmefällen werden Sie Quellen persönlich anschaffen: Solche Quellen sind entweder besonders wichtig für Ihr Thema oder besonders einfach und kostengünstig beschaffbar.
- Ein guter Handapparat ist einer lückenlosen Dokumentation der Spezialforschung vorzuziehen.

Wie immer werden Sie Kompromisse eingehen müssen, die allerdings nie „faul" sein dürfen. Die Ausrede, einen wichtigen oder korrekten Text nicht bekommen zu haben, weil Sie dafür einen halben Tag hätten opfern müssen, zählt nicht. Das Bessere ist in der Tat der größte Feind des Guten, auch hier.

3. Internetrecherche

Das World Wide Web (www) hat die Möglichkeiten, an Informationen zu beinahe jedem beliebigen Thema zu kommen, deutlich verbessert. Wo früher der Gang in die Bibliothek und eine langwierige Recherche notwendig waren, reicht es heute oft, einen Zugang zum World Wide Web zu haben und die Frage oder das Problem, die sich stellen, zu „googeln". Durch online zugängliche Bibliothekskataloge können Bestände ausgewertet, Buchbestellungen oder Verlängerungen von zu Hause aus erledigt werden. Das Internet stellt also zweifelsohne eine enorme Arbeitserleichterung dar (vgl. dazu Steiner 2006, Cramer, Ritzi 2008, veraltet Gschwender 1999, Schönherr, Tiedemann 1999).

Grundlinien der Internetrecherche

Grundsätzlich gilt: Das Internet ist heute eines der wichtigsten, schnellsten und verfügbarsten Medien. Meiden Sie es nicht, nutzen Sie es. Grundsätzlich müssen Sie jedoch bei der Internetrecherche dieselben kritischen Maßstäbe anlegen wie bei den übrigen Recherchen: Quellen müssen seriös sein, sie müssen nachprüfbar sein und sie müssen transparent sein. Hinzu kommt, dass Sie auch im Internet zwischen allgemeinen und spezifischen Quellen unterscheiden müssen.

Web-Recherchen

Grundsätzlich gibt es heute vier Recherchewege im Internet:

- Die Erschließung von allgemeinen Informationen. Das Internet ist wohl das größte Konversationslexikon der Welt. Aber es ist auch nicht mehr. Diese Recherchen dienen dazu, Sie kurz und schnell über Sachverhalte zu informieren, die jedoch vertieft werden müssen oder nur der allgemeinen Orientierung dienen.
- Die Erschließung von Literatur über die Bibliothekskataloge. Die Recherche dient dazu, die einschlägige Literatur für Ihre Themen zu erkennen, zu bibliografieren und zu verorten (mit dem Titel erhalten Sie meist auch einen Standortnachweis).
- Die Erschließung von Materialien und Quellen. Gerade zu aktuellen Themen hält das Internet zahlreiche Materialien vor und macht sie erschließbar. Hierbei sind insbesondere die Zeitungswebsites und -archive zu nennen, die allerdings oft kostenpflichtig sind. Öffentliche Archive rücken aber nach. Zum Beispiel mit historischen Quellen, die vollständig und kostenfrei ins Netz gestellt werden.
- Die Erschließung der Forschung. In zahlreichen Fächern lassen sich Forschungsbeiträge mittlerweile aus dem Internet beziehen, mehr noch, die Forschung hat sich in großem Umfang dorthin verlagert oder ist dort zu finden. In den Literaturwissenschaften ist die aktuelle Praxis noch nicht soweit (ein Beispiel ist zu finden unter www.goethezeitportal.de). Bislang jedoch können Forschungsbeiträge im Internet nur ausnahmsweise bezogen werden. Zweifelsohne wird sich das ändern, bis dahin müssen sich die Beteiligten aber mit den Möglichkeiten und Grenzen des Internets arrangieren (vgl. Steiner 2006). Mit anderen Worten: Nutzen Sie, was es gibt, und beobachten Sie, was neu dazu kommt.
- Aber Achtung: Seminar- und Abschlussarbeiten, die im Netz angeboten werden, sind keine Forschungsbeiträge. Sie können also nicht für Ihre Arbeit herangezogen werden.

Link-Listen

Es ist hilfreich, sich zu den eigenen Arbeitschwerpunkten Link-Listen zusammenzustellen und zu archivieren. Allerdings muss man damit rechnen, dass Quellen im Netz verschwinden und nicht wiedergefunden werden können, teilweise, weil sie schlicht ihre Adressen geändert haben. Bei Recherchen helfen deshalb die Linklisten, die die Universitätsbibliotheken zur Verfügung stellen und beständig ergänzen und aktualisieren. Die Flüchtigkeit der Adressen ist im Übrigen auch ein Grund, weshalb in dieser Einführung keine Linklisten zu finden sind und nur solche Links angegeben werden, von denen zu hoffen ist, dass sie einige Zeit Bestand haben oder unter denen zitierte Quellen zu finden waren (www.germanistik-im-netz.de).

Mailinglisten

Daneben sind in den Fächern Mailinglisten erstellt worden, die die Kommunikation zwischen den Fachwissenschaftlern erleichtern und beschleunigen. Für die Germanistik ist hier vor allem der Mailingdienst von H-Germanistik zu nennen (www.h-germanistik.de), der umfassend über Tagungen, Zeitschriften und Stellen informiert.

Internetquellen

Internetquellen haben enorme Vorteile, aber auch Grenzen. Das heißt, sie sind zwar zweifelsohne heute eine der wichtigsten wissenschaftlichen Ressourcen, dennoch sind sie nur zum Teil benutzbar oder sogar zitierfähig, und das aus verschiedenen Gründen:

- Die Quellen, aus denen Informationen stammen, sind oft nicht bekannt,
- Texte sind oft unsicher,
- Bearbeitungsprinzipien nicht erkennbar und eindeutig.
- Nur relativ wenige, aber klar erkennbare Internetquellen können als wissenschaftlich seriös angesehen werden.

Eigenschaften des Internets

Internetquellen sind durch eine Reihe von Eigenschaften gekennzeichnet, die peinlich zu berücksichtigen sind, da sie die Nutzbarkeit des Internets und seine Grenzen kennzeichnen.

Flüchtigkeit

Internetquellen sind flüchtige Quellen, sie lassen sich einfach verändern, korrigieren oder auch weiter schreiben. Das führt dazu, dass eine zitierte Internetquelle heute ganz anders aussehen kann als gestern oder auch, dass sie morgen vielleicht überhaupt nicht mehr im Netz steht oder zumindest nicht mehr unter der angegebenen Adresse. Zitate, die aus einer Internetquelle bezogen werden, sind möglicherweise nicht nachprüfbar. Um wenigstens die Bezugsquelle Ihrer Information offenzulegen, müssen Internetquellen nicht nur mit der korrekten Adresse zitiert werden, sondern auch unter Angabe des Zitierdatums. Nur so ist ein möglicher Schaden gering zu halten und eine Überprüfbarkeit der zitierten Quelle trotz aller Veränderungen möglich.

Seriosität

Generell ist der Unterschied zwischen einem Nachschlagewerk wie der *Enzyclopaedia Britannica* und einer Website wie *Wikipedia* nicht so groß, wie man erwarten dürfte: Die (naturwissenschaftliche) Zeitschrift *Nature* stellte bei einem Test im Dezember 2005 fest, dass *Wikipedia* im Schnitt vier Fehler oder Unklarheiten pro geprüftem Artikel aufwies, aber auch die *Encyclopaedia Britannica* kam auf durchschnittlich drei Fehler (Giles 2005). Der Vorteil der Internetquellen ist, dass sie schnell und kostengünstig korrigiert, weiterentwickelt und verändert werden können. Außerdem sind sie unglaublich günstig, dezentral nutzbar, schnell erreichbar und erschließen eine unerhört große Zahl von Quellen und Informationen für Nutzer. Das Potenzial des Internets ist immens.

Qualität beachten

Bei den literaturwissenschaftlichen Informationen, die aus dem Netz bezogen wird, stehen wir aber noch ganz am Anfang. Qualität und Informationsdichte steigen zwar, beide sind aber bis heute nicht wirklich hoch. Die wichtigsten Autorinnen und Autoren, die bedeutendsten historischen Daten und Epochen sind im Netz zu finden. Aber nur in wenigen Fällen ist das Netz heute der Ort, an dem Forschung stattfindet, in dem es eine offene Kommunikation zu Forschungsproblemen gibt oder Forschung sich abbildet. Es gibt kaum literaturwissenschaftliche Internetforen oder andere Publikationsformen, die seriös oder einigermaßen flächendeckend sind. Wissenschaftliche Publikationen sind nur selten im Netz zu finden, Forschungsdebatten finden woanders statt. Das ändert sich zwar langsam, aber eben nur langsam. Das Internet ist deshalb bislang nur eine Ergänzung zu den konventionellen Recherchemöglichkeiten und Ressourcen wie Bibliotheken oder Archive.

Information ist nicht Forschung

Hinzu kommt, dass für eine wissenschaftliche Arbeit auch wissenschaftliche Quellen hinzugezogen werden müssen. So reicht es zum Beispiel nicht, im Rahmen einer Diskussion einer Fragestellung, die sich aus der Lektüre von Kleists *Prinz von Homburg* ergeben hat, ins Netz zu gehen, sich dort über die „Vaterländischen Kriege" oder „Befreiungskriege" zu informieren (vielleicht bei *Wikipedia*) und daraus dann gegebenenfalls zu zitieren. Internetquellen, aber auch herkömmlich gedruckte Nachschlagewerke wie die *Brockhaus Enzyklopädie* oder *Encyclopaedia Britannica* dienen nur der generellen Vorinformation. Darüber hinaus sind sie nicht zitierfähig – weil sie keine Forschungsquellen sind, sondern bestenfalls allgemeine Informationen bereit stellen. Deshalb heißen ihre gedruckten Vettern auch „Konversationslexika".

Um beispielsweise Kleists Versuche, den preußischen König auf den Widerstand gegen die französische Besatzung zu verpflichten, angemessen diskutieren und anwenden zu wollen, bedarf es der Forschung, wie sie als historiografische Monographie oder durch Aufsätze repräsentiert wird. Denn nur hier ist der Raum dafür da, ein Thema nicht nur zu definieren, sondern auch auszuarbeiten, zu reflektieren und angemessen zu begründen. Für Internetlexika gilt also dasselbe wie für gedruckte Lexika: Sie dienen der Vorinformation, des schnellen Nachschlagens, der Rückversicherung. Sie sind aber nicht zitierfähig, auch nicht bei den Nebensachen.

Ausnahmen

Allerdings gibt es Ausnahmen: Lexika wie zum Beispiel *Grimms Deutsches Wörterbuch, Adelung, Ersch* und *Gruber, Pierer* oder der *Zedler* können als Quellen benutzt werden, im Falle Zedlers etwa, weil der *Zedler* das allgemeine Wissen seiner Zeit (des 18. Jahrhunderts) wiedergibt und Sie über den *Zedler* dieses Wissen aufnehmen können. Damit wird der *Zedler* zur historischen Quelle, zum Material. Fachwörterbücher und -lexika sind gleichfalls als Forschungsquellen nutzbar, zum Beispiel das *Historische Wörterbuch* oder *Musik in Geschichte und Gegenwart.* Gelegentlich findet man alte Fassungen dieser Lexika im Netz. Aber auch sie sind nur mit dem Wissensstand dieser Ausgabe nutzbar und geben nicht den aktuellen Wissensstand wieder.

Elektronische Ausgaben

Seit einigen Jahren werden auch Texte auf CD-Rom oder im Internet bereitgestellt. Das Angebot wird kontinuierlich ausgebaut und verbessert. International sind bereits erstaunlich viele Texte im Netz verfügbar. Bei deutschen Texten ist die Situation nicht ganz so luxuriös, aber verbessert sich auch schnell. Große Projekte wie die Digitale Bibliothek (www.zeno.org), das Projekt Gutenberg oder Google stellen Textarchive zur Verfügung und halten so Texte allgemein und schnell verfügbar. Gerade die kanonischen Texte, auf denen keine Autorenrechte mehr liegen, sind im Netz zu finden.

Diese Entwicklung ist zu begrüßen, weil auf diese Weise auch entlegene und seltene Texte allgemein erreichbar gemacht werden und eine Anschaffung nicht viel Zeit und Geld kosten muss. Bibliotheken vor allem von Privatleuten können entlastet werden. Wo Texte nicht am Bildschirm benutzt werden können, ersetzen Ausdrucke gebundene Ausgaben. Damit werden Texte genau dann verfügbar, wenn sie gebraucht werden.

Internettexte

Zum Teil werden Texte auch zuerst oder nur noch im Internet publiziert. Rainald Goetz' Internettagebuch *Abfall für alle* wurde zuerst im Netz publiziert, ist heute aber nur noch im Buchdruck verfügbar. Elfriede Jelineks Text *Neid* ist ebenfalls zuerst im Internet erschienen, aber bei Redaktionsschluss dieser Einführung noch nicht als Buch.

Texte durchsuchen

Solche Ausgaben haben Vorteile: Sie können schnell und effektiv nach Belegstellen durchforstet werden. Das erleichtert die Arbeit in vielen Fällen enorm. Insbesondere bei flüchtigen Quellen wie Tageszeitungen oder Rundfunksendungen ermöglicht das Internet zudem viele neue Funde, die früher kaum zu machen oder sehr aufwendig waren. Außerdem werden kostbare historische Textausgaben und Nachlässe wie etwa der Musil-Nachlass geschont.

Kritisch bleiben

Aber auch bei diesen Ausgaben müssen Sie kritisch bleiben: Sie sind in der Regel nicht zitierfähig, weil ihre Editionsprinzipien nicht mitgeteilt werden und weil ihre Korrektheit nicht gesichert ist. Wie oben geschildert, ist die Nutzbarkeit von Ausgaben in der Wissenschaft abhängig davon, dass Sie über die Prinzipien, nach denen die Texte für Leser und Forscher aufgearbeitet worden sind, informiert werden. Die meisten im Netz verfügbaren Texte sind jedoch überhaupt nicht qualifizierbar, d. h. Sie erfahren über die Quellen und die Bearbeitungsformen nichts. Damit sind solche Texte ebenso wenig nutzbar wie die Buchclub-Ausgaben klassischer Autoren. Historisch-kritische Ausgaben im Netz sind selten (eine Ausnahme ist die Wiedergabe der Historisch-kritischen Heine-Ausgabe). Auf CD-Rom sind sie selten. Die Originale der Peter Weiss-Tagebücher samt Kommentar auf CD-Rom gehören dazu. Wichtig ist: Seriöse Projekte informieren in der nötigen Kürze über ihre Editionsprinzipien und geben dann die Texte oder Quellen in der historischen Form wieder.

Wann Internetquellen?

Dennoch ist man in manchen Fällen heute bereits von Internetquellen abhängig, nämlich immer dann, wenn Quellen entweder ansonsten kaum erschlossen werden können, weil der Zugang über Bibliotheken oder Archive nicht einfach genug ist oder weil die Informationen oder Quellen zu aktuell sind, um bereits gedruckt vorliegen zu können.

Exempel Nobelpreis

So ist nach der Verleihung des Literaturnobelpreises an Elfriede Jelinek im Jahre 2004 das Interesse an der Autorin sehr groß gewesen, ja es hat sogar eine recht hitzige Diskussion um die Verleihung gegeben. Das hat naheliegend die Aufmerksamkeit auf die Begründung des Komitees gelenkt. Die aber war, zumal kurz nach der Preisverleihung, nur im Internet einzusehen, stammte vom Sekretär des Komitees Horace Engdahl und trug den folgenden Titel: *Horace Engdahl: The Nobel Prize in Literature 2004. Presentation Speech*. Der vollständige Text war im Netz auf Englisch und, weil er eben nur hier greifbar war, in zitierfähiger Fassung abgelegt. Damit Sie mit dem Text arbeiten können, müssen Sie ihn verfügbar machen. Deshalb empfiehlt es sich, den Text auszudrucken, notfalls über copy and paste in eine Word-datei zu kopieren und sie mit der Quellenangabe und dem Zugriffsdatum zu versehen. Dann speichern Sie den Text mit einem für Sie plausiblen Namen ab oder drucken ihn aus.

Vorrang von Internetquellen

Im Einzelfall kann es vorkommen, dass die Internetquelle der gedruckten vorgezogen werden muss. Wie Sie vielleicht wissen, hat Elfriede Jelinek den Nobelpreis nicht in Stockholm entgegengenommen, sondern hat ihre Dankesrede per Video übertragen lassen. Diese Dankesrede war bis Ende 2004 nur an zwei Stellen zu finden: im Internet und im Zeitungsdruck. Hier die Angaben:

1. Internetpublikation: Elfriede Jelinek: Im Abseits. Nobelvorlesung. Zitiert nach: http://nobelprize.org/literatures/laureates/2004/jelinek-lecture-g.html (Zugriff: 11.12.2004).
2. Zeitungsdruck: Elfriede Jelinek: Im Abseits. Die Sprache selbst soll keine Forderungen stellen, sondern selbst eine Forderung werden: Die Nobelpreisrede von Elfriede Jelinek. In: Frankfurter Allgemeine Zeitung Nr. 288, v. Donnerstag, 9.12.2004.

Sie sehen, dass der Zeitungsdruck im Untertitel und Anreißer von der Internetfassung abweicht. Sie können davon ausgehen, dass beides von der FAZ-Redaktion hinzugefügt worden ist. Dieser Unterschied ist aber nicht von größerem Belang. Der Zeitungsdruck gibt jedoch in einer redaktionellen Anmerkung am Schluss des Textes zu erkennen, dass es sich in diesem Fall um eine gekürzte Fassung handelt. Das ist im Text aber nicht durch Auslassungszeichen (also durch eckige Klammern) gekennzeichnet. Das heißt, Sie müssen entweder beide Texte miteinander vergleichen oder eine Entscheidung treffen. Die kann in diesem Fall nur zu Gunsten der Internetpublikation getroffen werden, und zwar aus grundsätzlichen Erwägungen. Die Publikation des Nobelpreiskomitees hat Vorrang vor der Publikation einer deutschen Tageszeitung, weil sie näher am Ursprung, also an der Originalrede ist. In der Tat gibt es Abweichungen in den konkreten Fassungen, die diese Entscheidung stützen. So findet sich der Satz „Die Sprache gerät ja irrtümlich manchmal auf den Weg, aber aus dem Weg geht sie nicht", den ich für eine Argumentation in einem Aufsatz zu Jelinek benötigt habe, zwar in der Internet-, aber nicht in der Zeitungsfassung. Sie sollten auf solche Abweichungen achten und notfalls auf sie aufmerksam machen. Auffallend ist, dass Internetquellen insbesondere bei aktuellen Ereignissen Vorteile auch vor dem Zeitungsdruck haben. Sie sind schnell und haben keine quantitativen Beschränkungen, die bei Drucken immer wieder zur Kürzung von Texten führen.

Textdiebstahl

Das Internet ist heute eine der wichtigsten Quellen für Täuschungsversuche geworden. Gute Haus- oder Abschlussarbeiten werden ins Netz gestellt und können erworben werden. Studierende, die entweder ein Thema nicht bewältigen oder denen Zeit oder Lust fehlen, sich mit der nötigen Energie einem Thema zu widmen, kopieren diese Arbeiten und geben sie ganz oder teilweise als ihre aus. Nun ist gegen die Nutzung fremder Vorarbeiten nichts einzuwenden (zu denen Seminar- und Abschlussarbeiten nicht gehören). Die Übernahme von Textteilen, Ideen oder Argumentationen, ohne sie im Einzelnen genau nachzuweisen, widerspricht jedoch definitiv wissenschaftlichen Regeln. Außerdem sind solche Täuschungsversuche entsetzlich dumm. Immer häufiger werden sie entdeckt (Universitäten setzen dafür mehr und mehr Programme ein, die gute Erfolgsquoten haben), was zur Aberkennung mindestens der Teilleistung führt. Teilweise müssen ganze Prüfungen deshalb wiederholt werden – und das unter erschwerten Bedingungen, da alle auf Prüferseite Beteiligten extrem misstrauisch werden. Schließlich schaden sich die Studierenden, die meinen, sich auf diese Weise durchmogeln zu können, am meisten selbst. Schlichtweg, weil sie den Schritt in die wissenschaftliche Arbeit nicht tun. Mit anderen Worten: Sie verweigern es zu lernen. Wer an diesem Punkt angekommen ist und trotz der Unterstützung durch die Lehrenden oder Kommilitonen keine eigenen Fortschritte erzielen kann, sollte die Konsequenz ziehen und mindestens das Fach wechseln, vielleicht sogar die Universität verlassen und das Studium aufgeben. Knapp gesagt: Textdiebstahl ist verboten, wer dabei erwischt wird, muss die Konsequenzen tragen. Wer nicht erwischt wird und sich durchmogelt, wird spätestens im Beruf scheitern.

III. Haus-, Seminar- und Abschlussarbeit

1. Abhandlung schreiben

Abhandlung im Vordergrund der Ausbildung

Die Abhandlung oder wissenschaftliche Arbeit ist in der Literaturwissenschaft das zentrale Kommunikations- und Ausdrucksmedium, steht also mit gutem Grund im Vordergrund der Ausbildung in den literaturwissenschaftlichen Fächern. Hier wird die konzentrierte, sachlich fundierte und umsichtig argumentierende Form der wissenschaftlichen Arbeit eingeübt. Wer Wissenschaft betreibt oder ein wissenschaftliches Studium absolviert, der muss auch schreiben (können). Nicht unbedingt gut oder reißerisch (was oft genug nicht am Platze ist), sondern sachgemäß, klar und konzentriert.

Im Berufsleben – vor allen in den nicht-wissenschaftlichen Berufen, für die eine universitäre Ausbildung gefordert wird – treten an die Stelle der wissenschaftlichen Arbeit andere, gleichfalls schriftliche Arbeiten: Konzeptpapiere, Artikel für Fachzeitschriften, Berichte usw., bei denen oft ebenfalls systematische Aspekte berücksichtigt werden müssen. Die wissenschaftliche Hausarbeit bereitet auch darauf vor.

Arbeitsplatz, Arbeitszeiten, Arbeitsbedingungen

Eine der wichtigsten Bedingungen, die Sie für das Verfassen einer Hausarbeit schaffen müssen, ist ein passender Arbeitsplatz. Dieser Arbeitsplatz muss eine Ausstattung haben, die Sie bei der Arbeit unterstützt. Außerdem müssen an ihm Bedingungen herrschen, die Ihrer Arbeit und das heißt Ihrer Konzentration förderlich sind. Für eine Hausarbeit brauchen Sie zwei Wochen, für eine Abschlussarbeit bis zu sechs Monate, für eine Dissertation zwischen zwei und fünf Jahre. Sie müssen entweder sehr schnell und konzentriert arbeiten (Hausarbeit) oder Sie verbringen sehr viel Zeit an diesem Platz (Abschlussarbeit). Sie müssen ihn also entsprechend einrichten.

Arbeitsplatz

Zu einem literaturwissenschaftlichen Arbeitsplatz gehören

- Schreibtisch mit bequemem und rückenschonendem Arbeitsstuhl
- Computer, Drucker, Schreibstifte, Textmarker, Post-its, Notizblöcke, Karteikarten/-zettel oder Notizbücher
- helle Beleuchtung
- eine Handbibliothek mit den notwendigen Nachschlagewerken, mit den Texten, die Sie bearbeiten, und mit der zentralen Forschungsliteratur, die Sie wiederholt zu Rate ziehen müssen
- Ruhe.

Bibliotheksarbeitsplätze

Ob dieser Arbeitsplatz bei Ihnen zu Hause oder in einer Bibliothek ist, bleibt Ihren Vorlieben vorbehalten. Viele Bibliotheken bieten abgetrennte Arbeitsbereiche an, in denen Sie Ihre Abschlussarbeit schreiben können. Der Vorteil solcher „Kabuffs" ist: Sie können abends alles so liegen lassen, wie Sie es am nächsten Morgen vorfinden wollen (bis auf Ihren Laptop). Das verbietet sich bei Arbeitsplätzen im normalen Lesesaal, Lesebereich oder zu Hause. Außerdem haben Sie in der Bibliothek schnell alle Hilfsmittel zur Hand, die Sie brauchen, vor allem Nachschlagewerke, Onlinekataloge, Datenbanken und den ganz normalen Bestand einer universitären Präsenzbibliothek. Viele Studierende bevorzugen Bibliotheksarbeitsplätze, weil sie hier ihre Ruhe haben und das ganze Ambiente klar und eindeutig signalisiert: Hier wird gearbeitet. Andere benutzen Bibliotheken eher als Servicestationen in Sachen Buchpräsenz und arbeiten lieber zu Hause. Der Vorteil des Bibliotheksarbeitsplatzes ist, dass Sie einen umfassenden Arbeitsapparat zur Hand haben und Arbeit und Privates deutlicher voneinander trennen. Der Nachteil ist, dass Sie größeren Aufwand treiben müssen, um zum Arbeitsplatz zu kommen oder ihn täglich zu nutzen.

Arbeitsplatz zu Hause

Der Vorteil des Arbeitsplatzes zu Hause ist: Sie sind in einer gewohnten Umgebung. Der Nachteil des Heimarbeitsplatzes ist, dass Sie deutlich mehr Bücher kaufen, leihen und kopieren müssen als Bibliotheksarbeiter.

Hauptsache beim Arbeitsplatz aber ist: Sie müssen sich hier wohl fühlen. Und Sie müssen hier Ihre Arbeit gern tun. Richten Sie sich den Arbeitsplatz so ein, dass es Ihrer Arbeit hilft. Aber verzichten Sie auf alles, was ablenkt. Dazu gehören auch so profane Dinge wie: Spül- und Wäscheberge, die gerade jetzt ganz dringend abgearbeitet werden müssen. Niemand kann beim Bügeln wirklich wissenschaftlich arbeiten, verschieben Sie das auf den Feierabend. Wenn Sie aber tatsächlich beim Bügeln eine gute Idee haben, die Ihnen weiterhilft, dann ist das wunderbar. Es sollte Sie aber ein wenig misstrauisch machen, dass Sie nicht wirklich abschalten am Feierabend. Denn auch das ist wichtig.

Störfaktoren

Störfaktoren sind auch Freunde, Lebensgefährten, Kinder, neugierige und hilfebedürftige Menschen, manchmal auch hilfsbereite: Wenn Sie jedes Mal, wenn Ihnen Ihr Partner einen Kaffee ins Arbeitszimmer bringt, die Gelegenheit zu einem Schwatz nutzen, dann sollten Sie ihn/sie bitten, das nur noch jede Stunde zu tun. Dann haben Sie nämlich eine Kaffeepause verdient, Sie werden also nicht unnötig von der Arbeit abgelenkt.

Musik, eine laute und hektische Umgebung sind gleichfalls zu meiden. Auch wenn es unglaublichen Spaß macht, im Café in der Sonne zu sitzen und zu lesen – für die wissenschaftliche Arbeit ist das der falsche Ort. Zum einen, weil Sie hier entspannen sollen und nicht arbeiten. Zum anderen, weil Sie hier nicht die Dinge greifbar haben, die Sie immer wieder bei der Arbeit brauchen: Ihren Handapparat, den Aufsatz, in dem genau das Zitat steht, das Sie vergessen haben herauszuschreiben usw.

Störungen und Ablenkungen vermeiden

Fazit also: Vermeiden Sie Störungen und Ablenkungen. Schaffen Sie sich eine Arbeitsumgebung, in der Sie arbeiten und nichts anderes.

Fragmentierung kompensieren

Auch für Studierende wird der Arbeits- und Lebensalltag immer mehr aufgesplittet. Arbeiten werden in kleine Portionen zerteilt. Größere Arbeitseinheiten können kaum am Stück absolviert werden. Sie müssen Ihren Arbeitszusammenhang immer wieder verlassen und später genau dort wieder einsteigen können, wo Sie aufgehört haben zu arbeiten. Diese Zersplitterung von Arbeitszusammenhängen wird im gesamten Arbeitsleben beklagt. Manager in Verwaltungen und Industriebetrieben beschäftigen sich durchschnittlich etwa sechs Minuten mit demselben Sachverhalt, bevor sie abgelenkt werden und mit einer neuen Sache beginnen müssen. Sie kommen zwar später wieder auf die ursprüngliche Tätigkeit zurück. Aber dann den Anschluss zu finden, ist oft schwierig. Reibungsverluste sind dabei unvermeidlich. Sie brauchen immer einen neuen Anlauf, ein paar Minuten, um wieder den Faden aufzunehmen. Und ob Sie schließlich genau so weiter machen, wie Sie es einmal geplant haben, steht schlicht in den Sternen.

Wissenschaft braucht Zeit

Im Grunde genommen ist eine solche Arbeitsstruktur für die literaturwissenschaftliche Arbeit überhaupt nicht geeignet. Wissenschaft braucht sehr viel Zeit, und das oft genug am Stück. Wissenschaft braucht anhaltende Konzentrationsfähigkeit. Und daneben natürlich auch Routine, zum Beispiel zum Lesen:

Ein geübter Leser kann einen wissenschaftlichen Aufsatz von mittlerer Komplexität im Umfang von 20 Druckseiten in 30–45 Minuten lesen und sich dabei die notwendigen Anstreichungen und Notizen machen. Eine wissenschaftliche Monografie von 250 bis 300 Seiten und mittlerer Komplexität ist kaum unter zwei bis drei Tagen zu studieren. Sind Thema und Text sehr komplex oder für Sie ungewohnt, dann brauchen Sie deutlich mehr Zeit, möglicherweise eine Woche, vielleicht sogar mehr, insbesondere dann, wenn Sie Texte mehrfach lesen und durcharbeiten müssen. Eine intensivere Arbeit mit Primär- und Sekundärtexten ist generell sehr zeitaufwendig. Auch wenn Sie viele Sekundärtexte oder Texte aus dem Umkreis Ihres Untersuchungsgegenstandes nur sichten und einer ersten, flüchtigen Prüfung unterziehen, müssen Sie für diese Arbeit nicht nur genügend Zeit einplanen (dazu mehr unter Zeitplanung). Sie müssen auch einen Arbeitsplatz dafür bereitstellen, an dem diese Arbeiten durchgeführt werden können. Daher die Aufforderung, Ablenkungen zu meiden.

Zeitmanagement

Empfohlen werden auch feste und regelmäßige Arbeitszeiten. Dieser Empfehlung sollten Sie vor allem dann folgen, wenn Sie sich leicht ablenken lassen und wenn Sie in Ihrer Universitätskarriere feststellen, dass Sie Schwierigkeiten haben, sich schnell wieder auf Ihre Arbeit zu konzentrieren, wenn Sie abgelenkt wurden. Dabei sollten Sie sich aber nicht überfordern. Belassen Sie es bei Kern-Arbeitszeiten zum Beispiel von vormittags 9.00–12.30 Uhr und nachmittags 13.30–17.00 Uhr. Das sind täglich sieben Stunden am Schreibtisch. Auch wenn Sie später anfangen, versuchen Sie, diese Zeit täglich am Schreibtisch zu verbringen. Machen Sie Kaffee- oder Teepausen und vor allem eine ausreichend lange Mittagspause. Legen Sie die organisatorischen Arbeiten an den Rand Ihrer Schreibtischzeiten. Den Bibliotheksbesuch, um neue Bücher zu besorgen oder Kopien herzustellen, legen Sie auf die Zeit nach 17.00 Uhr. Sie können das dann mit einem Schwatz mit Ihren Kommilitonen verbinden oder schon mal an den Abend denken. Den sollten Sie nämlich nicht am Schreibtisch verbringen. Wenn Sie schon glauben, auch am Abend etwas für Ihre Arbeit tun zu müssen, dann nehmen Sie sich ein Buch vor, das Sie sowieso lesen wollten, weil es zum Umkreis Ihres Untersuchungsgegenstandes gehört, und das keine allzu hohe Konzentration fordert. Vermeiden Sie Marathonsitzungen ohne Pause. Sie werden feststellen, dass der größte Teil dessen, was Sie in den „Überstunden" schaffen, für die Katz ist, schnell vergessen oder für den Papierkorb. Vermeiden Sie es auch, am Wochenende zu arbeiten, es sei denn, es brennt Ihnen unter den Nägeln. Aber auch dann nehmen Sie sich Ihre freien Tage und Abende. Je ausgeruhter und entspannter Sie an die Arbeit gehen, desto effektiver werden Sie sein. Selbst Wissenschaftler, die rast- und ruhelos ihr Geschäft betreiben, nehmen sich ihre Auszeiten. Allerdings bedeutet das auch, dass Sie von Anfang an eine Arbeitsökonomie festlegen, einüben und zwingend befolgen sollten. Nur wenn Sie schon zu Beginn intensiv, effektiv und regelmäßig arbeiten, haben Sie am Ende die Luft, diese Arbeitsstruktur beizubehalten. Sonst geraten Sie in Gefahr, in den letzten beiden Wochen durcharbeiten zu müssen. Sie geraten in Zeitdruck und Hektik. Damit aber provozieren Sie Fehler und Sie übersehen zum Teil peinlichste Versehen: Verschreiber im Titel, Rechtschreibdesaster, falsche Formatierungen, formale Mängel oder argumentative Lücken.

Computer

Das wichtigste Arbeitsmittel in den Literaturwissenschaften ist ein Computer mit Drucker und vielleicht auch Scanner. Computer sind heute vielfältig einsetzbar, als

- ✦ Schreibgerät
- ✦ Informations-, Daten- und Textspeicher
- ✦ Verwaltungsapparat und Organisationshilfe
- ✦ Kommunikationsmittel
- ✦ Rechercheinstrument
- ✦ Abspielgerät
- ✦ Präsentationsgerät.

Programme

Sie brauchen selbstverständlich dazu auch die notwendigen Programme, das heißt vor allem

- ✦ ein Textverarbeitungsprogramm
- ✦ ein Tabellenkalkulationsprogramm
- ✦ ein Programm, mit dem Sie Mails versenden und empfangen können, und
- ✦ eins, mit dem Sie ins Internet gehen können. Schließlich werden Sie auch früher oder später ein
- ✦ Präsentationsprogramm brauchen.
- ✦ Manche Studierende und Kollegen benutzen Programme, um ihre Textaufnahmen oder Zitate zu verwalten. Zum Teil können Sie damit auch Recherchen vornehmen.

Besorgen Sie sich diejenigen Programme, die Sie brauchen. Sie bekommen als Studierende über Ihre Universität verbilligte Versionen. Wenn Sie mobil arbeiten, soll heißen vor allem in Bibliotheken, empfiehlt sich die Anschaffung eines transportablen Rechners, eines Laptops. Sie können mit Ihrem Rechner heute auch Filme abspielen, Fotos verwalten und speichern und CDs abspielen. All das lässt sich im privaten Bereich gut nutzen, aber eben auch in der Wissenschaft.

Multimediale Anforderungen

Wenn Sie zum Beispiel Elfriede Jelineks Roman *Die Klavierspielerin* mit dem gleichnamigen Film von Michael Haneke vergleichen wollen, dann ist es hilfreich, wenn Sie mit Ihrem Rechner nicht nur den Film ansehen können, sondern auch Szenenfotos als Belege kopieren können. Beschaffen Sie sich dafür notwendigen Programme.

Heute steht eine Vielzahl von Texten – teilweise von den Autoren selbst gelesen – auf CD zur Verfügung und kann auch wissenschaftlich genutzt werden. Hörbücher haben eine eigene Qualität, auch in ästhetischer Hinsicht: Rilke-Gedichte, von Ulrich Tukur vorgetragen, haben eine andere sinnliche Qualität als wenn Sie sie nur still lesen. Auch diese Differenz ist im Übrigen eine wissenschaftliche Untersuchung wert.

Außerdem werden viele Texte heute auf CD-Roms oder im Internet zur Verfügung gestellt. Um diese Texte nutzen zu können, brauchen Sie gleichfalls einen Computer. Zum Teil stehen die Texte kostenlos zur Verfügung, in jedem Fall jedoch können Sie diese Texte elektronisch nach Fundstellen absuchen oder aufarbeiten.

2. Themenwahl

Rahmenanforderungen

Was sollen Sie zeigen und können? An eine wissenschaftliche Abhandlung werden im Wesentlichen die immerselben Anforderungen gestellt: Plausibilität, Korrektheit, Konsistenz, Überprüfbarkeit, Offenheit, Klarheit. Die Vielzahl der wissenschaftlichen Arbeiten, die Sie schriftlich verfassen sollen, dient zwei Zielen:

- Zum einen führen diese Arbeiten Sie in das Verfassen wissenschaftlicher Arbeiten ein, Ihre Kompetenzen sollen ausgebaut und vertieft werden.
- Zum anderen soll anhand des Ergebnisses überprüft werden, auf welchem Ausbildungsstand Sie sind, welche Kompetenzen Sie also im Erarbeiten wissenschaftlicher Themen erworben und wo Sie noch Lücken oder Defizite haben.

Deshalb werden unterschiedliche Anforderungen gestellt an Arbeiten in der Einführungsphase, in der Vertiefungsphase und an die Abschlussarbeit. Dabei werden qualitative und quantitative Sprünge gemacht.

Quantitative Anforderungen

Der Sprung von der Seminararbeit zur Bachelor-Abschlussarbeit ist immer noch groß. Bachelor-Abschlussarbeiten umfassen meist um die 25 Seiten und ungefähr 7500 Wörter. Gelegentlich werden auch bis zu 40 Seiten gefordert. Der Zeitaufwand für eine solche Arbeit liegt bei 8 bis 12 Wochen je nach Studiengang und Universität. Sie schließen damit eine grundlegende Einführung in Ihr Fach ab und demonstrieren am Schluss, dass Sie in der Lage sind, zu einem Fachthema eine kleinere Abhandlung innerhalb einer sehr knapp bemessenen Zeit zu schreiben.

Master-Abschlussarbeiten hingegen sollen zwischen 40 und 80 Seiten umfassen. Dafür werden je nach Universität zwischen drei und sechs Monaten Zeit eingeräumt. Der wesentliche Fortschritt zu früheren Studienformen ist, dass Sie systematischer studieren und sich in deutlich mehr Gegenstandsbereiche einarbeiten müssen (und dürfen).

Quantität erfordert Qualität

So harmlos diese quantitativen Anforderungen klingen, so ernst müssen Sie insbesondere den Schritt von der Seminar- zur Abschlussarbeit nehmen. Der bis zu fünffache Umfang bedeutet nicht nur, dass Sie mehr Seiten vollschreiben müssen. Der quantitative Unterschied führt auch zu qualitativen: Sie müssen sich auch länger und intensiver mit einem Thema beschäftigen, nämlich jene drei bis sechs Monate, die Sie Zeit haben für diese Arbeit. Sie müssen darüber hinaus auch das Thema Ihrer Arbeit so zuschneiden, dass es Sie über diese bis zu 80 Seiten trägt. Und umgekehrt: Ein Thema, das auf 80 Seiten behandelbar ist, lässt sich auf 20 kaum angemessen darstellen.

BA/MA-Regularien

Viele BA- und MA-Regularien halten sich damit zurück festzulegen, was Sie denn mit der BA- oder MA-Abschlussarbeit demonstrieren sollen. Die folgende Festlegung stammt aus einem Entwurf einer Studienordnung: „Die Masterarbeit soll zeigen, dass der/die Kandidat/in in der Lage ist, innerhalb einer vorgegebenen Frist ein Problem des Fachgebietes selbstständig nach wissenschaftlichen Methoden zu bearbeiten. Sie soll das methodische Vorgehen und die Einbindung der eigenen Forschungsergebnisse in den Kontext der wissenschaftlichen Diskussion unter Beweis stellen. Art und Aufgabenstellung der Masterarbeit müssen geeignet sein, dem/der Studierenden den exemplarischen Nachweis der nach § 1 erforderlichen Fähigkeiten und Kenntnisse zu ermöglichen. Das Thema muss so beschaffen sein, dass es in der nach Absatz 6 vorgesehenen Zeit bearbeitet werden kann. Die Art der Aufgabe und die Aufgabenstellung müssen mit der Ausgabe des Themas festliegen."

Der § 1, auf den dieser Text verweist, gibt die folgenden Hinweise. Als Ziel des Studiums wird festgelegt: „Die Masterprüfung für den Studiengang *Deutsche Literaturwissenschaft* dient dem Nachweis über den Erwerb gründlicher und vertiefter Fachkenntnisse, der Vertrautheit mit den neuesten Forschungsmethoden und -inhalten sowie der Fähigkeit, problemorientiert, interdisziplinär und wissenschaftlich selbständig zu arbeiten, die Forschungsergebnisse auf ihre wissenschaftliche und sozio-kulturelle Relevanz hin zu reflektieren sowie zum Erkenntnisprozess der Wissenschaften beizutragen."

Dies ist nur ein Beispiel aus einer Master-Studienordnung, das aber zeigt, welche allgemeinen Anforderungen an eine Abschlussarbeit gestellt werden.

Anforderungskatalog

Wichtig an diesen Anforderungen ist für die Abschlussarbeit Folgendes:

- Thema aus dem studierten Fach
- Bearbeitung eines wissenschaftlich relevanten Problems
- Selbständigkeit der Bearbeitung
- Sachgerechte Bearbeitung und Darstellung.

Nicht zu vernachlässigen sind Anforderungen wie zum Beispiel

- Diskussionsfähigkeit
- Problembewusstsein
- Methodenbewusstsein und -sicherheit
- Genaue und umfassende Textkenntnis.

Zudem die Bearbeitungszeit und Umfang

- 60–80 Seiten Umfang
- Je nach Prüfungs- und Studienordnung 3–6 Monate.

Wenn Sie wissen wollen, welche Anforderungen an Ihrem Fachbereich an Sie und Ihre Abschlussarbeit gestellt werden, schauen Sie bitte in die jeweiligen Studien- und Prüfungsordnungen. Sie erhalten Sie im Prüfungsbüro des jeweiligen Fachbereichs oder auf der Website Ihrer Universität.

BA/MA-Systematik

Dass hinter diesen Anforderungen eine Systematik versteckt ist, zeigt sich, wenn wir uns näher anschauen, was denn in den Ausbildungsstufen von BA und MA gefordert und gefördert werden soll. Hier zeigen sich die Stufen, in denen Sie Ihre Kompetenzen im Laufe Ihres Studiums immer weiter steigern:

BA-Anforderungen

Anforderungen an BA-Hausarbeiten

- Thema aus dem Seminar, meist ein Text
- Erarbeitung einer wissenschaftlichen Fragestellung
- Erste Proben der Selbständigkeit der Erarbeitung und Bearbeitung
- Erarbeitung und Erprobung einer angemessenen Struktur
- Erarbeitung eines klaren Stils
- Einübung in die wissenschaftliche Argumentation
- Berücksichtigung der Rahmenbedingungen (Formalia)
- Einübung der wissenschaftlichen Recherche
- 10–15 Seiten Umfang
- Bearbeitungszeit 2–4 Wochen.

Hilfe und Anleitung

Sie werden für die ersten wissenschaftlichen Hausarbeiten Hilfe, Hinweise und Anleitung brauchen. Dafür sind Ihre Lehrenden und Betreuer da. Fragen Sie sie und nehmen Sie sie dafür in Anspruch. Niemand kann von Ihnen erwarten, dass Sie am Beginn eines wissenschaftlichen Studiums wissen, wie Sie eine wissenschaftliche Arbeit schreiben sollen. Auch dafür gibt es Regeln und Kompetenzen, die gelernt und erprobt werden müssen. Und die Lehrenden sind diejenigen, die sie Ihnen beibringen sollen. Was Sie lernen müssen:

Fragen

- Wie findet man ein Thema?
- Wie entwirft man Fragen?
- Wie erkennt man Problemstellungen?
- Wie handelt man wissenschaftliche Fragen am besten ab?
- Wie löst man die erkannten Probleme?
- Welche Struktur muss eine Abhandlung haben?
- Was gehört in eine Abhandlung hinein und was soll draußen bleiben?
- Was heißt zusammenhängend und angemessen zu argumentieren?
- Was ist ein klarer Stil?

Zur wissenschaftlichen Ausbildung gehört auch, dass Sie lernen zu fragen, und zwar an der richtigen Stelle und zum richtigen Zeitpunkt. Die richtige Stelle ist (meist) Ihr Betreuer oder Seminarleiter. Der richtige Zeitpunkt ist (meist) während des Seminars. Ansonsten gehen Sie in die Sprechstunden der Lehrenden oder vereinbaren Termine.

MA-Level

Im Hauptstudium und MA sollen die Anforderungen höher und die Qualität Ihrer Arbeit besser sein. Da das MA-Studium als Spezialisierung und Vertiefung der Fachkenntnis angelegt ist, beginnt hier die wissenschaftliche Kür. BA hat die Aufgabe, die Basis zu legen. Erst der Master bildet Sie zum eigentlichen Fachwissenschaftler aus. Soweit Sie Lehrer werden wollen, ist die wissenschaftliche Ausbildung Grundstein Ihrer späteren fachlichen schulischen Tätigkeit.

MA-Anforderungen

Die Anforderungen an eine MA-Seminararbeit:

- Thema aus dem Seminar
- Vertiefung der wissenschaftlichen Fragestellungen
- Ausweitung des Arbeitshorizonts
- Entwicklung eigener Hypothesen
- Entwicklung eigener Arbeits- und Forschungsschwerpunkte
- Vertiefung der Struktur der wissenschaftlichen Abhandlung
- Vertiefung der Fähigkeit zur wissenschaftlichen Abhandlung

- ✦ 20–25 Seiten Umfang
- ✦ Bearbeitungszeit 4–8 Wochen.

An dieser Liste wird deutlich, was Sie wann lernen und demonstrieren sollen. Sie sehen dabei auch die qualitativen und quantitativen Sprünge, die hier zu tun sind und die Sie erfolgreich bewältigen lernen sollen. Das heißt konkret, dass die Basis, die Sie im Grundstudium und BA gelegt haben, das Wissen, das bis dahin exemplarisch ist, die Kompetenzen, die Sie bis dahin erworben haben, vertieft und zugleich ausgeweitet werden sollen. Außerdem sollen Sie in die Gewohnheiten, Standards und Diskussionen des Faches eingeführt werden und wenn möglich beginnen, sich darin angemessen zu orientieren und zu positionieren. Erst hier im Master sollen Sie die Selbständigkeit im Fach erwerben, für die Sie eine gute und gediegene Grundausbildung brauchen (für die der BA notwendig ist). Schließen Sie an einen literaturwissenschaftlichen BA ein Master-Studium in einem anderen Fach oder eine Berufsausbildung an, dann hat der BA die Aufgabe, Ihnen in diesem Fach (Literaturwissenschaft) Kompetenzen und Kenntnisse zu vermitteln, die Ihnen in der weiteren Ausbildung und im weiteren Berufsleben hilfreich sein können.

Institutsregeln beachten

Bitte beachten Sie in jedem Fall die Vorgaben Ihres eigenen Instituts und Faches. Hier kann es deutliche und vor allem wichtige Unterschiede in den Umfängen und Anforderungen geben.

Zeit planen

Sie haben in der Regel eine knapp bemessene Zeit zur Verfügung, um Ihre Arbeit zu schreiben. Um die zeitlichen Vorgaben, die von der Art der Arbeit abhängen (Seminararbeit bis Abschlussarbeit, 2–24 Wochen), einhalten zu können, brauchen Sie

1. einen Überblick über die Arbeiten, die Sie in der Zeit absolvieren müssen, und
2. einen Zeitplan, in dem Sie Annahmen darüber treffen, wie lange Sie für welche Tätigkeit brauchen.

Schreibertypen

Je nach Wissenschaftlertyp und Fragestellung wird die Praxis sich am Ende immer deutlich vom ursprünglichen Plan unterscheiden. Grundsätzlich kann man die „stillen Brüter" von denjenigen unterscheiden, die „beim Schreiben denken". Gehören Sie zur ersten Gruppe, werden Sie viel nachdenken, bevor Sie eine Zeile niederschreiben. Gehören Sie zur zweiten Gruppe, werden Sie viele Korrekturvorgänge auf sich nehmen müssen. In jedem Fall werden Sie aber umfangreiche Lektüren vornehmen müssen, die mit zu den zeitaufwendigsten Arbeiten gehören. Diese Zeit müssen Sie einplanen.

Zeitplan

Im Folgenden sehen Sie einen Musterplan für eine MA-Arbeit, für die ich hier 20 Wochen angenommen habe.

Zeitplan erstellen

Ein Zeitplan wird in der Regel als Tabelle angelegt. Das können Sie in Ihrem Textverarbeitungsprogramm (z. B. Word) ebenso machen wie in einer Tabellenkalkulation (z. B. Excel). Ein echtes Projektmanagementprogramm wie MS Project wird für einen solchen Plan zu „mächtig" sein, da Sie nur wenige Faktoren haben, die auch nicht unbedingt miteinander verknüpft resp. voneinander abhängig sind. Wenn Sie diese Programme nicht haben oder lieber handschriftlich anlegen, steht dem nichts entgegen. Allerdings ist es sehr mühsam, Änderungen oder Aktualisierungen einzutragen, ohne dass der Plan binnen kurzem unleserlich wird.

Wochen/Arbeiten	**1**	**2**	**3**	**4**	**5**	**6**	**7**	**8**	**9**	**10**	**11**	**12**	**13**	**14**	**15**	**16**	**15**	**16**	**17**	**18**	**19**	**20**
Themenfindung																						
Fragestellung																						
Entwurf Struktur																						
Literatursuche 1. Sichtung																						
Literatursuche systematisch																						
Literaturlektüre, Exzerpieren, Notizen																						
1. Textfassung																						
Überarbeitung																						
Korrekturlesen																						
Formalia korrigieren																						
Schlusskorrektur, Ausdruck, Kopien, Bindung, Abgabe																						
Reserve																						

Abb. 1: Zeitplan (Exempel für 20 Wochen)

Literatursuche, Lektüren, Textfassungen

Sie sehen am Zeitplanexempel, dass Literatursuche, Lektüren und Textfassungen den größten Teil der Zeit verbrauchen, die Sie haben. Wenn Sie eine Arbeit im Umfang von 80 Seiten schreiben müssen, dann haben Sie jede Woche mehr als 7 Seiten netto zu schreiben, um nach 11 Schreibwochen Ihr Soll erfüllt zu haben. Da vieles mehrfach geschrieben und überarbeitet werden muss, ist dieser Wert für einen vergleichsweise unerfahrenen Schreiber recht hoch angesetzt. Lesen und Schreiben sind also die zeitaufwendigsten Ihrer Arbeiten. Für kürzere Arbeiten müssen Sie entsprechend weniger Zeit einplanen.

Parallel arbeiten

Sie sehen am Zeitplan auch, dass Literatursuche, Literaturlektüre und -auswertung und das Schreiben der ersten Fassung sowie das Überarbeiten zum größeren Teil parallel laufen. Sie werden schon mit Schreiben anfangen, ohne dass Sie alle Texte, die Sie brauchen, gefunden und ausgewertet haben. Sie werden zum Teil sogar erst während des Schreibens Lücken in Ihrem Wissen und Ihrer Argumentation feststellen, die Sie nur mit Hilfe neuer Forschungsliteratur schließen können. Das führt dazu, dass Sie den Schreibprozess unterbrechen müssen, bis Sie das notwendige Material beisammen haben. Oder Sie arrangieren Ihren Arbeitstag so, dass Sie einen Teil davon fürs Schreiben, einen anderen Teil für die organisatorischen Arbeiten und die Literaturauswertung einsetzen. Das schafft Abwechslung.

Plan anpassen

Im Laufe der Arbeit werden Sie Ihren Plan ändern und anpassen müssen – an neue Erkenntnisse, an neue Materialien, an ihre Erfahrungen, was die Beschaffung, Lektüre und Auswertung von Materialien angeht. Ihr Problem besteht nun darin, eine Störung oder Ablenkung von einem notwendigen Änderungsgrund zu unterscheiden. Nicht jede Idee, die Sie haben, und jeder neue Text, den Sie finden, darf zu einer Änderung Ihres Plans führen. Das Kriterium, das greifen muss, ist: Effizienz. Muss ich den Plan ändern, um mein ursprüngliches Ziel erreichen zu können, oder ändern die neuen Materialien das Ziel, so dass ich es neu bestimmen muss? Oder hindern mich die neuen Erkenntnisse, Ideen oder Materialien daran, das Ziel zu erreichen? Lenken Sie mich nur ab? Hier ist Augenmaß gefragt – und eine der Aufgaben ist es, abschätzen zu lernen, mit welchen Mitteln Sie Ihre Ziele erreichen können.

Thema wählen, eingrenzen und fokussieren

Das Thema von Hausarbeiten wählen Sie aus dem Themenumfeld des Seminars, für das Sie die Arbeit schreiben. Sie versuchen in diesem Fall normalerweise Ihre persönlichen Interessen mit dem Thema des Seminars, das Sie besuchen, zu verbinden. Da Sie nicht nur Seminare besuchen, deren Themen Ihnen am Herzen liegen, sondern auch Veranstaltungen absolvieren müssen, die für Ihre Ausbildung wichtig sind, Ihnen aber nicht zusagen, müssen Sie Kompromisse zulassen.

Interessen- und Arbeitsschwerpunkte

Das Thema Ihrer Abschlussarbeit werden Sie in der Regel aufgrund Ihres bis dahin entwickelten Interessen- und Arbeitsschwerpunktes wählen. Es muss also nicht mit einem Seminarthema übereinstimmen. Sie tun aber gut daran, sich in der zweiten Hälfte des Studiums mit der Themenwahl für Ihre Abschlussarbeit zu beschäftigen. In jedem Fall beginnt die Wahl Ihres Themas nicht bei Null, sondern auf der Basis Ihres Interesses, eines Seminars und innerhalb der darin vorgegebenen Grenzen. Das hat Auswirkungen auf Ihre gesamte Vorgehensweise. Insbesondere beginnen Sie auch die Suche nach Ihrem Material nicht bei Null, sondern bauen auf Vorarbeiten auf, auf früheren Lektüren, älteren Arbeiten und den Notizen, die Sie dazu gemacht haben.

Es gibt verschiedene Vorgehensweisen bei der Themenwahl, unabhängig davon, ob Sie eine Hausarbeit oder eine Abschlussarbeit schreiben:

Interessegeleitete Themenwahl

Folgen Sie Ihren Interessen, entwickeln Sie im Rahmen des Seminars ein Thema, das Sie interessiert. Gegebenenfalls geht bereits die Wahl des Seminars auf einen Interessenschwerpunkt zurück.

Zum Beispiel interessieren Sie sich für Lyrik. Sie wählen deshalb ein Seminar aus, das die Entwicklung der Lyrik im frühen 20. Jahrhundert zum Thema hat. Eine der Autorinnen, die im Seminar behandelt werden, ist Else Lasker-Schüler, die Sie neu kennen und schätzen gelernt haben. Sie schreiben deshalb eine Arbeit über die Motivwahl in Else Lasker-Schülers expressionistischer Lyrik oder eine biografische Studie über das Verhältnis von Else Lasker-Schüler zu Gottfried Benn. Sie vergrößern mit diesen Studien also nicht nur Ihr Wissen zu einem mehr oder weniger beliebigen Thema, sondern erweitern Ihr Wissen in Ihrem zentralen Interessengebiet. Sie werden feststellen, wie sich dabei Ihre Interessen nicht nur auf eine breitere Basis stellen lassen, sondern sich auch verändern. Meist lässt sich die interessegeleitete Themenwahl nach und nach mit einer systematischen verbinden.

Systematische Themenwahl

Wenn Sie systematisch vorgehen, wählen Sie ein Thema, das für Ihre Ausbildung eine Schlüsselfunktion hat. Sie werden zum Beispiel feststellen, dass erzähltheoretisches Basiswissen für Sie als Literaturwissenschaftler von zentraler Bedeutung ist. Sie stellen nach einigen Recherchen fest, dass das

Konzept von Gérard Genette im Fach Standard ist. Das heißt, es gibt einen Theoriestandard, den Sie kennen lernen wollen. Sie beschließen deshalb, in einem Seminar zur Erzähltheorie eine Arbeit über Erzählerperspektiven in der Erzähltheorie Gérard Genettes zu schreiben. Sie schließen also vor allem eine Wissenslücke.

Fachdiskussionen als Themenbasis

Sie stellen in einem Seminar zur Neuen Sachlichkeit fest, dass in den letzten Jahren innerhalb der Forschung insbesondere das Konzept Helmut Lethens diskutiert wird. Sie nehmen die Debatte darüber auf und schreiben eine Arbeit zur Funktion des Kälte-Begriffs in der Literatur der Neuen Sachlichkeit. Sie schließen sich also an aktuelle Debatten und deren Ergebnisse an und versuchen, Ihre persönliche Position zu entwickeln.

Wie Sie Ihr Thema wählen, hängt immer auch davon ab, wo Sie in Ihrem Studium stehen, am Anfang, in einem fortgeschrittenen Stadium oder in der Vorbereitung für die Abschlussarbeit. Sie sollten sich immer um eine eigene Themenwahl bemühen. Bevor Sie aber mit der Arbeit anfangen, sprechen Sie bitte das Thema mit Ihrem Seminarleiter ab. Er kann und wird Sie bei der Themenfestlegung beraten. Insbesondere kann es vorkommen, dass Ihre Themenwahl nicht auf die Anforderungen passt, die gestellt werden.

Thema und Umfang

Beachten Sie: Die Wahl des Themas und sein Zuschnitt haben auch eine pragmatische Seite. Beides hängt eben auch vom Umfang ab, den Ihre Arbeit haben kann und soll. Große und materialreiche Themen brauchen viel Platz. Überblicksarbeiten brauchen normalerweise mehr Platz als Spezialuntersuchungen. Detailthemen können auf knapperem Raum abgehandelt werden.

Die Regeln zum Bestimmen und Eingrenzen von Themen sind:

Klar formulieren

1. Je klarer Ihr Thema formuliert ist, desto besser können Sie und Ihr Betreuer einschätzen, ob dieses Thema sich für die Art Arbeit eignet, die Sie schreiben sollen.

Fokussieren

2. Je weniger Texte Sie heranziehen, je detaillierter Ihre Fragestellung ist und je kleiner der Zeitraum, den Sie behandeln, desto knapper kann die Arbeit sein (und umgekehrt).

Abhandlungsarten

Es gibt verschiedene Typen von Arbeiten.

- Literaturhistorische Überblicksarbeiten mit enzyklopädischem Charakter:
  Beispiel: Die Geschichte des literarischen Expressionismus 1910–1925.
  Hier geht es darum, eine literarische Richtung in ihren Charakteristika und in ihrer Entwicklung abzuhandeln. Sie haben hier also inhaltliche Elemente (Themen, Motive, stilistische Kennzeichen etc.) ebenso zu berücksichtigen wie zeitliche (Entwicklung).
- Theoretische Arbeiten, mit denen Begrifflichkeiten oder abstrakte Fragestellungen behandelt werden sollen:
  Beispiel: Der Begriff des Hässlichen in der Ästhetik des 19. Jahrhunderts.
  Hier geht es darum, dass ein bestimmter Begriff, der in soziologischen und philosophischen Theorien eine zentrale Rolle spielt, jeweils angemessen in seinen jeweiligen Besonderheiten dargestellt und diskutiert wird. Dabei ist die Bedeutung für die Literaturwissenschaft im Vorfeld zu klären.

- Spezielle Fragestellungen:
  Beispiel: Die Funktion der Vater-Tochter-Relation im Bürgerlichen Trauerspiel.
  Hier geht es darum, dass eine bestimmte Figurenkonstellation, die für einen Textkanon typisch oder signifikant ist, in ihrer Funktion und ihrer Bedeutung beschrieben und diskutiert wird. Dabei ist darauf zu achten, dass die Frage berücksichtigt wird, inwiefern diese Figurenkonstellation im Konzept, das für die Textgruppe kennzeichnend ist, eine Rolle oder Funktion hat.
- Komparatistische Arbeiten:
  Beispiel: Die Unternehmerfiguren in Industrieromanen des 20. Jahrhunderts.
  Hier wird eine bestimmte Figur, die in nur in Romanen mit einer bestimmten thematischen Anlage vorkommt (Unternehmer kommen als wichtige Figuren nur in Industrie- und Wirtschaftsromanen oder Romanen aus der Arbeitswelt vor), in den verschiedenen historischen, kulturellen und literarischen Kontexten beschrieben wird. Hier sind Unterschiede in den Kontexten (historisch, politisch etc.) ebenso wichtig wie in der Anlage der Figuren.
- Textorientierte Arbeiten:
  Beispiel: Das ästhetische Konzept von Rainer Maria Rilkes *Duineser Elegien.*
  Hier geht es darum, dass dem Text Rilkes ein bestimmtes ästhetisches Konzept unterstellt werden kann. Die Arbeit hätte die Aufgabe, dieses Konzept herauszuarbeiten. Dabei kann die Frage interessant werden, inwiefern in diesem Konzept nicht nur ästhetische, sondern auch wahrnehmungstheoretische, handlungsorientierte, ja politische Haltungen enthalten sind.
- Motivorientierte Arbeiten:
  Beispiel: Das Motiv der Stadt im Expressionismus – Funktionen und Varianten.
  Dass Begriff und Motiv Stadt insbesondere in der expressionistischen Lyrik eine große Rolle spielen, ist schnell erkannt. Aufwendiger ist es, die Bedeutung des Motivs in seinen Kernelementen und seinen Variationen zu erkennen und darzustellen. Das wäre die Aufgabe der Arbeit.

Monografischer Charakter

Die meisten dieser Themen haben monografischen Charakter, eignen sich also kaum für Haus- oder Seminararbeiten. Hier müssen Sie kleiner schneiden. Das ästhetische Konzept von Rilkes *Duineser Elegien* ist eher für eine große Arbeit sinnvoll. Aber eine Abhandlung über die Figur des Engels in Rilkes Text passt ganz gut in eine kleine Arbeit. Eine Darstellung des literarischen Expressionismus überlassen Sie besser einem Spezialisten. Aber über den Einfluss des Kriegs auf die Lyrik August Stramms lässt sich auch in einer Abschlussarbeit gut nachdenken. Die Funktion der Vater-Tochter-Relation ist einer der Aufgabenklassiker in Magister- und Staatsexamenklausuren, weil das Textkorpus überschaubar ist und die Forschungsliteratur recht schnell erarbeitet werden kann. Aber genauso gut lässt sich daraus auch eine gute Haus- oder Abschlussarbeit machen. Mit Unternehmerfiguren in Industrieromanen des 20. Jahrhunderts sollten Sie sich besser in einer Abschlussarbeit beschäftigen. Allerdings ist es auch möglich, sich auf einen Text zu konzentrieren und die Unternehmerfigur darin zu analysieren. Dann wäre dieses Thema auch in einer Seminararbeit zu bewältigen.

Thema festlegen

In der Regel legen Sie mit Ihrem Betreuer ein Thema fest, zum Beispiel „Der Einfluss der so genannten Kant-Krise auf das Werk Heinrich von Kleists". Eine solche Fragestellung ist bereits relativ genau eingegrenzt. Sie haben ein biografisch klar isolierbares Ereignis, hier einen Brief Kleists an seine Verlobte Wilhelmine von Zenge vom 22. März 1801, in der er sie von seiner Lektüre Immanuel Kants in Kenntnis setzt. Biografisch hat Kleist mit den Ergebnissen dieser Lektüre seine Abkehr von einer wissenschaftlichen Laufbahn begründet. In seinen Texten lässt sich die Wirkung dieser Krise jedoch auf zwei Ebenen feststellen, auf der konzeptionellen Ebene, das heißt auf der Anlage von Handlungsentwurf, Handlung, Strukturen und Rollen der Dramen und Erzählungen, und auf der Sprachebene, indem Kleist nämlich mit den tradierten Sprech- und Erzählformen, ja auch mit Rollen, Motiven und Materialien spielerisch umgeht. Sie müssen sich bei der Arbeit irgendwann entscheiden, welcher Linie Sie folgen wollen. Ihre Abhandlung wird sich insbesondere auf drei Dramen beziehen, auf Kleists *Amphitryon, Der zerbrochene Krug* und *Penthesilea*. Diese Texte lassen sich allerdings auch unter anderen Aspekten behandeln, *Penthesilea* lässt sich zum Beispiel unter den Themen Geschlecht und Macht diskutieren. Soll heißen: Mit dem Thema bestimmen Sie die Texte, die Sie behandeln wollen. Die Texte hingegen lassen verschiedene Themen zu. Die Forschung hat sich intensiv und in verschiedenen Anläufen mit Kleist und den dazugehörigen Unterthemen beschäftigt. Sie finden also ausreichend Sekundärliteratur, die entweder eine eigene Position vertritt oder die Debatte von distanzierter Warte aus zu schildern versucht.

Titel und/oder Thema

Die meisten Studien- und Prüfungsordnungen schreiben vor, dass Sie zusammen mit Ihrem Betreuer ein Thema wählen. Dieses Thema darf im Anschluss daran nicht geändert werden, zumindest bei Abschlussarbeiten, deren Thema Sie offiziell anmelden müssen. Sie dürfen also nicht eine Arbeit zu den „antiken Formen in der Lyrik Schiller" anmelden und am Ende eine Arbeit zur „Novelle bei Thomas Mann" abliefern. Das Thema müssen Sie beibehalten. Sie dürfen Ihrer Arbeit jedoch einen Titel geben, der im Wortlaut von dem Titel abweicht, den Sie bei der Anmeldung abgegeben haben, solange das Thema eindeutig erkennbar bleibt. Als Faustformel: Geben Sie ein allgemeines Thema an, dann dürfen Sie im Titel der Arbeit im Wortlaut, nicht aber im Thema abweichen. Das oben genannte Beispiel zu Kleists Kant-Krise erlaubt beispielsweise eine solche Verschiebung vom angemeldeten Thema zum Titel Ihrer abgegebenen Arbeit. Das Thema lautet: „Der Einfluss der Kant-Krise auf Kleists Werk", in der fertigen Fassung rückt dieses Thema in den Untertitel, während der Haupttitel in diesem Fall das Thema ein wenig eingrenzt oder mit ihm spielt: „Das Spiel mit den Identitäten". Damit haben Sie nicht nur dem Ganzen einen schickeren Titel gegeben, sondern auch genauer bezeichnet, um welche Fragestellung es Ihnen geht, nämlich um den Zusammenhang der so genannten Kant-Krise Kleists mit seiner besonderen Gestaltung von Figuren und deren Selbstgewissheit in den zu Rate gezogenen Texten. Seien Sie klug und grenzen Sie Ihr Thema nicht von vorne herein auf einen allzu genauen Titel ein. Im Laufe der Untersuchung könnte es sich herausstellen, dass der Titel dem Ergebnis, das Sie ja noch erarbeiten müssen, widerspricht oder nicht darauf passt. Da es über dieses Problem aber immer wieder Konflikte gibt, sichern Sie sich gegenüber dem Betreuer der Arbeit und gegenüber dem Prüfungsbüro ab, ob dieses Vorgehen akzeptiert wird.

Thema eingrenzen

Um das Thema genau formulieren und damit eingrenzen zu können, müssen Sie eine Vorstellung davon entwickeln, was Sie tun wollen, was das Thema eigentlich ist, welche Elemente dazu gehören und wie Sie es am besten anpacken wollen. Daraus folgt dann der Rest, also welche Literatur Sie brauchen und welche Struktur Ihre Arbeit haben soll. Im ersten Schritt brauchen Sie also eine Idee von dem, was Sie als Thema vorformuliert haben.

Mindmapping

Um diese Idee zu entwickeln, gibt es das sogenannte Mindmapping (zu dem ich hier eine Variante vorschlage, die sich von der ansonsten unter Mindmapping verbreiteten Methode etwas unterscheidet, vgl. Stary 2008). Das bedeutet, dass Sie sich eine visuelle Vorstellung davon machen, wie das Thema aussieht.

Die Voraussetzung für ein solches Mindmapping ist, dass Sie
1. den Text oder die Texte, die Sie behandeln wollen, gut genug kennen
2. zumindest vage eine Fragestellung formuliert haben, die Sie behandeln wollen
3. einen ersten Einblick in die Zusammenhänge haben, in denen der zu behandelnde Text/die zu behandelnden Texte stehen (dazu mehr unter dem Punkt „Methode"), und dass Sie
4. einen ersten, nicht notwendig bereits systematischen Einblick in die Sekundärliteratur haben.

Ein Beispiel

Sie interessieren sich für die Frauenfiguren in Irmgard Keuns Roman *Gilgi – eine von uns* aus dem Jahr 1931. Sie haben den Roman ein- oder zweimal gelesen, Sie wissen, wann der Roman erschienen ist, haben ein paar Lebensdaten von Irmgard Keun parat, kennen ein paar Aufsätze zu Irmgard Keuns beiden ersten Romanen (*Gilgi* und *Das kunstseidene Mädchen*), die sich vor allem mit dem Typ des sogenannten Flapper und dessen Übertragung auf die deutschsprachige Literatur der zwanziger und frühen dreißiger Jahre beschäftigen. Sie haben außerdem den einen oder anderen zeitgenössischen Text zum Thema gelesen (zum Beispiel *Die Angestellten* von Siegfried Kracauer), hinzu kommen ein paar Bücher, die Ihnen Auskunft über die Kultur und Literatur Zeit geben, sagen wir Detlev J. Peuckerts Geschichte der Weimarer Republik (*Die Weimarer Republik. Krisenjahre der klassischen Moderne,* 1987), Jost Hermands und Hermann Trommlers Kulturgeschichte der Weimarer Republik (*Die Kultur der Weimarer Republik*, 1978) und Erhard Schütz' *Romane der Weimarer Republik* (1986). Damit haben Sie bereits eine gute Basis für Ihre Arbeit und für die Entwicklung Ihrer Fragestellung. Sie wissen also, dass Frauen in der Weimarer Republik neue Freiheiten hatten, dass sie auf der Suche nach neuen Betätigungsfeldern und Rollen waren und dass dabei die Selbstgestaltung (Sprachen lernen, morgens kalt duschen, Sport, sich nicht verlieben etc.) eine wichtige Rolle spielt. Deshalb fahnden Sie nach Rollenvorbildern für Keuns Protagonistin und Ihnen ist aufgefallen, dass Gilgi im Laufe des Romans nicht nur eine Mutter hat. Hintergrund ist, dass Gilgis vermeintliche Mutter ihr auf ihrem 18. Geburtstag eröffnet, dass Gilgi ein Adoptivkind ist. Also macht sich Gilgi auf die Suche nach ihrer „wahren" Mutter. Am Ende dieser Suche hat sie dann drei davon, und diese drei Mütter interessieren Sie. Also entwickeln Sie zum Beispiel eine kleine Zeichnung, in der Sie die Vorbildfiguren Gilgis nebeneinander stellen und kurz kennzeichnen.

Gilgis Mütter

Variante 1: Frau Kron	Variante 2: Frau Täschler	Variante 3: Frau Krein
• ältere weibliche Vorbildfigur • passiv, untergeordnet, unselbständig • kleinbürgerlich • ein Mann	• ältere weibliche Vorbildfigur • passiv, selbständig • proletarisch • keinen Mann	• ältere weibliche Vorbildfigur • passiv, unselbständig • großbürgerlich • zwei Männer (Ehemann, Liebhaber)
Frau Kron ist die Adoptivmutter, die Gilgi großgezogen hat. Frau eines Kleinunternehmers in Karnevalartikeln.	Frau Täschler hat als Zugehfrau bei Frau Krein gearbeitet und später als Schneiderin. Sie hat die Adoption vermittelt.	Frau Krein ist die leibliche Mutter von Gilgi, die vorehelich schwanger wurde und das Kind loswerden musste.

Abb. 2: Gilgis Mütter

Sie erkennen also mit dieser Zeichnung, dass es drei Frauen in der Mutter-Generation Gilgi gibt, die sie jeweils zeitweise für ihre Mutter hält. Sie interessiert an der Mütter-Konstellation aber nicht nur der Umstand, dass Gilgi auf Mutter-Suche ist, sondern Sie glauben, dass die Frage nach der Mutter zusammenhängt mit der Frage danach, wer Gilgi wirklich ist und wer sie sein will. Daran schließen sich einige Fragen an, die Sie später in Ihrer Arbeit beantworten müssen

Funktion

1. Welche Funktion hat die Position der Mutter generell für die Tochter Gilgi? Vorbild? So will sie sein? Vorschau? So wird sie später selber sein? Identitätsstiftung? Nur wenn sie, Gilgi, weiß, wer ihre Mutter ist, weiß sie, wer sie „wirklich" ist?

Konsequenzen

2. Welche Konsequenzen zieht Gilgi daraus, dass es keine eindeutige und sichere Mutterfigur gibt: Die Frau, die sie aufgezogen hat, ist nicht ihre leibliche Mutter, liebt sie (trotzdem), hat aber keine Verpflichtung dazu gehabt, das heißt: Gilgi hat seit ihrem 18. Lebensjahr und unverhofft „Schulden", wie sie es selbst sagt. Daraus ergibt sich als Thema: „Die Funktion der drei Mütter in Irmgard Keuns *Gilgi – eine von uns.*" Sie stellen in dieser Arbeit aber nicht nur die drei älteren Frauenfiguren vor und ihre Beziehung zu Gilgi. Sie beschäftigen sich bei dieser Themenstellung zum Beispiel auch mit der Frage des richtigen und falschen Handelns oder mit der Frage nach der Belastbarkeit von Gilgis beinahe egozentrisch zu nennenden Lebenskonzept. Das Erkenntnisziel des Textes, so könnte zum Beispiel Ihr Er-

gebnis aussehen, ist es herauszuarbeiten, dass zwar niemand es schafft, alleine zu leben, dass es aber in schwierigen Zeiten wie denen zur Spielzeit des Romans einfacher ist, allein durchzukommen, auch dann, wenn man schwanger ist wie Keuns Heldin am Ende des Romans. Das kann man dann als Sozialdarwinismus oder affirmatives Verhaltens verurteilen. Oder Sie arbeiten heraus, dass der Roman diesen Widerspruch von Glücksanspruch des Einzelnen und gesellschaftlichen Bedingungen offen lässt. Mit diesen Notizen und einer ersten Zeichnung, wie sie oben abgedruckt ist, lässt sich Ihr Thema ziemlich genau eingrenzen.

Thema eingrenzen/ erweitern

Sollten Sie oder Ihr Betreuer den Eindruck haben, dass Sie dieses Thema nicht auf 15 Seiten abhandeln können, könnten Sie das Thema erweitern, zum Beispiel in Richtung auf: „Die Funktion der Frauenfiguren in Irmgard Keuns *Gilgi – eine von uns*". Dann kommen weitere Frauen im Roman ins Spiel, diesmal in der Generation Gilgis, etwa Helga, die sich umbringt, oder Olga, die beste Freundin und Beraterin Gilgis.

Thema und Sekundärliteratur

Sie erkennen an einer solchen Themenwahl auch bereits, in welche Richtung Sie bei der Suche nach Sekundärliteratur gehen müssen. Wenn Sie ein ästhetisches oder poetologisches Thema gewählt haben, brauchen Sie andere Forschungsliteratur als wenn Sie ein sozialhistorisches bearbeiten. Sie werden immer die im engeren Sinne literaturwissenschaftliche Literatur brauchen. Sie werden aber schnell feststellen, dass auch hier mit Denkmustern gearbeitet wird, die aus anderen Fächern entlehnt sind. Dazu gehören zum Beispiel

Forschungsliteratur anderer Fächer

- historische
- kulturhistorische
- philosophische und philosophiehistorische
- soziologische
- psychologische und psychoanalytische
- anthropologische Forschungsliteratur.

Zwar hat die Literaturwissenschaft eine Vielzahl von eigenen Denkansätzen entwickelt. In vielen Fällen sind sie aber ohne Verbindungen mit anderen Wissenschaften nicht plausibel und funktionsunfähig. Um die Reichweite von Denkmustern (wie ich sie hier allgemein nennen will) bestimmen zu können, müssen Sie sich methodologischen Überlegungen widmen. Dazu im Folgenden.

Methoden und Theorien

Methoden haben für die Wissenschaft eine wichtige Funktion. Im ersten Teil habe ich Methoden als Verfahren gekennzeichnet, die es ermöglichen, Erkenntnisse zu schaffen, zu sichern, vergleichbar und nachvollziehbar zu machen. Sie folgen Regeln, die dies ermöglichen. Damit dienen sie auch der Orientierung, welche Arbeit welche Leistungen erwarten lässt. Sie müssen also in der Literaturwissenschaft methodisch vorgehen. Das bedeutet allgemein gesprochen, dass Sie nicht beliebig vorgehen, sondern sich genau überlegen, was Sie wann und wie tun werden, und dass Sie alle Ihre Schritte daraufhin überprüfen, ob sie zugelassen und angemessen sind für Ihre Fragestellung. Mit der Wahl Ihres Themas legen Sie sich auch auf den Arbeitsbereich fest, in dem Sie tätig sein wollen. Meistens sind das Textinterpretation, Theoriedebatten oder literaturgeschichtliche Themen (vgl. Vogt 2008, Jeßing 2001).

Diesen drei Bereichen lassen sich die meisten Methoden zuordnen, gelegentlich trennscharf zu einem Bereich, gelegentlich aber auch zu mehreren. Hier eine bunt gemischte Liste von Methoden (und Theorien), wie sie immer wieder in den Literaturwissenschaften vorgestellt und angewendet werden:

- Formanalyse
- textimmanente Interpretation
- Close Reading
- sozialgeschichtliche Interpretation
- historisch-materialistische Interpretation
- New Criticism
- Literaturgeschichtsschreibung
- Kulturgeschichtsschreibung
- Geistes- oder Ideengeschichte
- Gattungstheorie, Gattungspoetologie
- Biografische Studien
- Psychoanalyse
- Diskursgeschichte, Diskursanalyse
- Dekonstruktivismus
- Semiotik
- Erzähltheorie
- Intertextualität
- Rezeptions- und Wirkungsgeschichte
- Gender Studies
- Postcolonial Studies.

Zugriffsweisen

In dieser Liste stehen Theorien, Methoden und Themen nebeneinander. Aber die theoretischen und methodischen Implikationen jedes Themas sind erkennbar, wie auch Theorien und Methoden nur auf bestimmte Themen passen. Sie sehen an dieser Liste auch, dass sich Theorien, Methoden und – sagen wir etwas genauer – Zugriffsweisen in ihrer Qualität, ihrem theoretischen Niveau, ihren Zielen und ihrer Komplexität stark unterscheiden. Die Ansprüche an Sie sind entsprechend unterschiedlich: Für eine theoretische Arbeit brauchen Sie die Fähigkeit zu abstrahieren und konzeptionell zu denken. Für einen biografisch-positivistischen Zugriff werden Sie vor allem Wert auf Beziehungen zwischen Daten und Fakten legen müssen und auf deren Genauigkeit. Kombinieren Sie das mit einer geisteswissenschaftlichen oder ideenhistorischen Vorstellung von Dichtung, werden Sie sich um lange Traditionsketten kümmern müssen, in die sich die Autoren selbst gestellt haben oder zu stellen sind.

Themenwahl = Methodenwahl

Das bedeutet: Sie folgen mit der Wahl Ihres Themas einer theoretischen und methodischen Hauptlinie, die Sie gegebenenfalls ergänzen müssen: Mit der Wahl Ihres Themas legen Sie zumindest generell fest, welche Methode im Zentrum Ihres weiteren Vorgehens steht. Das geschieht meist intuitiv und ohne große Reflexion. Das ist nicht ehrenrührig oder unwissenschaftlich, sondern deutet nur darauf hin, dass wissenschaftliche Erkenntnisse nicht nur gesellschaftlich bedingt sind, sondern ihren Antrieb auch aus dem persönlichen Interesse und Engagement erhalten. Hier liegt der Anfang der wissenschaftlichen Arbeit. Mit Ihrer Fragestellung und Themenwahl beginnt dann die Arbeit der methodischen Sicherung. Denn aus der Fragestellung ergibt sich, welche Texte Sie benötigen und mit welchen Verfahren Sie die Texte auswerten müssen. Daraus wiederum ergeben sich neue Themen und Fragestellungen, mit denen Sie sich dann später systematisch beschäftigen werden. Im Studium wird diese Systematik vor allem durch die Studienordnung festgelegt, die regelt, wann Sie sich mit welchem Thema beschäftigen sollen. Das erleichtert vor allem am Anfang die Orientierung und Entscheidung.

Interesse/Charakter

Hier einige Beispiele für den Zusammenhang von Interesse und Charakter der Arbeit:

- Wenn Sie sich für die Frage nach dem „unzuverlässigen Erzähler" interessieren, dann werden Sie eine erzähltheoretische Arbeit schreiben und sich eine Reihe von Texten aussuchen, in denen eine Erzählinstanz vorkommt, die diese besonderen Eigenschaften aufweist.
- Wenn Sie den Verlauf von Rede- und Wissensformen beschreiben wollen, dann arbeiten Sie diskursanalytisch.
- Wenn Sie den Einfluss gesellschaftlicher Entwicklungen auf die literarische Produktion und Gestaltung beschreiben wollen, arbeiten Sie kultur- oder sozialgeschichtlich, je nachdem welchen gesellschaftlichen Bereich Sie bevorzugt behandeln.
- Wenn Sie sich für das Leben eines Autors interessieren, dann arbeiten Sie biografisch.

Verbindung Theorie/Methode

In vielen Fällen werden Methoden und theoretische Ansätze miteinander verbunden. So ist es beispielsweise sinnvoll, bei kultur- und sozialhistorischen Arbeiten biografische, vielleicht auch psychoanalytische Aspekte ebenso zu berücksichtigen wie diskursgeschichtliche. Auch werden hierbei Texte und ihr Verständnis benötigt, denn immerhin interessiert Sie dieser besondere Autor ja vor allem wegen seiner Textproduktion. Auf diesem Wege kommen Close Reading, Interpretation und Intertextualität mit ins Spiel.

Exempel

Wenn Sie also zum Beispiel Stellung dazu beziehen wollen, inwiefern J.W. von Goethes Roman *Die Wahlverwandtschaften* auf den zeitgenössischen naturwissenschaftlichen, insbesondere chemischen Erkenntnis- und Wissensstand zurückgreift oder inwiefern Goethe hier davon abweicht, empfiehlt es sich, neben dem Primärtext auch Texte, Kommentare und Abhandlungen zurate zu ziehen, die dazu Auskunft geben. Sie arbeiten in diesem Fall kulturhistorisch, ggf. mit diskurshistorischem Ansatz, hinzu kommt der Zwang zu einem genauen Textverständnis, für das Sie wahrscheinlich zum Close Reading übergehen, ohne bei der Textimmanenz stehen zu bleiben. Denn ohne historische, biografische und literaturhistorische Studien werden Sie den Text nicht verstehen können. Gerade bei vielen Texten der sogenannten hermetischen Lyrik ist das Wissen um Zusammenhänge und Bedeutungen wichtig für das angemessene Verständnis: Ein Gedicht wie Paul Celans *DU LIEGST im großen Gelausche, umbuscht, um flockt* ist ohne Peter Szondis Bericht über die historisch-biografischen Entstehungszusammenhänge kaum verständlich.

Theoriearbeiten

Das ist bei theoretisch motivierten Arbeiten oft kaum anders: Hier geht es zwar im Wesentlichen um das Verständnis von Theorien oder Begrifflichkeiten, die in diesen Theorien eine Rolle spielen, zum Beispiel um den Begriff der Macht bei Max Weber, Michel Foucault und Norbert Elias oder um den

Begriff des Hässlichen in der Ästhetik Kants, Schillers und Hegels. Diese Begriffsverständnisse werden jedoch aus dem Kontext der Arbeiten des betreffenden Theoretikers gewonnen. Dafür wird es sinnvoll sein, kultur-, philosophie- und diskurshistorische Studien zu treiben. Denn eine Theorie ist so eng mit dem kulturellen Vorwissen der Autoren und den spezifischen Frageinteressen einer Zeit verbunden, dass ihre Autoren zwar oft große Selbständigkeit, Brillanz, ja Distanz zu ihrer Zeit haben. Aber all dies lässt sich nicht angemessen erkennen, wenn Sie nicht wenigstens eine ungefähre Vorstellung der spezifischen Denkformen und des kulturellen oder intellektuellen Klimas der betreffenden Zeit haben.

Literaturhistorische Arbeiten

Literaturhistorische Arbeiten haben hingegen einen klaren und eindeutigen Fokus auf kulturelle, literarische und textliche Beziehungen. Autoren und Texte werden hierbei in ihr historisches, kulturelles und literaturhistorisches Umfeld platziert. Beziehungen zwischen Personen, Institutionen und Texten, ja Ableitungen oder Übertragungen von Themen und Motiven sind hier von Interesse. Sie erkennen an diesen Beschreibungen, dass Sie es in der Regel mit einem mehrfach gestaffelten Bezugsfeld zu tun haben. Soll heißen: Texte stehen immer in Kontexten. Diese Kontexte lassen sich wie folgt auflisten. Sie stehen dabei in aufsteigender Linie. Beim Text fange ich an, weil er der Ausgangspunkt für eine Beschäftigung ist, nicht der Autor.

Text
Autor
Thema
Werkbiografie
Literaturgeschichte
Kunst- und Kulturgeschichte
Gesellschafts-, Wirtschafts-, Technik- und politische Geschichte

Abb. 3: Text und Kontext

Methodenmix, offener Horizont

Diese Überlegungen führen schließlich zu der Erkenntnis, dass wir, um einen Gegenstand oder ein Thema angemessen behandeln zu können,
1. in der Regel einen Mix von Verfahren und Methoden benötigen und
2. in der Regel mit einem relativ offenen Erkenntnishorizont vorgehen müssen (d.h. dass es hilfreich ist, nicht von vorneherein festzulegen, was Sie wissen wollen).

Methoden und Verfahren beziehen sich auf unterschiedliche Ebenen unseres Gesamtkomplexes. Je nachdem, wie trenngenau Sie Ihr Thema zugeschnitten haben, können Sie entscheiden, welches Verfahren und welche Methode Sie benutzen wollen. Sie sollten sich dabei aber auch klar machen, dass jede Methode bestimmte Erkenntnisse ermöglicht, aber nie umfassend sein kann.

Beispiel Psychoanalyse

Ein psychoanalytischer Ansatz gibt Auskunft über das psychische Profil einer Figur oder eines Autors. Und ohne Kenntnis von der Kultur, in der sich diese beiden bewegen, wird auch dieses Profil nicht möglich sein. Dennoch gibt dieser Ansatz vorrangig Auskunft über Personen, nicht über die Kultur, in der sie leben. Wollen Sie Ihren Erkenntnisansatz erweitern, dann müssen Sie zum Beispiel kulturhistorische Studien hinzuziehen.

Ein erzähltheoretischer Ansatz, der sich zum Beispiel intensiv um die Analyse von Erzählerinstanzen und Erzählperspektiven bemüht, wird die Funktion seiner Erkenntnisse für die Erzählstrategie nie mitliefern. Er liefert nur die notwendigen Erkenntnisse, um klar und – soweit möglich – eindeutig sagen zu können, welche Instanz oder Figur welche Aussagen trifft. Wenn Sie Funktionen eruieren wollen, müssen Sie hermeneutisch vorgehen, also den erzähltheoretischen Ansatz erweitern.

Beispiel Erzähltheorie

3. Bearbeitung des Materials: Lektüren, Notizen, Visualisieren

Arbeitsvorbereitung

Sie haben Ihr Thema eingegrenzt, Sie haben Ihr Material soweit zusammen, die Bücher und Aufsätze liegen bereit, jetzt geht es daran, das Material aufzuarbeiten. Wie immer gibt es auch hier verschiedene Herangehensweisen, die gleichermaßen legitim sind: Wissenschaftler alter Schule werden immer die Anlage handschriftlicher Notizen empfehlen, die später – nach einiger Sichtung und Zurichtung – ins Reine und in den Computer übertragen werden. Dadurch, dass Sie heute Ihre Rechner meistens mit in die Bibliothek nehmen dürfen oder den größeren Teil Ihrer Sekundärliteratur als Kopie mit ins heimatliche Arbeitszimmer tragen, ist die handschriftliche Notiz ein wenig verdrängt worden. Das Übertragen von Zitaten auf Karteikarten oder -zettel (ich verwende zum Beispiel auf DIN-A6-Format klein geschnittene einseitig bedruckte DIN-A4-Blätter als Karteizettel) hat zwar möglicherweise einen das Gedächtnis schulenden Effekt. Da Sie allerdings auf eine rasche und effektive Arbeitsstruktur angewiesen sind, ist es sinnvoller, die verschiedenen Arbeitstechniken und -medien miteinander zu verbinden: Notizbücher und Notizzettel, Merkzettel oder Post-its in Büchern, Anstreichungen und Notizen am Rand (bitte aber nur bei eigenen Büchern und eigenen Kopien, seien Sie nett zu den Kommilitonen, die nach Ihnen das Buch benutzen müssen), Bleistifte, Füllfederhalter, Kugelschreiber, Textmarker und Computer. All das hat seinen Platz und sollte möglichst effektiv eingesetzt werden.

Notizen machen

All das vorausgesetzt, ist der erste Schritt naheliegend immer die Notiz, die Bemerkung, die erste Überlegung, die Skizze, mit denen Gedankengänge ins Unreine notiert werden. Selbst wenn Sie später feststellen müssen, dass das, was Sie als erste Idee oder nach der Lektüre eines Aufsatzes niedergeschrieben haben, nicht haltbar ist, hilft Ihnen das in jedem Fall, Ihre Gedanken zu ordnen und argumentativ zu klären. Ob Sie diese Notizen handschriftlich in ein Notizbuch oder in eine Notizdatei Ihres Rechners tippen, bleibt Ihnen, Ihren Vorlieben und Ihren Gewohnheiten vorbehalten. Allerdings muss alles, was Sie niederschreiben, mehrfach gelesen und geprüft werden, bevor Sie es als fertig ansehen und einem externen Leser zur Prüfung geben. Glauben Sie nicht, dass ein Gedankengang abgeschlossen und belastbar ist, nur weil er einigermaßen sauber, fehlerfrei und syntaktisch vollständig niedergeschrieben worden ist. Seien Sie sich selbst gegenüber ausreichend misstrauisch.

Wissenschaftliches Lesen

Wissenschaftliches Lesen ist eine andere Tätigkeit als Lesen in der Freizeit oder zum Lernen. Wissenschaftler lesen nie nur mit einer „Haltung allgemeinen Wohlgefallens" oder zum „Pauken", sondern verfolgen beim Lesen Zwecke und Ziele, oft selbst dann, wenn sie zur Unterhaltung lesen. Aber während nichtprofessionelle Leser jede Lektüre wieder abbrechen dürfen, wenn sie Ihnen nicht gefällt, müssen Literaturwissenschaftler auch dann noch weiter machen, wenn ihnen ein Text nicht zusagt. Denn er wird ihnen allerdings trotzdem noch einiges sagen. Sie wollen etwas über einen Text, einen Autor, einen Umstand, eine Struktureigentümlichkeit wissen oder sich Phänomene erklären. Also müssen Sie all jene Quellen und Erkenntnismittel in Anspruch nehmen, die Sie brauchen, um diesen Zweck zu erfüllen und dieses Ziel zu erreichen. Das ist nicht immer leicht, interessant und aufregend, und erst recht nicht unterhaltsam (auch wenn es sich um Primärtexte handelt). Gelegentlich haben Sie auch mit Texten zu tun, zu denen Sie persönlich entschieden auf Distanz gehen müssen (bei Forschern, die sich mit der Literatur des Dritten Reiches beschäftigen, wird man das zu ihren Gunsten annehmen). Aber Schwierigkeitsgrad, Langeweile, geringe Qualität, politische oder moralische Anrüchigkeit spielen für die Seriosität der wissenschaftlichen Arbeit und damit dafür, ob Sie einen Text lesen sollen oder müssen, keine Rolle. Eine Rolle spielt nur, ob Sie die Texte und Quellen für ihren Zweck gebrauchen können.

„Gebrauchen können" heißt dabei freilich nicht, dass Sie nur Texte zur Kenntnis nehmen, die Ihre Thesen oder Behauptungen unterstützen. Auch wissenschaftliche Gegenstimmen gehören zur notwendigen Lesestrecke in der wissenschaftlichen Arbeit.

Ziele wissenschaftlichen Lesens

Im wissenschaftlichen Lesen gibt es verschiedene Ziele. Das erste ist und bleibt die Kenntnisnahme Ihres Untersuchungsgegenstandes. Hinzu kommt, dass Sie als Literaturwissenschaftler einen großen Lektürehorizont haben sollten. Die zentralen Texte Ihres Faches zu kennen, also Kenntnis vom literarischen Kanon zu haben, bleibt dabei eine Lebensaufgabe, der Sie sich mit Hingabe und mit einer gewissen Neigung zum Lesepensum widmen müssen – wenigstens für Ihre Studienzeit. Literaturwissenschaftler, die nicht lesen, sollten den Beruf wechseln (ich bitte um Nachsicht für diese harte Formulierung).

Kulturelles Interesse

Da die Literaturwissenschaften sich heute mehr und mehr zu Kulturwissenschaften entwickeln und die Verbindungen zwischen der Literatur und anderen Medien zahlreich sind, sollen Sie zudem auch andere Medien, Materialien oder kulturelle Phänomene bewusst zur Kenntnis nehmen, Filme zum Beispiel, Radiofeatures, Exponate der Bildenden Kunst oder Musik. Und das nicht nur im engeren kanonischen Kontext, sondern – insbesondere dann, wenn Sie sich intensiv mit bestimmten Zeiträumen oder Themen beschäftigen – auch außerhalb dieses Bereichs. Bilden Sie also übers Lesen, Schauen und Hören einen weiten Bildungs- und Kenntnishorizont aus, der Ihnen in Ihrer Arbeit hilft.

Forschungsliteratur

Hinzu kommt die Lektüre jener Texte und Quellen, die Sie für Ihre Untersuchung oder Abhandlung benötigen. Das Studium der Forschungsliteratur hat die folgenden Ziele:

Daten und Fakten

- Kenntnisnahme der Daten und Fakten zu Ihrem Untersuchungsgegenstand. Sie sollten alles, was Sie brauchen und wissen müssen, so genau wie möglich in Erfahrung bringen und nachschlagen können.

- Kenntnisnahme der unterschiedlichen methodischen und theoretischen Zugriffe auf Ihren Untersuchungsgegenstand unter Einschluss der Ergebnisse und Verständnisformen, die es dabei zu verzeichnen gibt. Das schließt eine zeitliche Dimension ein: Es kann sinnvoll sein, die Entwicklung der Forschungsfragestellungen und -diskussionen wie auch ihrer Ergebnisse wahrzunehmen. Zumindest lernen Sie dabei, dass nichts zeitgebundener ist als das Verständnis kultureller Produkte und damit von Texten. Wichtig ist für Ihre konkrete Arbeit jedoch vor allem, dass Sie sich die theoretische und methodische Position des Verfassers klar machen. Wenn Sie eine sozialhistorische Studie schreiben wollen, werden Sie wahrscheinlich mit einer Arbeit, die einem dekonstruktivistischen Denkansatz folgt, wenig anfangen können. Sie wird Ihnen möglicherweise sogar derart fremd sein, dass Sie nicht nachvollziehen können, wovon im Text die Rede ist. Letzteres dürfen Sie sich nicht gefallen lassen. Auch komplexe Theorien sind kein Hexenwerk, sondern von Menschen gemachte Denkformen.

Theorien und Methoden

- Kenntnisnahme der jeweiligen Thesen und Argumentationen zu einem Thema oder Gegenstand. Dafür ist es notwendig, das Ziel oder die Ziele der jeweiligen Argumentation herauszuarbeiten. Bis hierhin vollziehen Sie vor allem nach und versuchen, zu verstehen, was in dem Ihnen vorliegenden Text steht. Aber auch wenn Sie möglicherweise mit einem Denkansatz auf den ersten Blick wenig anzufangen wissen, sollten Sie ihn unter anderem auch deshalb zur Kenntnis nehmen, um Ihren eigenen Denkansatz belastbarer zu machen oder um von dort auch Ideen beziehen zu können, die Ihnen weiter helfen. Wenn zum Beispiel ein ideologiekritischer Ansatz versucht nachzuweisen, dass ein Autor mit seinen Texten eine bestimmte gesellschaftliche Gruppe oder Entwicklungstendenz unterstützt, dann sollten Sie sich Weg und Ziel genau ansehen. Kennen Sie das Ziel, werden die Argumentationsschritte eher nachvollziehbar. Sie sind dann nicht mehr beliebig, sondern intentional; sie sind gemacht worden. Sie können sich dann auch dazu anders positionieren, dabei aber den anderen Ansatz, so er sauber gearbeitet ist, akzeptieren, ohne ihm folgen zu müssen. Wenn Sie ihm nicht folgen, können Sie dann auch die Argumente aufzählen, die Sie zu dieser Entscheidung bewogen haben.

Thesen und Argumente

- Prüfung der sachlichen, methodischen und argumentativen Belastbarkeit der Studie, die Sie auswerten. Mit dem Nachvollzug der Argumentationskette und der Ziele eines Sekundärtextes werden Ihnen die Leistungsfähigkeit, aber auch die Grenzen und sogar die Lücken dieser Argumentation klar werden können. Helmut Lethens Studie über die *Verhaltenslehren der Kälte* (1994) gehört zu den einflussreichsten Schriften zur Literatur und Kultur des frühen 20. Jahrhunderts. Lethen versucht dort nachzuweisen, dass eine bestimmte Haltung von Menschen in der Interaktion, die „Kälte" (was sich im Modewort „cool" immer noch findet), für das frühe 20. Jahrhundert kennzeichnend ist und auf die Entwicklung der modernen Gesellschaft zurückzuführen ist. „Kälte" bedeutet dabei so etwas wie Rationalität, Überlegung und Zurückhaltung in den Beziehungen zwischen den Personen, die in den literarischen Werken vor allem der Zwischenkriegszeit sehr häufig zu

Belastbarkeit der Studie

finden ist. Zwar bezieht sich Lethen unter anderem auf eine Hoflehre des 17. Jahrhunderts, nämlich Balthasar Graciáns *Handorakel und Kunst der Weltklugheit*, die 1862 in der Übersetzung Arthur Schopenhauers erschienen ist. Brecht kannte das Werk wie viele Zeitgenossen auch. Aber Lethen hat in seine Studie nicht der Überlegung Raum gegeben, dass der Kältehabitus möglicherweise an eine lange Tradition anschließt, die mit den europäischen höfischen Gesellschaften eng verbunden ist. Für einen Frühneuzeitforscher oder einen Mediävisten ist das eine Lücke, die möglicherweise Lethens Argumentation entscheidend schwächen könnte. Wollen Sie Lethen folgen, müssen Sie diese Lücke entweder vermeiden oder füllen: Das heißt, sie spielt bei Ihrer Argumentation keine Rolle, weil Sie die Frage, ob der Kältehabitus ein originäres Phänomen des frühen 20. Jahrhunderts ist, nicht brauchen. Oder Sie füllen diese Lücke, indem Sie darauf verweisen und auf die Homologien wie Differenzen höfischer Gesellschaften zu Massengesellschaften verweisen. Beide Verfahren sind seriös, solange Sie Ihre eigene Argumentation konsistent halten und das zur Verfügung stehende Material ausreichend verarbeiten. Sie dürfen also keine Argumentationslücken lassen, das Problem umgehen oder einfach Materialien oder Fakten vernachlässigen.

Exzerpieren: Primärliteratur

Es gibt verschiedene Techniken, Primärliteratur auszuwerten. Alle basieren Sie jedoch auf zwei Vorgängen: Texte werden gelesen – in der Regel mehrfach – und exzerpiert, das heißt Auffälligkeiten werden notiert, Leseeindrücke werden kommentiert, alles Gelesene wird rubriziert, wiedergegeben und zusammengefasst. Lesen und Schreiben gehen dabei Hand in Hand. Dabei werden zwei Ziele verfolgt:

Zusammenfassung

Zum einen soll das Exzerpt eine taugliche und später verlässlich nutzbare Zusammenfassung dessen sein, was im exzerpierten Text steht: Inhalt, Handlungsentwurf (Plot), Figuren, Erzählinstanzen und -perspektiven, stilistische Eigenschaften usw. Das Exzerpt soll Ihnen Arbeit, das heißt: erneute Lektüren ersparen und Belegstellen schnell auffindbar machen.

Lektüre abbilden

Zum anderen soll das Exzerpt Ihre besondere Lektüre abbilden. Es dient damit der Selbstverständigung darüber, wie Sie den Text eigentlich verstehen. Sie bereiten damit auch Ihre spätere schriftliche Arbeit vor, indem Sie Schwerpunkte legen, Bewertungen und Eindrücke niederschreiben und Verbindungen zwischen Passagen herstellen.

Literaturwissenschaftler lesen, und das immer wieder. Das hängt damit zusammen, dass ein einmaliges Lesen zwar einen Eindruck verschafft. Auf dieser Basis lassen sich Ideen oder Fragen formulieren, aber noch nicht beantworten. Deshalb ist ein mehrstufiges Lesen sinnvoll.

Erste Lektüre

Mit der ersten Lektüre verschaffen Sie sich einen Eindruck vom Text, von der Handlung oder dem Inhalt, den handelnden oder sprechenden Figuren und Instanzen, von der Erzählhaltung, von der Perspektive oder von der literarischen Technik. Danach sollten Sie in der Lage sein, den Text grob wiederzugeben und einzuordnen, nach Zeit, Qualität und Verfahrensweisen.

Zweite Lektüre

In der zweiten Lektüre kommt der Stift zum Einsatz. In einer Statistik über die Ausleihhitlisten von Universitätsbibliotheken belegen literarische Primärschriften stets die hinteren Ränge. Warum? Die Texte sind billig im Vergleich zu juristischer oder medizinischer Fachliteratur. Und Literaturwissenschaftler schreiben in ihre Bücher hinein. Sie machen Anstreichungen. Das aber ist bei Bibliotheksbänden zurecht untersagt. Also kaufen Sie Ihre Primärschriften oder machen Sie von seltenen oder vergriffenen Büchern Kopien. Dann lesen Sie mit dem Stift. Streichen Sie an, was Ihnen auffällt und was Sie möglicherweise später wiederfinden müssen, um es zu verwerten. Wenn Sie bereits eine konkrete Fragestellung haben – sagen wir zum Beispiel „Das Bild der Stadt in Alfred Döblins *Berlin Alexanderplatz*" –, dann streichen Sie alle Stellen an, die Ihres Erachtens Auskunft über das Stadtbild in Döblins Roman geben können. Dabei ist Ihnen alles erlaubt, was Ihnen später hilft, Stellen, Passagen und Merkmale wiederzufinden: Unterstreichungen, Kringel über den Text, verbindende Striche, „oha!", „soso!" und „sic!" am Rand, Ausrufezeichen, Fragezeichen, kurze Kommentare oder Glossen, die wiedergeben oder kommentieren. Sogar Autorbeschimpfungen sind erlaubt – auch wenn das nicht wirklich nett ist. Sie dürfen Füllfederhalter, Kulis, Filzstifte oder Bleistifte verwenden. Sogar Textmarker können hilfreich sein. Erlaubt sind sogar – wohlgemerkt nur in Ihren eigenen Büchern – Eselsohren oder Post-its, die wiederum kleine Kommentare oder Indexhinweise enthalten können. Sie legen auf diese Weise eine weitere, abstraktere Markierungsebene an. Denn Sie werden nur besonders wichtige Seiten mit Eselsohren oder Klebezettel („Post-its") versehen. Haben Sie insgesamt keine Scheu, Ihr Buch einzusauen. Es ist, so lange Sie an Ihrer Arbeit sitzen, ein Arbeitsgegenstand und kein Heiligtum. Auch wenn Sie das Buch eines Autors bearbeiten, den Sie verehren (was Sie aber besser meiden sollten), sollten Sie jede Scheu ablegen.

Dritte Lektüre

Mit der Zeit kommt die Erfahrung. Was hier als dritter Lektüreschritt bezeichnet wird, kann von erfahrenen Kolleginnen und Kollegen oft mit dem zweiten oder sogar ersten Schritt verbunden werden. Sie sollten am Anfang jedoch die drei Schritte sorgfältig voneinander trennen. Immerhin ist Ihr Ziel ein besonderer Erkenntnisgewinn. Um den möglich zu machen, sollten Sie sich selbst die Zeit geben, mit den verschiedenen „Gewinnungsformen" zu experimentieren. In der dritten Lektürephase beginnen Sie, die angestrichenen, aber auch bisher übersehene Stellen und Passagen niederzuschreiben. Dazu stehen Ihnen prinzipiell drei Medien zu Verfügung.

1. Notizheft
2. Textdatei
3. Karteikarten.

Notizheft, Textdatei, Karteikarten

Notizheft und Datei unterscheiden sich nur durch das benutzte Medium und durch ihre Nutzbarkeit. Die Karteikarten haben einen anderen Charakter und eine andere Funktion. Deshalb werden sie hier gesondert dargestellt. Naheliegend müssen Sie Unterschiede machen zwischen Lyrik, Prosa, Drama und Essay. Was hier am Beispiel der Romanprosa vorgestellt wird, lässt sich aber auch auf andere Gattungen übertragen. Und auch auf andere Medien. Für Filme werden zum Beispiel umfangreiche szenische Protokolle angelegt, die neben den inhaltlichen Aspekten zum Beispiel Schnitte und Einstellungen verzeichnen. Hier werden dann statt der Seitenangaben Zeitangaben verwendet.

Notizheft

Grundsätzlich legen Sie das Notizheft so an, dass Sie mehrere Informationen und Informationsebenen abbilden können. Insbesondere für Prosatexte lassen Sie ein paar Seiten frei, auf denen Sie die Basisdaten Ihres exzerpierten Textes festhalten (Autor, Titel, Ort, Erscheinungsjahr, Verlag, Erstpublikation). Darunter packen Sie eine Liste der Figuren mit Nachweis der Seiten, auf denen sie erscheinen, zumindest das erste Mal. Gelegentlich ist es wichtig zu vermerken, wann ihr Name das erste Mal genannt wird oder wann sich Figuren das erste Mal treffen. Auch Eigenschaften können hier notiert werden. Haben Sie den Eindruck, dass besonders viele Personen auftauchen, dann lassen Sie entsprechend viel Platz frei. Auf den folgenden Seiten folgen Sie dann dem Handlungsverlauf des Textes. Legen Sie dabei ein Raster an, das es Ihnen erlaubt, unterschiedliche Informationen schnell zu erkennen. Dazu gehören: Kapitel- oder Abschnittnummerierung, Inhaltsskizzen, Notizen, Zitate und schließlich die entsprechende Seite.

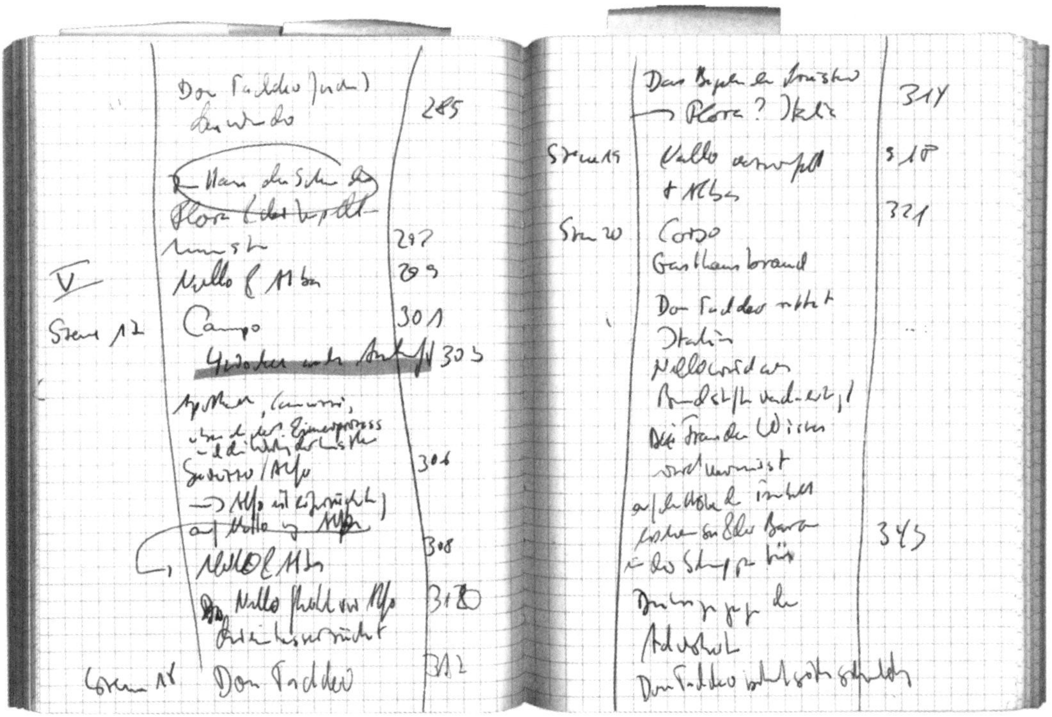

Abb. 4: Notizheft
Notizen des Verfassers zu Heinrich Manns Roman *Die kleine Stadt*: Keine leserliche Handschrift und trotzdem immer wieder verwendbar. Bereits während der Niederschrift wurden Umstellungen und Verweise vorgenommen. Bei der zweiten Durchsicht wurden zudem mit Textmarker besonders wichtige Hinweise markiert.

Vorteile Notizbuch

Das Notizbuch ist mobil und unkompliziert einsetzbar. Außerdem ist seine „Oberfläche" relativ frei gestaltbar, ohne dass Sie große technische Fertigkeiten brauchen (Notierstift, Textmarker, Buntstifte, Post-its sind frei einsetzbar). Es kann einfach und parallel zum Computer benutzt werden. Es taugt besonders zur Skizzierung erster eigener Überlegungen. Es kann jederzeit wieder hervorgeholt und als Nachschlagewerk eingesetzt werden.

Nachteile Notizbuch

Alles was hier eingetragen worden ist, muss wieder abgeschrieben werden. Notizen können nur schwer verändert werden. Nachträgliche Einträge im Figurenverzeichnis wie im Verlaufsprotokoll machen das Ganze unübersichtlich. Wer außerdem eine „Sauklaue" hat, hat später Mühe, seine eigene Schrift zu entziffern. Manchen Bearbeitern fällt es zudem schwer, alte Notizen zu benutzen, weil die Distanz zu groß geworden ist. In der Regel dient das Exzerptheft leider nur dem Projekt, für das es angelegt wird. Viele Wissenschaftler gehen bei neuen Projekten lieber auf Stufe 2 ihrer Lektüren zurück, soll heißen auf die Anstreichungen in ihren Texten, um ihren Lektüreeindruck wieder aufzufrischen.

Textdatei

Dieselbe Struktur, die hier für das Notizheft vorgestellt worden ist, lässt sich auf einem Rechner anlegen. Sie müssen hier allerdings einige Vorbereitungen treffen, die sich von denen bei einem Notizheft unterscheiden und dort wie von selbst ergeben. Während Sie das Notizheft einfach irgendwie benennen können und ins Regal stellen, ungefähr dahin, wohin es gehört, müssen Sie bei der Datei einen Ordner in Ihrem Rechner anlegen und die Dateinamen so wählen, dass Sie später wiederfinden, was Sie jetzt notieren.

Ordnerstruktur

Nehmen wir an, Sie arbeiten an einer Hausarbeit zu Heinrich Mann und beschäftigen sich mit der Gesellschaftskritik in Heinrich Manns Roman *Der Untertan*. Sie legen eine Datei an, in der Sie das Exzerpt des *Untertan* speichern wollen. Dann empfiehlt es sich, einen Ordner anzulegen für

- Ihr Studienfach
- für die Studienphase (Grundstudium, Hauptstudium, BA, Master, 1. Jahr, 2. Jahr, 3. Jahr)
- das Seminar oder das Thema
- unterteilt schließlich in Seminarunterlagen, Referat (falls Sie eins halten), Hausarbeit
- darunter legen Sie verschiedene Dateien zum Exzerpt, zu den Sekundärtiteln und einen Bereich zu Ihrem Text an.

Exempel Datenstruktur Studium

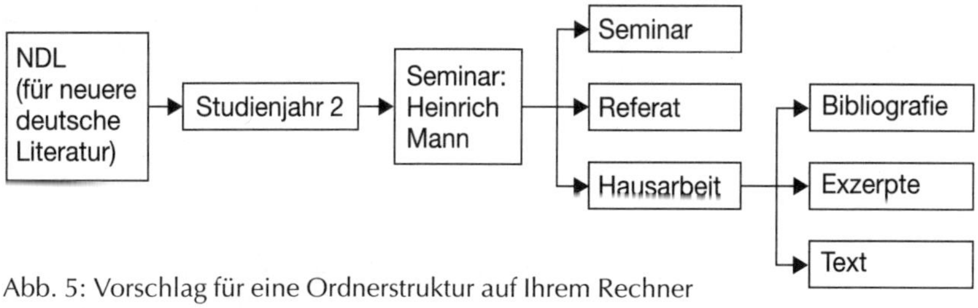

Abb. 5: Vorschlag für eine Ordnerstruktur auf Ihrem Rechner

Dies ist nur ein Vorschlag, den Sie Ihren Bedürfnissen anpassen sollten, zum Beispiel darauf, wie viele Dateien Sie überhaupt brauchen. Wenn Sie nur Ihre eigenen Texte auf dem Rechner verwalten und keine Materialien, brauchen Sie evtl. solche ausgefeilten Strukturen nicht. Gehen Sie aber einigermaßen vorausschauend vor. Nichts ist schlimmer, als später dauernd auf dem Rechner aufzuräumen, Dateien zu verschieben und umzubenennen.

Dateinamen

Bitte berücksichtigen Sie auch, dass Rechner alphanumerisch sortieren. Dateinamen wie „Umfangreiche Notizen zur Gesellschaftskritik 2.3.2007 in Heinrich Manns Untertan" sind wenig hilfreich. Wählen Sie kürzere Formen z.B.: „Notizen 01 – 20070302 – UntertanGesellschaftskritik". Also welche Textart findet sich in der Datei = „Notizen". Deren Nummer (fortlaufend, hier „01"). Datum (hier „20070302", Jahr zuerst, damit der Rechner die Datei korrekt einsortieren kann). Text (hier „Untertan"). Thema (hier „Gesellschaftskritik"). Dann können Sie Ihre Notizen einfach chronologisch nach der Anlage ordnen und Sie sehen sehr schnell, was Sie dort finden können.

Bibliografische Angaben

Wenn Sie Ihre Ordnerstruktur angelegt und die Datei geöffnet haben, tragen Sie wie im Notizbuch als erstes die bibliografischen Angaben ein (Autor, Titel, Ort, Jahr, Verlag, Erstausgabe usw.). Dann folgen die Figuren. Schließlich das Exzerpt von Inhalt und Verlauf des Textes mit Angabe von Kapitel- oder Abschnittnummerierung, Inhaltsskizzen, Notizen, Zitaten und Seiten. Es empfiehlt sich, dafür eine Tabelle anzulegen, die zum Beispiel so aussehen kann:

Exempel Anlage Datei

1. Bibliografische Angaben		
Heinrich Mann: Der Untertan. Roman. Mit einem Nachwort und Materialienanhang von Peter-Paul Schneider. Frankfurt/M.: Fischer Taschenbuchverlag [10]2001 (= Heinrich Mann: Studienausgabe in Einzelbänden. FT 10168) (EA dieser Ausgabe 1991) (EA 1918, EA als Zeitungsteildruck 1914, EA in Variante Russland 1916).		
2. Personal		
Diederich Heßling. S. 7, 14, 55 (1. Begegnung mit Kaiser) Der alte Buck, S. 24 (Dieder. wird vorstellig) Der Bürgermeister, S. 121 Der junge Buck, S. 50 Etc.		
3. Inhalt		
Kapitel	Inhaltsskizzen, Notizen, Zitate	Seite

Vorteile der Dateien

Schnelle und gute Wiederverwendbarkeit. Zitate oder Kommentare können schnell in die Arbeit eingefügt werden. Notizen können schnell und unkompliziert verwertet und weiterverarbeitet werden. Sie brauchen für Nachträge keinen Platz einzuplanen, Sie können auch schnell und relativ einfach umsortieren oder sogar verlinken. Die Dateien sind gut archivierbar, und über die Suchfunktion sind Belege schnell findbar. Außerdem sind die Texte gut lesbar und leiden nicht unter Ihrer Handschrift.

Nachteile der Dateien

Sie müssen eine überlegte Struktur in Ihrem Computer anlegen und Dateien so benennen, dass Sie leicht sortierbar und wiederzufinden sind. Rechner sind fast überall einsetzbar, aber eben nur fast überall. Sie brauchen Strom und einen Arbeitsplatz, der einigermaßen als Rechnerarbeitsplatz eingerichtet ist. Sie müssen sich für die Nutzung des Computers qualifizieren und ggf. beim Wechsel von Programmen auch die Dateien konvertieren. Wichtig: Sie dürfen Ihre Computernotizen nicht mit fertigen Texten verwechseln. Auch diese Texte sind Notizen und damit unfertig. Bedenken Sie, dass Sie, falls Sie nur über den Rechner arbeiten, mit einem „Interface" oder „Desktop" arbeiten müssen. Sie bilden also gewissermaßen Ihr Arbeitszimmer und einen Teil der von Ihnen benutzen Bibliotheken im Rechner ab. Was Sie dort (in der Bibliothek, in Ihrem Arbeitszimmer) räumlich verteilt aufbewahren, müssen Sie hier (im Computer) an einem Platz mit Bildschirm und Tastatur verwalten.

Karteikarten

Notizbücher und Dateien haben in der Alltagsarbeit allerdings auch Nachteile, weil sie statisch und auf die Wiedergabe von Verläufen ausgerichtet sind. In vielen Fällen gehen Sie aber in Ihrer Arbeit analytisch vor. Wenn Sie zum Beispiel in Ihrer Arbeit über die Gesellschaftskritik in Heinrich Manns *Untertan* unterschiedliche Positionen, Haltungen und Handlungsweisen der Hauptfigur und ihrer wichtigsten Korrespondenzfiguren darstellen wollen, dann hilft Ihnen möglicherweise ein anderes Verfahren weiter: die Verwendung von Karteikarten. Mit den Karteikarten lösen Sie die Verlaufsstruktur von Notizheft und Datei auf und legen eine Art materiale Mindmap an. Dabei gehen Sie so vor: Sie notieren zum Beispiel zur Figur Diederich Heßling alle für Sie wichtigen Stellen und Passagen, eventuell noch mit einem weiteren Stichwort. Hinzu kommen ggf. das Zitat, das Sie wichtig finden, oder wenigstens ein paar Stichworte, die klar machen, worum es hier geht. Hinzu kommt die Seitenzahl. Begrenzen Sie sich pro Karteikarte auf einen Nachweis. Nur ausgewiesen parallele Stellen sollten Sie auf eine Karte notieren. Das können Sie per Hand oder per Maschine machen.

Karteikartenexempel

> Kaiser und Untertan
>
> Jubel 64
> Schnurrbart des Kaisers 101
> Schnurrbart 159, 143
> Erf. Depesche 164
>
> Tipp: Sie können Karteikarten auch im Rechner anlegen und mit entsprechenden Programmen verwalten.

So sieht wenigstens eine saubere Fassung aus. In der konkreten Arbeit geht es oft ein wenig salopper zu. Allerdings haben wir es hier auch mit Arbeitsinstrumentarien zu tun, die immer nur vorläufigen Charakter haben und als Verweis dienen. In der normalen Zettelrealität sieht eine solche Karteikarte zum Beispiel so aus (ein Beispiel des Verfassers aus seiner Arbeit zu Heinrich Manns *Untertan* finden Sie auf der nächsten Seite).

Karteikarte DIN A6 quer

Es empfiehlt sich das Format DIN A6 quer, weil es klein, handlich, leicht transportier- und archivierbar ist. Das Ganze kann sehr informell sein, da Sie ja eine bestimmte Ausgabe benutzen, auf die Sie sich beziehen. Dann reicht ein Hinweis wie „Mann: Untertan". Verwenden Sie mehrere Ausgaben eines Textes, müssen Sie die jeweils benutze Ausgabe notieren. Das ist für eine spätere, erneute Nutzung der Karteikarten möglicherweise sowieso sinnvoll.

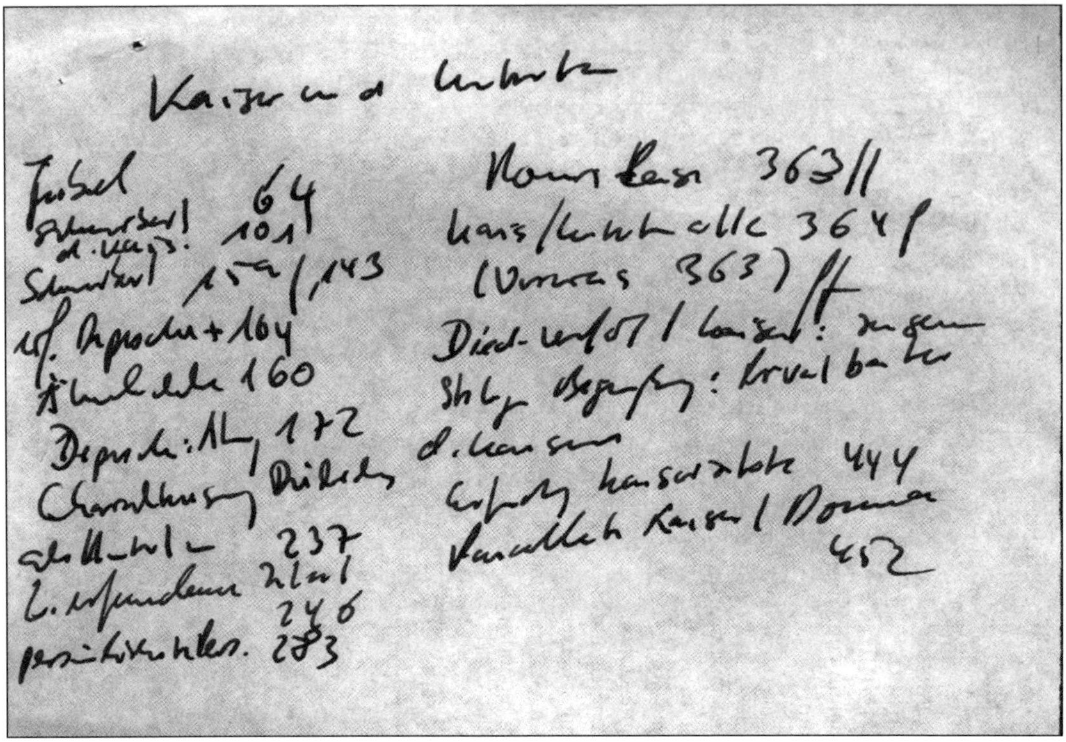

Abb. 6: Handschriftliche Karteikarte zum Thema Kaiser und Untertan in Heinrich Manns Roman *Der Untertan*. Die Karteikarte ist ein Arbeitsinstrument, sie muss nicht schön und dauerhaft sein, sondern dafür herhalten, wofür sie angelegt worden ist: für Ihre Haus- oder Abschlussarbeit.

Mit dem Verweis auf andere Stellen im Text und auf die Sekundärliteratur fangen Sie an, die Textstelle zu vernetzen. Nun legen Sie verschiedene Karteikarten an, zum einen immer zu Diederich Heßling und zu Kaiser Wilhelm II., zum anderen aber auch zu anderen für Sie wichtigen Figuren und Bezügen, zum Beispiel zu den Frauen Heßlings oder zu den Konkurrenten (der alte Buck, der junge Buck, der Staatsanwalt etc.). Später, wenn Sie mit Ihrem Material arbeiten müssen, können Sie die Karteikarten in einer von Ihnen als sinnvoll verstandenen Reihenfolge sortieren und abarbeiten. Auf diese Weise können Sie den Ablauf von großen Teilen Ihrer Arbeit strukturieren und diese Struktur auch immer wieder verändern und das Ganze in eine neue Abfolge bringen, der Sie beim Arbeiten folgen können. Sie können das Ganze auf dem Rechner vorbereiten; das ist in jedem Fall sauberer als eine Vielzahl von Zetteln, die Sie sortieren und irgendwo aufbewahren müssen. Zum Schluss einer Arbeit empfiehlt es sich außerdem, alle Karteikarten durchzugehen und zu prüfen, ob Sie alle relevanten Belege verwendet haben. Allerdings sollten Sie auch noch einmal Ihre Anstreichungen im Primärtext, in den Sekundärtexten und in allen anderen Notizen durchgehen und prüfen, ob Sie alles Notwendige und Sinnvolle verarbeitet haben.

Vorteile Karteikarte

Karteikarten lassen sich jederzeit und immer beschreiben. Sie sind leicht, transportierbar, leicht sortierbar und können, zum Beispiel auf einem Tisch verteilt, auch als Mindmap dienen. Sie können als Gedächtnisstütze dienen. Wenn Sie das Ganze billig machen wollen, dann schneiden Sie einseitig bedrucktes DIN-A4-Papier auf DIN-A6-Format.

Nachteile Karteikarte

Karteikarten haben wie alle mit der Hand beschriebenen Notierformen den Nachteil, dass Sie unter der Benutzung leiden. Nach und nach legen Sie sich einen Fundus an, den Sie immer „zu Fuß" durchgehen müssen, um Sachverhalte zu prüfen. Legen Sie das Ganze in Karteikästen ab, müssen Sie dafür eine Ablagestruktur entwerfen, die auf Dauer so kompliziert wird, dass Sie nicht mehr gut nutzbar wird. Auf der anderen Seite ist der Aufwand, Karteikarten später elektronisch zu archivieren so groß, dass das niemand macht, zumal der spätere Nutzen sich erst noch erweisen müsste. Wer weiß schon, ob Sie je wieder einmal zum *Untertan* Heinrich Manns arbeiten werden?

Exzerpte Sekundärliteratur

Exzerpte von Sekundärliteratur unterscheiden sich durch das Ziel, das mit ihnen verfolgt wird, von den Exzerpten von Primärtexten.

Sekundärliteratur wird nicht als Autorität genutzt, sondern hat dienenden Charakter. Das eigene Verständnis soll sich mit ihrer Hilfe verbessern. Dafür ist es wichtig, zu verstehen, was ein Autor von Sekundärliteratur gemeint hat, wie er argumentiert und welche Belege er anführt. Es reicht also nicht, nur nach zitierfähigen Stellen und „knackigen" Sätzen zu suchen, die Ihre Arbeit zieren sollen. Auch ist es wenig hilfreich, wenn Sie Sekundärliteratur nur dazu nutzen, Ihre Position zu stützen, wenn Sie dafür Argumente und Positionen aus ihrem Zusammenhang reißen. Jeder Autor, auch der von Sekundärliteratur, hat das Recht, dass man sich mit ihm Mühe gibt und versucht, die in seinem Text niedergelegte Argumentation angemessen zu rekonstruieren. Deshalb bietet sich für das Exzerpt von Sekundärliteratur ein zweistufiges Verfahren an. In einer ersten Lektüre streichen Sie alle Passagen an, die für die Argumentation des Autors von Bedeutung sind. In einer zweiten Lektüre übertragen Sie diese Passagen in eine Datei (wenn Sie sich das Kopieren von Sekundärliteratur und das spätere Abtippen sparen wollen, sonst können Sie auch ein Exzerptheft benutzen). Dabei fügen Sie Kommentare, Raffungen und Zusammenfassungen ein, mit denen Sie auch später noch arbeiten und die ggf. für eine Wiedergabe dieser Position und dieser Argumentation hilfreich sein können. Das Exzerpt der Forschungsliteratur soll also das Ziel des ausgewerteten Textes benennen, die wesentlichen methodischen und theoretischen Merkmale, zentrale Daten und Fakten und den Argumentationsbogen. Kernaussagen sollen dabei zitiert werden. Alle Hinweise und Notizen sollen mit Seitenzahlen versehen werden, um sie später wieder auffinden zu können. Zum Exzerpt gehört in jedem Fall die genaue Literaturangabe. Der Vorteil des Exzerpts ist, dass es bereits als Bearbeitungsstufe über die Anstreichungen in der Kopie eines Aufsatzes oder eines Buchs hinausgeht. Im Exzerpt beginnen Sie zusammenzufassen, zu paraphrasieren und auf den Punkt zu bringen. Sie arbeiten hier die für Sie wesentlichen Themen und Argumente des Aufsatzes oder der Studie heraus.

Fragen an Texte, Arbeiten mit Texten

Die Technik der Bearbeitung ist das eine, die inhaltliche Seite der Bearbeitung etwas anderes. Zwar ist an der Behauptung, dass sich die Fragen an den Text aus dem Text ergeben, viel Wahres. Das nutzt Ihnen aber nichts, wenn Sie einen Text vor sich haben und nicht gelernt haben, wie Sie ihn zum Sprechen bringen. Man erkennt leider nur das, was man wahrnimmt, was man also bereits weiß oder erwartet. Neue Momente und neue Erkenntnisse ergeben sich daraus, dass Erwartungen kombiniert oder enttäuscht werden, dass Sie auf der Basis dessen, was Sie bereits wissen, neue Erkenntnisse sammeln und zusammenstellen. Eine neue Erkenntnis besteht dabei oft nur darin, dass ein neuer Text eine bestimmte Erwartung erfüllt oder nicht erfüllt. Er erweitert Ihren Lese- und Erfahrungshorizont und verändert dabei, ohne dass Sie das bemerken, Ihre Art und Weise, mit Texten umzugehen und mit ihrer Hilfe Aussagen zu treffen, Thesen zu formulieren und sich eine Meinung zu bilden.

Verständnis-hypothese

Ziel dieses strukturierten Verfahrens ist es, dass Sie eine – vorsichtig formuliert – Deutungshypothese des zu lesenden Textes entwickeln. Dabei gehen Sie nie vorbehaltlos auf den Text zu.

Prämissen

- Sie kennen vielleicht den Autor, haben eine ungefähre Vorstellung, zu welcher literarischen oder politische Gruppe er gehört oder in welcher Zeit er gelebt hat.
- Sie kennen einzelne seiner anderen Werke, Sie haben bereits ähnliche Texte analysiert und erwarten hier eine Fortsetzung Ihrer bisherigen Erfahrungen.
- Sie haben bereits Erfahrungen mit der Analyse solcher Texte und gehen mit einer gewissen Routine und Erwartung an die Sichtung auch dieses Textes.
- Sie haben außerdem ein bestimmtes Erkenntnisinteresse, das sich entweder unspezifisch auch auf diesen Text richtet oder auf dessen Basis Sie sich genau diesen Text vorgenommen haben. Bei einer Untersuchung über Unternehmerromane um 1900 werden Sie sicherlich Texte von Rudolf Herzog zur Kenntnis nehmen, aber auch Thomas Manns Erstling *Buddenbrooks* lesen.

Die Analyse literarischer Texte steht und fällt mit der genauen Wahrnehmung der Struktur, des Plots, der Handlung, der Besetzung, der sprachlichen Gestaltung, der Sprechinstanzen und dergleichen. Wie bei allen literarischen Texten ist bei Romanen darauf zu achten, dass der Autor – also die Person, die diesen Text geschrieben hat – und der, vereinfacht gesagt, Erzähler nicht identisch sind. Wir haben in der Regel drei Ebenen zu berücksichtigen, Autorebene, Erzählinstanz, Geschehens- oder Handlungsebene. Die Fragen, die Sie sich stellen müssen, gehen immer in die Richtung der folgenden:

Wie? Was? Wer? Wo? Wann?

- Wie ist das gemacht?
- Was ist hier gemacht?
- Wer spricht?
- Wovon wird gesprochen? Was sind die zentralen Themen und Aussagen?
- Wer handelt? Wer nimmt teil? Über wen wird gesprochen?
- Was geschieht?
- Wie hängt das, was geschieht, zusammen?
- Wo geschieht die Handlung?

- Wann geschieht das alles? Und wie lange?
- Welche Struktur hat der Text?
- Welche Form hat er?
- Welche Stilmittel werden eingesetzt?
- Was sind die Ziele des Textes?
- Ist er Teil eines übergeordneten Diskussionszusammenhanges, in den er sich einordnet oder in den er einzuordnen ist? Ästhetisch, moralisch, sozial oder politisch?
- Schließt er an bestimmte Traditionen an und führt sie fort?
- In welchem Verhältnis stehen Autor und Text zueinander?

Nicht alle Punkte dieser Liste sind auf alle Texte anzuwenden. Reflektierende Texte etwa sind zum Beispiel in der Regel handlungsarm und oft zeitlich wie örtlich unbestimmt. Gerade in der Lyrik wird man Ort und Zeit häufig nicht erkennen können. Aussagen und Ziele müssen nicht identisch sein. Es kann zum Beispiel ein Text die Aussage machen, dass es ein furchtbar tolles Erlebnis ist, unter Drogeneinfluss eine Menge Leute zu verprügeln und sie gelegentlich auch umzubringen (Anthony Burgess' *Clockwork Orange*, zumindest im ersten Teil). Das Ziel des Autors kann es jedoch sein, gerade davor zu warnen – und auch davor, dass solche Extremhandlungen nicht legitimieren, Menschen ihre Rechte abzusprechen (so im 2. Teil). Ob das funktioniert, ist freilich eine andere Sache. Und gerade dann, wenn diese Strategie nicht funktioniert, wird es wirklich interessant.

Grundsätzlich haben Sie bei der Analyse von Texten immer drei Aufgaben. Die oben gelisteten Fragen können Sie ohne größere Mühen einer der drei folgenden Operationen zuordnen:

1. Die Beschreibung der Handlungs- und Sprechebene: Daher müssen Sie Ort, Zeit, Figuren, Sprecher, Ausstattungen etc. genau betrachten und festhalten, um Vermischungen oder Unklarheiten zu vermeiden. Legt es der Text darauf an, all das unklar zu lassen, dann müssen Sie auch genau das festhalten.

Handlungs- und Sprechebene

2. Die Ausarbeitung der Bedeutungsebene: Sie müssen dafür Hypothesen aufstellen, das heißt vorläufige Annahmen formulieren, was das, was Sie hier lesen, zu bedeuten hat, und wie es gemeint ist. Diese Hypothesen werden Sie mit der Zeit mehr und mehr ausarbeiten und durch die Textarbeit zu bestätigen versuchen. Oder aber, falls das nicht anders geht, werden Sie sie auch fallen lassen und durch neue ersetzen. Für diese Hypothesen kann es notwendig sein, umfangreiches Kontextmaterial zu Rate zu ziehen, zum Beispiel zur Kultur und Gesellschaft, in der der Autor gelebt und der Text gewirkt hat. Oder auch zum Autor. Was Sie davon brauchen, hängt immer von Ihrer Fragestellung und der Studie ab, die Sie dazu schreiben wollen.

Bedeutungsebene

3. Die Analyse von Sprechweise, Form und Sprache: Für die ersten beiden Punkte sind die Form des Textes, Gattung und Stillage von Bedeutung. Ein reflektierender lyrischer Text geht anders vor als ein berichtender Prosatext oder eine dramatische Szene. Ein konsistent erzählender Text wird sein Thema immer anders transportieren als ein montierter, immer wieder unterbrechender und lückenhafter Erzähltext. Insofern sind Sprache, Form und Gattung immer von Bedeutung. Ein Gedicht mit freier Rhythmik, Metrik und Reimung tritt anders auf als ein gereimtes Sonett.

Sprechweise, Form, Sprache

Kundig machen

Sie werden für Ihre Fragestellung nicht alle Ebenen gleichermaßen brauchen. Möglicherweise treiben Sie also in diesem Arbeitsstadium Aufwand, der sich später nicht sichtbar in Ihrer Arbeit niederschlägt. Dass Sie das trotzdem tun sollten, hängt damit zusammen, dass Sie sich so kundig wie möglich machen müssen, um Ihre Arbeit mit angemessenem Hintergrund schreiben zu können. Trotzdem dürfen Sie in Ihre Studie nur das aufnehmen, was Sie für Ihre Fragestellung, die Darstellung des Problems und die von Ihnen vorgeschlagene Lösung resp. Interpretation benötigen. Sich mit dem Text eines Autors zu beschäftigen, heißt immer auch, seine Biografie zu berücksichtigen. Das aber bedeutet nicht, dass Sie notwendig einen biografischen Abriss in Ihre Abhandlung aufnehmen. Das geschieht nur dann, wenn Sie diesen Abriss argumentativ brauchen.

Fragelisten

Im Folgenden finden Sie einige Fragelisten (vgl. Jeßing 2001), die auf die Besonderheiten der vier zentralen literaturwissenschaftlichen Gattungen – erzählende Prosa, Dramatik, Lyrik, Essayistik – Rücksicht nehmen. Diese Fragelisten geben Ihnen erste Hinweise und Fragemöglichkeiten, mit denen Sie die Texte auswerten und bestimmen können. Sie sind nicht erschöpfend in dem Sinn, dass sie alle Fragen, die Sie an den Text haben, beinhalten. Nehmen Sie sie als Basis, um eigene Fragen stellen und beantworten zu können.

Erzählprosa

Fragekatalog: Analyse von erzählenden Texten

- Welche Erzählinstanzen liegen vor? Welche Eigenschaften haben die Erzählinstanzen? Wechseln die Erzählinstanzen?
- Wer spricht? Gibt es eine Differenz zwischen Erzählerrede und Figurenrede? Immer gesetzt, wir haben es nur mit einer Erzählinstanz zu tun.
- Welche Position hat die Erzählinstanz? Organisiert sie den Erzählvorgang? Oder ist sie Teil des Erzählten? Gibt es hier Widersprüche? Tritt sie hinter die Erzählung zurück? Ist die Erzählinstanz allwissend oder teilnehmender Beobachter, Berichterstatter oder Mitakteur?
- Ist die Erzählinstanz eine Figur der Erzählung (oder sind die Erzählinstanzen Figuren der Erzählung)? Trägt sie Namen und wie benennt sie sich?
- Wie ist die zeitliche Organisation des Textes? Lässt sich die erzählte Zeit überhaupt benennen? Wenn ja, wie ist sie bemessen?
- Wie ist die erzählerische Dynamik des Textes? Gibt es Verlangsamungen und Beschleunigungen? Sind erzählte Zeit und Erzähltempo miteinander verknüpft?
- Wie ist die örtliche Organisation des Textes? Spielt der Text an verschiedenen Schauplätzen? Lassen sich die Schauplätze nach Rubriken ordnen? Sind sie nach bestimmten Regeln geordnet?
- Welche formalen Eigenschaften weist der Text auf? Bietet er eine in sich geschlossene Erzählung oder arbeitet er mit Brüchen und Sprüngen, etwa auch der Erzählinstanzen? Ist er chronologisch organisiert oder verstößt er gegen die diachronische Abfolge? Ist er als Figurenrede („Stream of Consciousness") oder als Ensemble von Erzähler und Figuren organisiert? Bietet er offene Anschlüsse und Abschlüsse oder wird die Erzählhandlung abgerundet? Ist er aus verschiedenen Texten und Textformen montiert oder ist er in dieser Hinsicht gleich bleibend? Stammen die benutzten Textformen aus der Lebenswelt oder aus ande-

ren literarischen Gattungen, z. B. aus Briefen, aus der Werbesprache, aus Zeitungsartikeln, aus Schlagzeilen?

- An welchem Ort, an welchen Orten spielt der Text? Das schließt den geografischen Raum, die Schauplätze und den Handlungsraum ein. Ist dieser Ort, sind diese Orte der Lebenswelt entnommen, sind diese Orte etc. imaginär oder ist ihre Identifizierbarkeit vermieden worden?
- In welcher Zeit spielt die Erzählung? Ist sie identifizierbar, imaginär oder unbestimmt?
- Welche Figuren mit welcher Funktion gibt es? Was sind ihre Ausstattungen, Haltungen, Dispositionen? Ist der Text auf die Wahrnehmungen, Haltungen und Entwicklungen einer Hauptfigur konzentriert und behandelt nur diese? Oder stehen die sozialen Beziehungen der Figuren zueinander im Mittelpunkt?
- Wie ist der Handlungsentwurf (Plot)? Was sind die einzelnen Handlungsetappen und was ist die Struktur der Erzählung? In welchem Verhältnis steht die erzählte Handlung zur Vor- und Nachgeschichte? Sind die Anschlüsse offen oder geschlossen, bildet die erzählte Handlung also eine Episode unter vielen oder ist sie in sich geschlossen und damit vom Rest des (imaginären) Lebens der Figuren abtrennbar?
- Welche Ausstattungen werden welchen Figuren zugewiesen? Zu den Ausstattungen gehören als basale Elemente: Alter, Generation (in Relation zueinander, evtl. inkl. Verwandtschaft), Geschlecht, sozialer Status, Beruf (erlernte, erworbene Fähigkeiten, mit Übergängen zu psychosozialer Ausstattung), materielle Ausstattung (reich, arm), verheiratet/ledig/geschieden/verwitwet, psychosoziale Ausstattung (aktiv – passiv, schön – hässlich, dick – dünn, gut gekleidet – schlecht gekleidet, Region, Interner oder Externer der Kern-Gruppe wie Familie, Freundesverband etc.).
- Hat die Ausstattung Bedeutung für die Entwicklung der Handlung?
- Wie stehen die Figuren zueinander? Was ist die Basis ihrer Beziehung (z. B. Verwandtschaft, Freundschaft, Geschlecht, charakterliche, konzeptionelle oder lebensweltliche Analogien). Hierzu gehört die Identifizierung der Hauptfigur/en, deren Assistenzfiguren, der Gegen- oder Konkurrenzfiguren, der Vorbild- und Nachfolgefiguren.
- Lassen sich Konfliktlinien zwischen den Figuren entdecken? Welche sind das? Und welche Parteien lassen sich bilden?
- Was ist der die Handlung antreibende Punkt oder Konflikt? Welche Bedingungen braucht es für seine Entstehung, Entwicklung und Lösung? Welche Lösung bietet der Text? Oder bietet er keine Lösung? Warum?

Fragekatalog: Analyse von Dramen

Dramen

- Wann ist der Text angesiedelt, in der Antike, der Frühen Neuzeit, im 18. Jahrhundert, 19. Jahrhundert, 20. Jahrhundert, in der Gegenwart? Ist er ein historischer Text? Haben wir es mit einer modernisierten Textfassung, einer Bearbeitung oder einer Übersetzung zu tun? Wann wurde der Text erstellt?
- Was sind Handlungsort und Handlungszeit des Textes? Fallen Handlungsort und Handlungszeit zusammen? Sind Ort und Zeit identifizierbar?

- Was ist das Personal und was ist seine Ausstattung (männlich, weiblich, reich, arm, besondere Kennzeichen, Kleidung etc.)? Erhält das Personal Vorgeschichten? Sind die Hauptpersonen, Nebenpersonen und deren jeweiliger Charakter identifizierbar?
- Wird zwischen Einzelfiguren und Chor unterschieden? Welches chorische Konzept liegt vor? Ist es antik oder modern?
- Wie wird das Personal eingeführt?
- Gibt es im Personal identifizierbare Gruppen? Wie werden sie gebildet? Was sind die gemeinsamen Interessen oder was bindet sie ansonsten aneinander? Verwandtschaft? Freundschaft? Liebe? Feindschaft? Schuld? Geschäfte?
- Welche Konflikte oder Situationen treiben die Handlung des Stückes an? Wie werden sie ausgebreitet oder plausibel gemacht? Und wie werden sie gelöst? Fehlen Konflikte? Wodurch werden sie ersetzt?
- Wie ist die Sprachhöhe des Textes? Gehobene, mittlere Sprachhöhe, Alltags- und Unterschichtensprache? Ist der Stil analog zum sozialen Stand des Personals? Ist das Stück dialogisch oder monologisch angelegt? In Vers oder Prosa gehalten?
- Ist es eine Tragödie oder Komödie?
- Welche Szenenfolge oder Aktfolge liegt vor? Ist das Stück traditionell angelegt mit drei oder fünf Akten? Oder als Szenenfolge? Oder als einheitliche Szene? Stehen Akte und Szenen in Verbindung zueinander? Gibt es einen Höhepunkt im Stück?
- Welche Handlungskonzeption lässt sich erkennen? Einsträngig? Mehrsträngig? Episodisch?
- Lädt das Stück zur Identifikation oder zur Stellungnahme ein? Ist es erzählend (episch) konzipiert, dialogisch oder handlungsorientiert?
- Wie stehen Textvorlage und Inszenierung zueinander? Gibt es eine Entwicklung in der Inszenierung des Textes?
- Sind Regieanweisungen vorhanden? Wie genau schreiben sie die Inszenierung vor?
- In welchem Verhältnis steht das Stück zu anderen Textgattungen: Handelt es sich zum Beispiel um die Dramatisierung eines Prosatextes?
- Welches Verhältnis des Stückes zur Inszenierung ist erkennbar? Gibt es Textvarianten bei Inszenierungen? Steht die Performance im Vordergrund? Welches Potential ist erkennbar?

Lyrik

Fragekatalog: Analyse von Lyrik

- Welchen Charakter hat das Gedicht: Erzählendes, sprechendes oder reflektierendes Gedicht?
- Welches ist die sprechende Instanz? Gibt es ein lyrisches Ich? Wir? Ist die Sprechinstanz identifizierbar?
- Spricht die Sprechinstanz mit sich? Mit anderen?
- Welches ist der Adressat? Ist er/sie identifizierbar? Oder handelt es sich um ein allgemeines „Du" oder „Ihr"?
- Über wen oder was spricht das Gedicht?
- Gibt es Hinweise auf Ort und Zeit des Gedichts?
- Was sind Metrik, Rhythmik, Reimform, Strophenform, Umfang? Fehlen metrische Regelmäßigkeiten? Regelmäßige Strophen oder Reime?

- Zu welcher Gedichtvariante gehört der Text: Ballade, Romanze, Sonett, Lied etc. oder Gesinnungslyrik, Gebrauchslyrik, soziale Lyrik, Dinggedicht etc.
- Was ist die Sprachhöhe des Textes? Gehoben, mittel oder niedrig? Ist der Text knapp gehalten oder bewusst ausgebaut? Was ist das Alter der Textsprache? Ist die Sprache seiner Entstehungszeit und der Rezeptionszeit angemessen? Gibt es Anachronismen?
- Lässt sich eine Melodik des Textes aus der Tonfolge entdecken? Steht diese Melodik im Vordergrund, noch vor der Bedeutung? Erzeugt das Gedicht eine bestimmte Stimmung?
- Zeigt das Gedicht eine offene Form oder ist es in sich geschlossen? Ist es fragmentarisch und montiert oder durchkomponiert?
- Hat das Gedicht eine Überschrift? Stehen Überschrift und Text in Verhältnis zueinander?
- In welchem Verhältnis steht das Gedicht zur Welt und Realität? Entwurf einer Gegenwelt? Hermetisch? Kommentierung von Realität? Kritik der Realität? Ausschnitt aus der Realität?
- Agitiert, argumentiert, politisiert das Gedicht? Hat es klar erkennbare Ziele?
- Spricht die Sprechinstanz mit sich? Mit anderen?
- Gibt es erkennbare Wortfelder? Motivik? Adjektive? Themen? Natur, Liebe, Freundschaft, Feindschaft, Stadt, Technik, Politik?
- Lassen sich ungewöhnliche Wendungen, Worte oder Wortbedeutungen erkennen? Ist der Satzbau bedeutungstragend?
- Arbeitet das Gedicht mit Symbolen, Metaphern? Lässt es Lücken? Verdichtet es Vorgänge, Handlungen, Reflexionen? Wie stark?
- Welche Zeitform hat das Gedicht? Präteritum oder Präsens?
- Lässt das Gedicht übertragene Bedeutungen erkennen?
- Spielt das Gedicht mit dem Verhältnis Autor – sprechende Instanz?
- Spielt das Gedicht mit seinem Gedichtcharakter?
- Ist es ironisch, humoristisch, ernsthaft, getragen, pathetisch?
- Welches Verhältnis hat das Gedicht zum gesungenen Text? Zur Musik?

Fragekatalog: Analyse von Essays und Sachtexten

Essayistik

- Welches Thema hat der Text?
- Welches sind die Adressaten des Textes?
- Was sind Stilhöhe und Stillage des Textes: Komplex, hochtrabend, überheblich, pathetisch, polemisch, vereinfachend?
- Historische Einordnung des Textes: In welchen Zeitraum und in welchen Diskussionszusammenhang gehört der Text? Lassen sich daraus Rückschlüsse auf die Art des Textes, seine Vorgehensweise und die von ihm benannten Textelemente machen?
- Einstieg ins Thema, Struktur des Textes, Schluss?
- Was sind die Darstellungs- und Argumentationsschritte des Textes? Argumentiert er oder dekretiert er?
- Welche Prämissen setzt der Text? Sachlich, ideologisch?
- Ist der Text in sich geschlossen oder montiert er verschiedene Textsorten miteinander?
- Zielt er auf eine sachliche Darstellung oder eine ideologisch oder welt-

anschaulich zugespitzte Präsentation? Will er überreden oder überzeugen? Nimmt er seine Adressaten mit oder provoziert er sie zum Widerspruch? Vor allem bei politischen Texten: Ist er dazu angelegt, Parteigänger zu gewinnen oder soll er Parteigänger binden?

- Ist er auf sachlich gebotene Vollständigkeit aus oder wählt der Text gezielt aus? Geht er exemplarisch oder verallgemeinernd vor?
- Sind Namen und Sachverhalte korrekt wiedergegeben?

Form und Inhalt

Diese Kataloge ermöglichen einen relativ schnellen und sicheren Zugang zu den Texten. Bewusst sind Formelemente zum Beispiel bei der Lyrik nach hinten verdrängt, ist doch weniger das Handwerkliche als die Bedeutung und Wirkungsweise des Gedichts von Belang. Allerdings haben Formelemente ganz entschieden Auswirkungen darauf, wie Inhalt und Bedeutungen transportiert werden. Gelegentlich stehen sie für Autor und Bearbeiter sogar im Vordergrund. Für eine Fragestellung, deren Schwerpunkt auf Inhalten oder Bedeutungen liegt, dürfen deshalb die Formaspekte zwar nicht vernachlässigt werden. Sie sollten in jedem Fall bei der Erarbeitung des Materials berücksichtigt werden. Aber in der späteren Arbeit finden sie nur dann ihren Platz, wenn sie für Ihre Argumentation notwendig sind.

Fragekataloge erweitern

Ändern, erweitern, korrigieren und präzisieren Sie diese Fragekataloge im Laufe Ihrer Arbeit. Sie werden feststellen, dass Sie sich nach und nach ein eigenes Profil beim Zugang zu Texten aneignen, das Stärken und Schwächen hat. Spielen Sie Ihre Stärken aus und achten Sie darauf, dass Ihre Schwächen Ihnen nicht in Ihrer Arbeit schaden. Es ist deshalb hilfreich, sich gelegentlich mit Hilfe solcher Fragekataloge zu vergewissern, dass Sie alle wichtigen Eckelemente erschlossen haben. Denken Sie auch daran, dass der Zugang über solche Fragekataloge nur der ersten Erschließung dient. Im Laufe Ihrer Arbeit werden Sie viele dieser Fragen nicht mehr weiter behandeln. Dennoch werden Sie Ihnen bei der Begrenzung und der Korrektur Ihrer Hypothesen von Nutzen sein. Die Abhandlung später wird allerdings nicht diesen Fragen folgen, sondern der von Ihnen entworfenen Fragestellung und der Hypothese, die Sie für deren Lösung entwickeln und argumentativ stützen wollen.

Fragenkatalog und theoretische Konzepte

Eine Reihe der Kategorien, die hier zusammengestellt worden sind, sind in verschiedenen theoretischen Entwürfen anders benannt worden, insbesondere in der Erzähltheorie für die Prosa. Hier hat sich in den letzten Jahren das Konzept von Gérard Genette (*Die Erzählung*, 1994) durchgesetzt. Hier wird unter anderem auf die von Genette zu entlehnenden Kategorien verzichtet, um die Fragerichtungen auch ohne Vorwissen dieser Theorie transparent zu machen, ohne dass damit eine Bewertung vorgenommen würde. Sie sind allerdings verpflichtet, sich mit solchen grundlegenden Theorien vertraut zu machen.

Visualisieren

Exempel *Winnetou I*

Bereits im Abschnitt über Lesetechniken und Bearbeitungsverfahren ist auf die Bedeutung von Visualisierungen hingewiesen worden. Visualisierung im Arbeitsprozess dient dazu, dass Sie sich selber Sachverhalte klarer machen, dass Sie Texte und Strukturen erschließen, dass Sie sich auf einer abstrakten, reduzierten und zugleich nur Ihnen offenen Ebene Gedanken machen, die als Vorstufe einer intellektuellen und schließlich wissenschaftlichen Auseinandersetzung mit Texten funktioniert. Wissenschaft ist zu Beginn

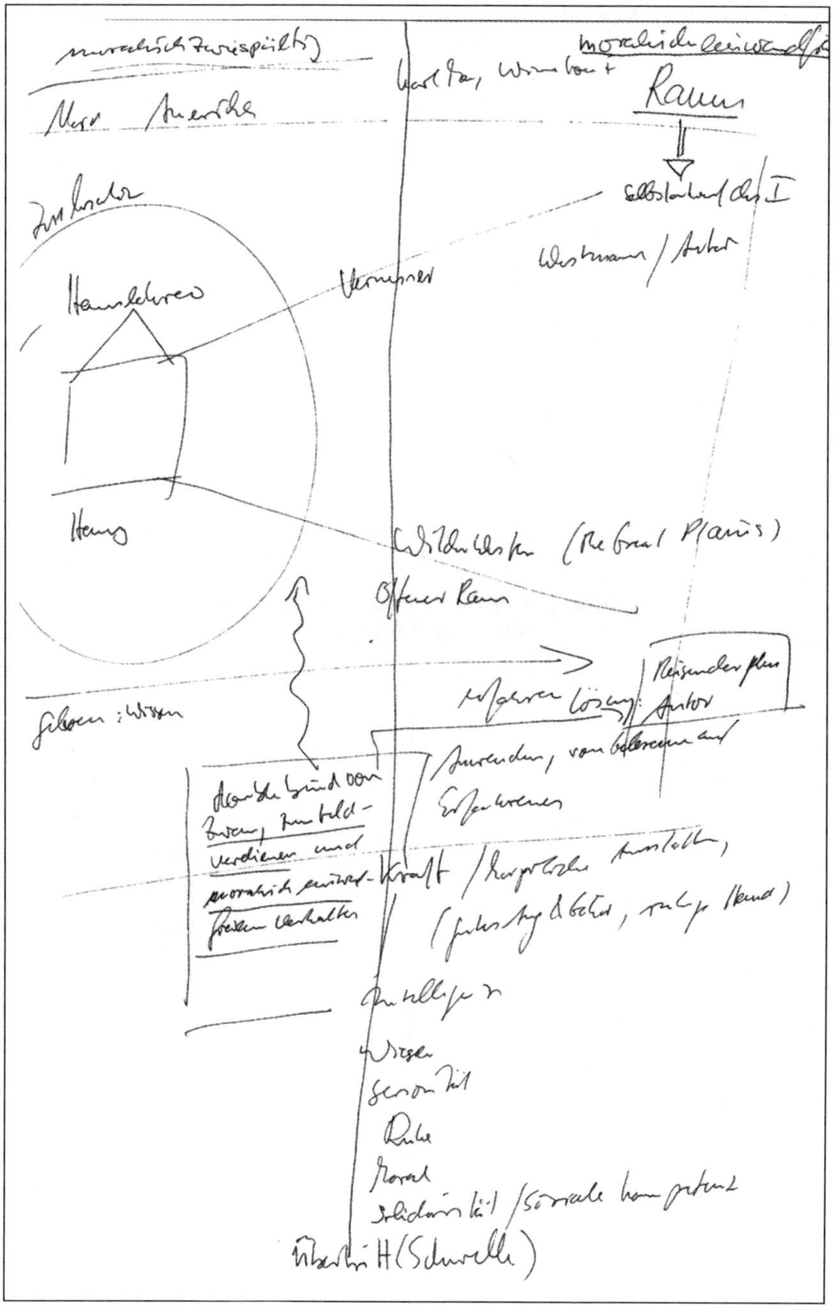

Abb. 7: Skribble zum Konzept in Karl Mays *Winnetou I*
Die linke Seite der Zeichnung, die nur die Überfahrt von Deutschland nach Amerika skizzenhaft festhält, ist hier der Einfachheit halber weggelassen. Das Bild zeigt eine Ideenskizze, eine Hypothese zu *Winnetou I*, die allerdings noch zu prüfen und auszuarbeiten war. Bei der Übertragung auf den Rechner hat die Skizze einige Überarbeitungen erfahren, wie die folgende Reinschrift in Abb. 8 zeigt.

dieses Bandes als Modellerarbeitung und Modellierung beschrieben worden. Wenn Sie an dieser Stelle der Arbeit beginnen, Sachverhalte, Themen, Verläufe oder auch nur Beziehungen zwischen Figuren bildlich zu skizzieren, gehen Sie einen wichtigen Schritt in Richtung Modellbildung. Sie bilden dann zum Beispiel ein Strukturmodell eines Textes, mit dem Sie seinen Ablauf, die Problemlagen, die Parteien und schließlich die Lösungen verstehen können, ohne sich in den Details des Textes zu verlieren.

Wie alle sozialen und symbolischen Handlungen lassen sich auch literarische Texte auf diese Weise besser begreifen und beschreiben. Für eine Analyse von Karl Mays Roman *Winnetou I* war zum Beispiel die folgende, auf der Basis mehrerer Bearbeitungsstufen gefertigte Zeichnung hilfreich. Der Text erscheint mit ihrer Hilfe nicht mehr nur als Abenteuergeschichte und als lehrreiche und moralgesättigte Begegnungsgeschichte zwischen dem guten Deutschen, den nicht minder guten Indianern (soweit sie Apatschen sind) und den haltlosen Amerikanern. Nein, mithilfe der Zeichnung entpuppte sich *Winnetou I* als Parabel über die sich entwickelnde Massenge-

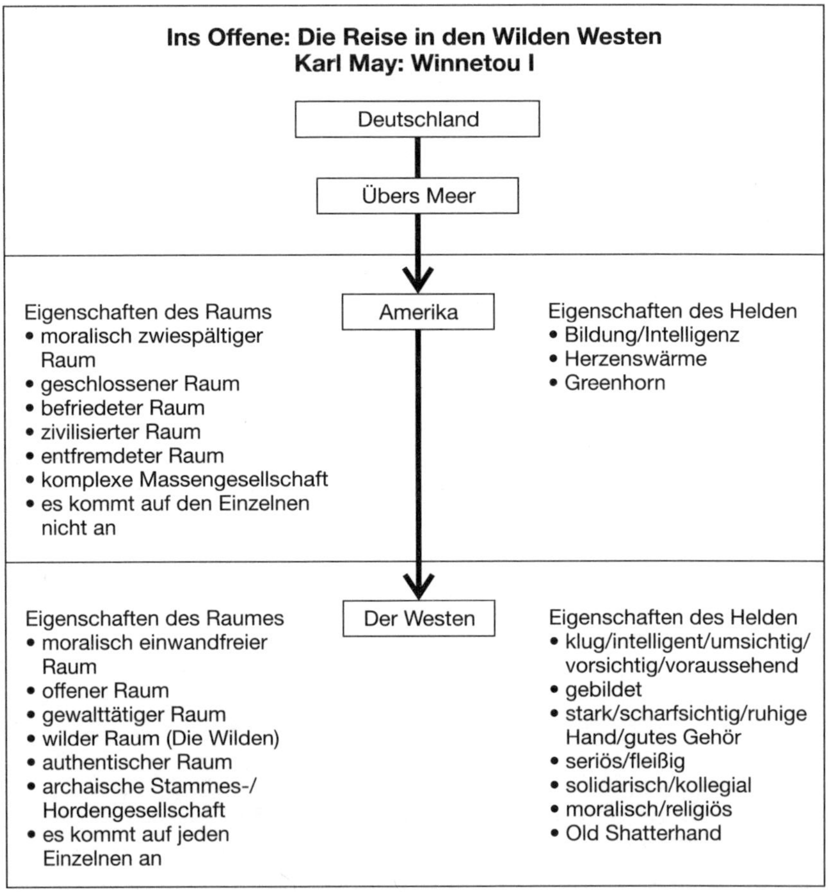

Abb. 8: Übertragung und Überarbeitung des Skribbles zum Konzept in *Winnetou I*

sellschaft und die Handlungsmöglichkeiten, die die Einzelnen in ihr haben. Der Text deckte zugleich auf, weshalb der „Wilde Westen" für das deutsche Publikum am Ende des 19. Jahrhunderts eine solch große Attraktivität besaß und warum sie über mehrere Jahrzehnte nicht nachgelassen hat: *Winnetou I* zeigt zugleich die Handlungsmöglichkeiten und den Fluchtraum, in dem sich die von der neu entstandenen Massengesellschaft Gebeutelten zurückziehen konnten. Allerdings waren dabei einige Umarbeitungen notwendig, wie der Schritt von der Zeichnung zum späteren Word-Dokument zeigt.

In der Skizze sind die Handlungsebene, Figurenausstattung und Bedeutungsebene miteinander verbunden worden. Das Interesse richtete sich darauf, zu klären, was auf einer abstrakten Ebene im Text erzählt wird, wie die Figuren platziert, bewegt und ausgestattet werden und was sich daraus für ihr Verhältnis zu anderen Figuren schließen lässt. Das Ergebnis ist an unscheinbarer Stelle platziert, nämlich in der Liste unten links an letzter Position. Eine Haus- oder Abschlussarbeit hätte nun die Aufgabe, diese Idee (= Deutungshypothese) methodisch zu untermauern, mit Material zu stützen und argumentativ zu präsentieren. Die Visualisierung hat also die Funktion eines Zwischenschritts von der Lektüre über ihre Aufarbeitung hin zur schriftlich fixierten Studie.

Reduktion und Klarheit

Sie sehen zudem, dass von der Skizze zum vorzeigbaren Dokument ein Klärungsprozess stattgefunden hat, der vor allem in der Reduktion von Elementen und der Klarheit der Darstellung begründet ist. Sie merken vielleicht auch, wie schwer es für Sie ist, sich in die Skizze hineinzudenken, während das spätere Dokument deutlich einfacher zu verstehen ist. Das hat nicht zuletzt damit zu tun, dass die Skizze die Visualisierung eines Denk- und Zurechtlegungsprozesses ist, der vor allem für den Verfasser dieser Skizze Funktion hat. Die Skizze ist noch nicht auf die Vermittlung hin ausgelegt. Der nächste Klärungs- und damit Vereinfachungsschritt ist dann der von der Skizze zur Folie oder zum beschreibenden und analysierenden Text. Dass, nebenbei bemerkt, die Moral von *Winnetou I* darin besteht, die individuelle Handlungskompetenz zu betonen, ist insofern von ironischer Bedeutung, als genau diese individuelle Handlungskompetenz – folgt man heutigen Soziologen – jene Anforderung ist, die die moderne Massengesellschaft an die Individuen stellt. Insgesamt also ein interessantes Arbeitsthema.

4. Schreiben und Redigieren

Gliederung

Eine Seminar- oder Abschlussarbeit muss gegliedert sein, da sie eine strukturierte und damit kontrollierte Abhandlung sein soll. Die Gliederung sollte aber nie tiefer als in die dritte Darstellungsebene gehen. Seminararbeiten sollten eigentlich mit einer, maximal mit zwei Ebenen auskommen. Jeder rubrizierte Abschnitt sollte mindestens zwei bis drei Seiten umfassen. Anders sind argumentative Zusammenhänge – auf die es besonders ankommt – kaum angemessen darstellbar. Die Darstellung würde zu kleinschrittig, Zusammenhänge würden nicht mehr hergestellt.

Kapitel themenkonsistent

✦ Wenn Sie Ihre Kapitel untergliedern, dann müssen die Unterpunkte und der übergeordnete Punkt dasselbe Thema haben, dasselbe Problem lösen und im Zusammenhang stehen.

Mindestens zwei Unterpunkte

- Außerdem muss es wenigstens zwei Unterpunkte geben, wenn Sie weiter untergliedern wollen. Die Punkt 2.1. ist ohne den Punkt 2.2. nicht möglich.

Thema und Problem

- Schließlich müssen die Unterpunkte Thema und Problem vollständig aufführen. Sie dürfen bei der Wahl der Unterpunkte nicht willkürlich vorgehen und einzelne Punkte weglassen.

Alle Abschnitte der Arbeit werden in die Gliederung aufgenommen, auch Einleitungen, Literaturverzeichnisse oder Anhänge (die letzten beiden werden allerdings unter einem gemeinsamen Punkt gefasst). Ausgenommen sind die Titelei, das Inhaltsverzeichnis und möglicherweise geforderte Erklärungen, wie zum Beispiel die Erklärung, dass Sie die Arbeit selbständig und ohne Hilfe Dritter und nur mit den angegebenen Hilfsmitteln verfasst haben (wird mittlerweile fast überall gefordert). Bei der Wortwahl der Gliederungspunkte verwenden Sie zusammenfassende, knappe Formulierungen. Die Notizen aus dem Karl-May-Skribble müssen also sinnvoll verknappt werden, um als Kapitelüberschrift gelten zu können.

Nummerierung

Sie können Ihre Arbeit nach verschiedenen Systemen nummerieren, nach dem numerischen und nach dem alphanumerischen.

- Das numerische System benutzt nur arabische Zahlen, die durch einen Punkt voneinander getrennt sind. Unterpunkte werden im Inhaltsverzeichnis eingerückt. Gelegentlich – wie in diesem Band – können auch lateinische und arabische Zahlen kombiniert werden.
- Das alphanumerische System kombiniert Zahlen mit Buchstaben. Dieses System wird immer noch bei größeren philologischen Arbeiten eingesetzt.

Durchgesetzt hat sich, dass nach den Gliederungszeichen ein Punkt gesetzt wird. Die Kapitelüberschrift jedoch wird nicht mit Punkt abgeschlossen, es sei denn, sie hat einen Untertitel, der in derselben Zeile anschließt.

Wie gliedern Sie?

Mit der Recherche und Beschaffung der Quellen und ihrer Auswertung haben Sie die wichtigsten Schritte getan, um an den Entwurf Ihrer Arbeit gehen zu können. Der intellektuelle und zeitliche Aufwand, den Sie bis hierhin getrieben haben, macht sich in der Regel bezahlt. Denn nun müsste sich die Struktur Ihrer Arbeit fast von alleine, also logisch ergeben. Gehen wir dafür einen Schritt zurück: Auf einer abstrakten Ebene beginnen Sie die Lektüre Ihres Texte mit einer vorläufigen Idee, wie der Text zu verstehen ist. Diese Idee nennt man Deutungshypothese. Diese Deutungshypothese muss sich im Laufe der Lektüre und schließlich der gesamten Arbeit an Ihrer Studie bewähren und wird schließlich in Ihrer Abhandlung niedergeschrieben, d. h. entwickelt, mit Material und Argumenten gestützt und damit vorgetragen. Bei der Arbeit aber gehen Sie nach dem folgenden Schema vor:

Schema Hypothese

- Was ist meine Deutungshypothese?
- Ist sie klar formuliert und abgegrenzt von anderen Deutungen?
- Hat sie fragliche Stellen, Lücken oder unklare Ableitungen?
- Welche Eigenschaften oder Elemente des Textes stützen meine Hypothese resp. werden durch sie erklärt?
- Erklärt meine Hypothese den Text als Ganzes oder nur Teile?

- ✦ Gibt es Texteigenschaften und Textelemente, die von meiner Hypothese nicht erfasst und erklärt werden? Gibt es welche, die ihr widersprechen?
- ✦ Ist die Hypothese einfach oder kompliziert? Wie lässt sie sich vereinfachen?

Gedankenmodell

Mit Ihrer Deutungshypothese entwerfen Sie ein gedankliches Modell des Textes, das sich aus Strukturen, zentralen Textelementen und argumentativen Ableitungen aufbaut. Funktioniert dieses Modell ohne Vernachlässigung wichtiger Teile, dann haben Sie viele Argumente für Ihr Modell. Allerdings muss dieses Modell so einfach wie möglich sein, es darf nur die notwendigen Elemente, Beziehungen oder Ableitungen enthalten. Wenn Sie feststellen, dass Sie das Modell an jeden Fall neu anpassen müssen und es dabei immer komplizierter wird, müssen Sie sich möglicherweise davon verabschieden und ein anderes, einfacheres und funktionsfähigeres entwickeln. Die Entwicklung, Prüfung und Überarbeitung der Hypothese ist ein dauernder Prozess, der sich über die Sammlung des Materials, seine Bearbeitung bis hin zur Niederschrift der Studie hinzieht.

Struktur

Um diesen Prozess in Bahnen zu leiten, zu begrenzen und abschließbar zu machen, müssen Sie vor der Niederschrift Ihrer Studie eine Struktur entwerfen, in der sich die notwendigen Schritte abbilden, die Sie für die Prüfung Ihrer Hypothese unternehmen müssen. Diese Struktur hat zu Beginn Entwurfscharakter; sie kann und wird aller Wahrscheinlichkeit nach im Laufe der Arbeit verändert und angepasst werden. Dieser erste Gliederungsentwurf dient im Wesentlichen dazu, den bisherigen Arbeitsstand festzuhalten und mit dem Betreuer besprechen zu können. Insbesondere für Abschlussarbeiten ist das ein notwendiger Schritt.

Struktur der Arbeit entwerfen

Mit dem Entwurf einer Mindmap haben Sie die ersten strukturellen Elemente benannt. Wenn wir beim Beispiel Karl May bleiben, dann ergeben sich aus den bisherigen Überlegungen die folgenden Arbeitskapitel:

Einleitung und Fragestellung

1. Einleitung und Fragestellung: Heldenkonstruktion als Entwurf von Verhaltens- und Handlungsmodellen. Die Funktion des Handlungsraums „Wilder Westen" für die Orientierung in der modernen Gesellschaft.

Sozialhistorisches Umfeld

2. Sozialhistorisches Umfeld und dessen symbolische Verarbeitung: Urbanisierung, Dynamisierung von Gesellschaft, zunehmende Komplexität, soziale Entwurzelung von breiten Gesellschaftsschichten, Neuorientierung im 18. bis frühen 20. Jahrhundert.

Bedeutung Amerikas

3. Die Bedeutung Amerikas als Flucht- und Bezugsraum: Geschichte des Amerikabildes im 18., 19. und 20. Jahrhundert. Warum Amerika und nicht ein anderer Bezugsraum?

Verhaltensmodelle

4. Die Konstruktion neuer Verhaltensmodelle und ihre Bindung an den Handlungsraum in Karl Mays *Winnetou I*, mit den Unterkapiteln:
   a) Handlungsräume: Deutschland, Amerika, Der Westen und ihre jeweiligen Ausstattungen.
   b) Figuren, ihre Profile und ihre Beziehungen zueinander: Greenhorn, Old Shatterhand, Winnetou, Intschu tschuna, Santer.
   c) Verhaltens- und Handlungsmodelle: Richtiges und falsches Verhalten und die zu berücksichtigenden Systemzwänge.

Schluss

5. Schluss: Als Summary oder Ausblick auf die Entwicklung im 20. Jahrhundert.

Standardkapitel

In dieser Struktur bilden sich einige Standardkapitel ab, die in beinahe jeder Studie wiederzufinden sind:

- Einleitung
- Theorie-/Methodenkapitel
- sozial- oder kulturhistorische Einordnung
- Textarbeit
- Schluss.

Die einzelnen Kapitel haben jeweils eine klar zu beschreibende Funktion:

Exposition

1. Die Exposition: Die Einleitung dient der Benennung des Untersuchungsgegenstandes, der Formulierung der Fragestellung, der Eingrenzung der Untersuchung (Texte, Zeitraum etc.), der methodischen und theoretischen Festlegung und der Aufzählung der Arbeitsschritte. Die Lösung oder Deutungshypothese wird bereits hier benannt, dem Nachweis dienen die folgenden Kapitel. Zugleich ist die Einleitung der Ort, an dem Sie Ihre Leser ansprechen und begrüßen können. Gesetzt, das Thema ist für die Leser interessant, haben Sie hier Gelegenheit, sie von der Qualität Ihrer Studie zu überzeugen. Das wird mindestens durch die Präzision und Sachlichkeit Ihrer Einleitung geschehen.

Handwerkszeug

2. Das Handwerkszeug: Das methodische und theoretische Kapitel wird in den Fällen eingefügt, in denen Sie eine Methode oder Theorie auf den Gegenstand anwenden wollen oder diese Anwendung besonders erklärungsbedürftig ist. Wenn Sie zum Beispiel ein soziologisches oder philosophisches Theorem auf einen Text anwenden oder ihn dadurch erklären wollen, dann brauchen Sie dieses Kapitel. Allerdings sollte es darauf konzentriert sein, das Handwerkszeug zusammenzustellen, das Sie für Ihre eigentliche Untersuchung brauchen.

Kontextualisierung

3. Die Kontextualisierung: Wenn Sie Ihren Untersuchungsgegenstand in einen historischen, kulturellen oder auch textlichen Kontext oder in eine Tradition stellen wollen, müssen Sie diesen Kontext und/oder diese Tradition darstellen. Selbstverständlich ist dieser Bericht durch Ihre Darstellung, Ihre Organisation und Auswahl des Materials zugespitzt und geprägt. Sie müssen sich hier der größtmöglichen Zurückhaltung und Sachlichkeit befleißigen, ohne allerdings das Darstellungsziel aus den Augen zu verlieren.

   Kapitel 2 und 3 sind gelegentlich nicht notwendig, insbesondere dann nämlich, wenn Sie eine textorientierte, sich auf die Interpretation konzentrierende Arbeit schreiben, deren methodische und historische Basis keiner besonderen Darstellung bedarf.

Textarbeit

4. Die Textarbeit: Erst jetzt kommen Sie zum eigentlichen Untersuchungsgegenstand, meistens also zur Textarbeit, wenn wir voraussetzen, dass Sie bevorzugt zu Texten und zu Fragestellungen arbeiten, die Texte betreffen. In diesem eigentlichen Untersuchungsteil müssen Sie eine Unterteilung finden, die Ihrem Untersuchungsauftrag entspricht. Diese Teilkapitel können unterschiedlich zueinander angeordnet sein: Sie können auf derselben Ebene gleichrangige Phänomene behandeln. Sie können analytisch bestimmte Teilfragestellungen abhandeln. Diese Teilfragestellungen können in einem Abhängigkeitsverhältnis zueinander stehen, entweder logisch oder hierarchisch. Ziel dieses Kapitels ist es, die Fragestellung der Einlei-

tung am Text nachzuweisen, ihre Lösung vorzubereiten, das dafür notwendige Material zu sammeln, zu organisieren und schließlich die vom Text realisierten Lösungen oder Ausgänge darzustellen. Auch müssen hier die Verarbeitungsstufen der Problemlagen aufgearbeitet werden. Wenn es sich zum Beispiel um ein hoch aufgeladenes, symbolisch stark befrachtetes Spiel handelt, dann müssen die unterschiedlichen Ebenen des Textes behandelt werden, also nötigenfalls Handlung, Form und Bedeutung. Das ist je nach Gattung unterschiedlich zu lösen, wie sich allerdings aus der Aufarbeitung des Untersuchungsgegenstandes von selbst ergibt.

5. Schluss: Das Schlusskapitel ist einer der am meisten vernachlässigten und schwierigsten Teile einer Arbeit. Das hängt daran, dass die Lösung des Problems resp. die Deutungshypothese bereits in der Exposition genannt werden (sinnvoller Weise). Im Schluss nun zu wiederholen, was in der Einleitung behauptet und in den anschließenden Kapiteln belegt wurde, ist wenig sinnvoll. Daher kann der Schluss vor allem zwei Aufgaben haben: Er ist ein Summary, eine Kurzzusammenfassung der Abhandlung. Dann wird der Schluss zum Paratext, der der schnellen Information von Lesern dienen soll. Oder Sie formulieren hier weiterführende Überlegungen und Fragestellungen, die über die bisherige Arbeit hinausgehen. Dann ähnelt der Schluss der Exposition, nur dass die Behandlung der nun formulierten, weiterreichenden Arbeitshypothese auf eine spätere Arbeit vertagt wird.

Resümee, Ausblick, Fortschreibung

Bei Dissertationen ist eine häufig zu beobachtende Praxis, als gesondertes Kapitel einen Forschungsbericht vorzulegen. Gelegentlich wird ein solcher Forschungsbericht auch in Abschlussarbeiten gefordert. In Seminararbeiten ist er aus Platzgründen nicht sinnvoll.

Forschungsbericht, ja oder nein?

Ziel des Forschungsberichts ist es, einen Überblick über die Sekundärliteratur zu Ihrem Fragenkomplex vorzulegen, aus dem heraus die Position Ihrer Arbeit innerhalb der Forschung deutlich wird. In diesem Forschungsbericht sollen die Untersuchungsgegenstände der Forschungsliteratur, ihre Thesen und ihre Argumentation kritisch referiert werden. Leistungsfähigkeit, Grenzen und Lücken der Forschung sollen auf diese Weise vorgestellt werden. Außerdem soll die Entwicklung der Forschungsdiskussion Gegenstand des Forschungsberichts sein. Aus diesem Forschungsprofil sollen sich – insbesondere bei selbständigen Beiträgen zur Forschung, also Dissertationen – sogenannte Desiderate und Forschungsaufträge ableiten lassen. Entweder werden Forschungslücken nachgewiesen, die die nunmehr folgende Arbeit schließen wird. Oder der Forschung wird ein bestimmter Entwicklungs- und Argumentationsstand attestiert, auf dem die eigene Arbeit basiert. Ihre Arbeit führt dann bisherige Forschungstrends fort und zu neuen Ergebnissen. Soweit zumindest die Idee, die hinter Forschungsberichten steht.

Ziel Forschungsbericht

Zweifelsohne ist die Auseinandersetzung mit der Forschungsliteratur eine unabdingbare Anforderung für die Erarbeitung einer literaturwissenschaftlichen Studie. Es kann sogar sinnvoll sein, einen Forschungsbericht vorbereitend niederzuschreiben, um sich der Entwicklungslinien und Positionen sicher zu sein. Allerdings heißt das nicht notwendig, dass diese Auseinandersetzung auch als eigenständiges Kapitel in die Abhandlung aufgenommen werden muss. Der Umstand, dass hier Arbeit investiert worden ist, reicht dafür nicht aus. Hinzu kommt die Neigung, den Forschungsbericht rhetorisch so zuzuspitzen, dass er die Notwendigkeit der eigenen Arbeit zwingend

Diskussion mit der Forschung

nachweist. Eine solche rhetorische Zuspitzung aber ist vielleicht der eigenen Aufwertung dienlich, der Forschungsbericht schreibt sich damit jedoch keineswegs als unverzichtbarer Schritt in die Argumentationsstruktur Ihrer Abhandlung ein. Das aber und nur das ist das zwingende und ausschließliche Argument dafür, dass ein solches Kapitel in Ihre Abhandlung aufgenommen würde. Vom Grundsatz gehört die Auseinandersetzung mit der Forschung an die Stellen Ihrer Abhandlung, an denen die betreffenden Themen behandelt werden. Dort kann die Auseinandersetzung im Haupttext geführt werden, wenn sie für die Argumentation notwendig ist. Ansonsten sollen Positionen sowie deren Leistungen und Grenzen in den Fußnoten diskutiert werden. Dort ist der gebotene Ort dafür.

Klarheit und Abgestimmtheit der Struktur

Bei der Konzeption Ihrer Arbeit müssen Sie einige Regeln beachten:

Abstimmung der Kapitel

1. Abstimmung der einzelnen Kapitel. Wichtig ist, dass die einzelnen Kapitel aufeinander abgestimmt sind. Wenn Sie in der Exposition nach der Bedeutung des Liebesbegriffs in Thomas Manns *Der Zauberberg* fragen, im Methodenteil erzähltheoretische Begriffe klären, im Textteil aber schließlich nur das Verhältnis Hans Castorps zu seinen beiden Mentoren Settembrini und Naphta behandeln, dann mögen die einzelnen Abschnitte zwar jeweils prägnant und angemessen abgehandelt sein, aber sie beziehen sich nicht aufeinander und unterstützen nicht die in der Exposition vorgegebene Untersuchung. Auch ein werkbiografischer Abriss zu Thomas Mann hätte hier keinen Platz, es sei denn, Sie haben eine Fragestellung formuliert, die dies inhaltlich und methodisch notwendig macht. Das wäre zum Beispiel dann der Fall, wenn Sie versuchen nachzuweisen, dass die Quellen der Liebeskonzepte im *Zauberberg* in bestimmten Lektüren, Vorarbeiten oder Paralleltexten Manns zu finden sind und sich die Konzepte mit deren Erarbeitung besser, angemessener und einfacher erklären lassen. Demonstrieren Sie hier, dass Sie konzeptionell klar denken können.

Notwendigkeit als Kriterium

2. Nur notwendige Kapitel: Das bedeutet aber auch, dass Sie in die Struktur Ihrer Arbeit nur Kapitel aufnehmen, die Sie benötigen, um Ihre Fragestellung abzuhandeln. In Ihrer Arbeit sollen Sie nicht Ihre Belesenheit, den Umfang Ihrer Vorarbeiten oder Ihr Wissen präsentieren. Selbst in einer deskriptiven Arbeit, die zum Beispiel die Entwicklung eines Motivs oder einer Textform behandelt, sind nur diejenigen Kapitel aufzunehmen, die notwendig sind, um diese Entwicklung angemessen zu beschreiben. Alle Kapitel, die Sie für die Abhandlung nicht benötigen, bleiben gestrichen.

Angemessener Kapitelzuschnitt

3. Angemessenheit im Kapitelzuschnitt: Der Zuschnitt der Kapitel soll den notwendigen Abhandlungsschritten folgen. Insbesondere bei der Unterteilung der Hauptkapitel sollten Sie sicherstellen, dass Sie so detailliert wie nötig arbeiten, um das, was Sie darstellen wollen, auch in der Studie zu verarbeiten. Sie dürfen hier Schritte nicht auslassen, ohne die eine Entwicklung oder Ihre Deutungshypothese nicht nachvollziehbar wäre. Gerade in Anfängerarbeiten werden Abschnitte in Kapiteln oft sehr klein gehalten. Solche Arbeiten sind überstrukturiert: Zum einen erschweren diese Kleinabschnitte den Nachvollzug von Zusammenhängen, zum anderen dienen sie vor allem dazu, zum Teil schwierige argumentative Anschlüsse zu vermeiden. Gerade diese Anschlüsse und Übergänge sind jedoch genuiner Teil der literaturwissenschaftlichen Arbeit. Literaturwissenschaftler betreiben vor allem Bedeutungszuweisung resp. -rekonstruktion.

Grundsätzlich stehen Ihnen sieben verschiedene Strukturierungsmethoden zur Verfügung: Strukturvarianten

- Deduktive Gliederung (vom Allgemeinen zum Besonderen, vom Einzeltext auf die Textgruppe, vom Einzelmotiv auf die Motivgruppe, vom Einzelphänomen zum Gesamtphänomen – zu beachten ist, dass die Ableitung die kategorial gleichen Gruppen und Phänomene betreffen muss). Deduktion
- Induktive Gliederung (vom Besonderen zum Allgemeinen, von der Textgruppe auf den Einzeltext, von der Motivgruppe auf das Einzelmotiv, vom Gesamtphänomen auf das Einzelphänomen – zu beachten ist auch hier, dass die Ableitung die kategorial gleichen Gruppen und Phänomene betreffen muss). Induktion
- Kausale Gliederung (nach Ursache-Wirkungs-Ketten, allerdings sind Kausalketten, insbesondere retrospektiv eingesetzt, verführerisch: Sie ermöglichen, als kausal zu deklarieren, was lediglich kontingent ableitbar ist, d. h. faktisch aufeinander gefolgt ist). Kausalität
- Dialektische Gliederung (in der Abfolge These-Antithese-Synthese); dieses Verfahren ist das klassische Disputationsverfahren, mit dem man demonstriert, auch Gegenpositionen zur eigenen Position entwickeln und angemessen präsentieren zu können. Auch soll hier die Fähigkeit geschult werden, eine dritte, die Widersprüche von These und Antithese aufhebende Lösung zu entwerfen. Dialektik
- Historische oder chronologische Gliederung (Abfolge der Ereignisse oder Phänomene); in diesem Fall werden die Exposition und gegebenenfalls die Methode als Kapitel vorangestellt. Diese Gliederung empfiehlt sich bei historischen Überblicksarbeiten oder bei Arbeiten, die eine Entwicklung darstellen wollen. Chronologie
- Systematische Gliederung. In dieser Gliederung handeln Sie die in Ihrer Fragestellung erkennbaren Themen oder Teilbereiche, die gleichrangig sind oder in dieser Reihenfolge aufeinander folgen müssen, nacheinander ab. Im Beispiel der Karl-May-Gliederung liegt eine solche Systematik nahe: Sozialgeschichte, Bedeutungsgeschichte (Amerika-Bild) und Texterarbeitung stehen in einem logischen Zusammenhang zueinander. Die Reihenfolge lässt sich aber nicht ohne Weiteres ändern. Systematik
- Komparatistische Gliederung (Gegenstände oder Phänomene vergleichend). Die komparatistische Gliederung kann zudem nach Objekten oder nach Kriterien unterschiedlich gliedern: Komparatistik

  Vergleichend nach Objekten:

Text 1	Text 2
Plot Handlung Personal Form Motive Thema	Plot Handlung Personal Form Motive Thema
Zusammenfassung/Vergleich	

Vergleichend nach Kriterien:

Plot und Handlung	Motive	Thema
Text 1 Text 2 Text 2 etc.	Text 1 Text 2 Text 2 etc.	Text 1 Text 2 Text 2 etc.
Zusammenfassung/Vergleich		

Strukturmix

Die Regel der literaturwissenschaftlichen Arbeiten ist ein Mix von Strukturprinzipien, wobei vorwiegend der systematische Ansatz umgesetzt wird. Dabei gehen die meisten Verfasser induktiv vor, das heißt, sie schließen vom besonderen Text auf die übrigen Texte und vorn dort auf allgemeine Sachverhalte. Andererseits erklären sie mit ihrem theoretischen Instrumentarium und ihrem sozialhistorischen Kontext die Interpretation von Texten, gehen also deduktiv vor. Dass hierbei Kausalzusammenhänge hergestellt werden, versteht sich. Insbesondere bei exemplarischen Arbeiten wird behauptet, dass anhand der oder des ausgewählten Texte/s Aussagen über eine Gruppe von Texten getroffen werden können, zum Beispiel mit den Texten Elfriede Jelineks, Helga Nowaks und Anja Mitgutsch über Mutter-Konstruktionen in feministischen Texten der späten siebziger und frühen achtziger Jahre. Verbunden wird das oft mit einer komparatistischen Struktur, in der die Konstruktionen der verschiedenen Texte nacheinander abgehandelt und ihre Variationen präsentiert, das heißt verglichen werden. Die nach Kriterien organisierte Struktur ist in den Literaturwissenschaften seltener, da sie Konstruktionszusammenhänge auseinander reißt.

Rohfassung schreiben, Material verarbeiten

Der Schreibprozess beginnt im Grundsatz nicht erst nach Abschluss der bisher beschriebenen vorbereitenden Arbeiten. Er ist integrativer Teil eines Gesamtprozesses und beginnt deshalb schon sehr früh. Wenn Sie also anfangen zu schreiben – haben Sie bereits eine Menge geschrieben: Sie haben das Material ausgewertet, Zusammenfassungen geschrieben, eine erste Gliederung verfasst, sich Gedanken über den Ablauf der Abhandlung gemacht und Sie haben Ihre Hypothese formuliert. Ein wenig leichtfertig gesagt ist alles, was Sie nun zu tun haben, diese Vorarbeiten zusammenzufassen, in die richtige Reihenfolge zu bringen, den Zusammenhang herzustellen, das Überflüssige und Unbrauchbare zu streichen und das bisher Geschriebene zu vertiefen. Das hört sich einfach an, und tatsächlich ist ein gutes Stück Arbeit bis dahin getan. Genau darin besteht der Vorteil der intensiven Vorbereitung und Materialaufarbeitung.

Intensive Vorarbeit nutzt

Grundsätzlich kann man von einem wissenschaftlich arbeitenden Autor erwarten, dass er sich intensiv vorbereitet, das Material aufbereitet und durch erste Überlegungen zu seiner Fragestellung aufschlüsselt und sie dann in einer Gliederung erstmalig fasst. Dieses Verfahren schützt im Übrigen auch davor, Hürden vor den Schreibprozess aufzubauen: Indem Sie das Material in immer neue Schriftfassungen, Texte und Textpartikel transferieren und es dabei einem intensiven Modellierungsprozess unterziehen, bewegen Sie sich auf den späteren, abschließenden Text beständig zu. Der Übergang von der Vorbereitung zur Verschriftung wird damit fließend. Da

Schreibhemmnisse in der Regel mit den qualitativen und quantitativen Anforderungen von wissenschaftlichen Arbeiten zu tun haben, werden sie auf diese Weise unterlaufen. Sie starten früh damit, zu schreiben, der Übergang zur Schriftfassung ist fließend und Sie sind in beständiger Schreibübung.

Schritte zur Rohfassung

Dennoch werden Sie irgendwann einmal eine Datei anlegen, in der Sie Ihren Rohtext schreiben wollen. Sie werden diese Datei mit einem einschlägigen Namen versehen. Bei Seminararbeiten wird die gesamte Arbeit in einer Datei gespeichert. Bei Abschlussarbeiten kann es sinnvoll sein, die Arbeit in mehreren Dateien zu speichern, auch wenn heutige Textverarbeitungsprogramme bei Umfängen bis zu 100 Seiten kaum Verarbeitungs- und Speicherprobleme haben.

- Arbeitstitel festlegen: Legen Sie den Arbeitstitel Ihrer Studie fest, mit Ober- und Untertitel. Der Untertitel sollte das Thema benennen.
- Titelblatt schreiben: Schreiben Sie auf das Titelblatt alle formal notwendigen Angaben. Meistens legt Ihre Studien- oder Prüfungsordnung fest, was dort zu stehen hat. Wenn nicht, dann gehören in jedem Fall die Institution (Universität, Fachbereich, Institut), die Veranstaltung, der Seminarleiter oder Betreuer, die Art Ihrer Arbeit, das Semester oder Studienjahr, Titel und Untertitel, Ihr Name, Ihre Adresse und Ihre Matrikel auf das Titelblatt.
- Gliederung zu Inhaltsverzeichnis: Übernehmen Sie Ihren Gliederungsentwurf als Inhaltsverzeichnis. Übernehmen Sie die Gliederungspunkte Ihres Inhaltsverzeichnisses als Kapiteleinteilungen. Denken Sie daran, dass Hauptkapitel immer auf einer neuen Seite beginnen und nicht mitten auf der Seite. Legen Sie Ihre Struktur jetzt schon an (am besten durch feste Seitenumbrüche).
- Literaturliste: Übernehmen Sie Ihre bisher angelegte Literaturliste und stellen Sie sie an den Schluss (siehe auch Beispiele S. 133).

Mit diesen einrichtenden Arbeiten machen Sie eine Art Aufwärmübung in Sachen Schreiben. Das beansprucht Sie zwar nicht intellektuell, aber zum einen müssen diese Arbeiten sowieso irgendwann gemacht werden, und zum anderen helfen sie über den möglicherweise schwierigen Anfang hinweg. Um die Arbeit weiter in Richtung Rohtext zu befördern, lassen sich noch drei weitere Schritte tun, die als Übung sinnvoll sind, aber auch direkt in Richtung Rohfassung überleiten.

Kurzfassung schreiben

Schritt 1: Schreiben Sie eine Kurzfassung Ihrer Studie. Darin sollen vorkommen: der Untersuchungsgegenstand und das Thema, die Fragestellung, die Arbeitshypothese, die Materialgrundlage, die Schritte, die Sie für die Lösung des Problems zu tun gedenken, und das Ergebnis, das Ihre Studie haben soll. Für die Niederschrift der Kurzfassung werden Sie die bisher benutzten Notizen und Gliederungsentwürfe benutzen. Dabei werden Sie früh die argumentativ schwierig zu bewältigenden Ableitungen erkennen und dabei gegebenenfalls Ihre Argumentation wie Ihre Struktur anpassen. Eine solche Kurzfassung kann Ihnen im Übrigen auch bei der Beantragung von Stipendien oder beim Vorschlagen von Themen hilfreich sein.

Gliederung vertiefen

Schritt 2: Fächern Sie die Gliederung, die Sie in der Vorbereitung erstellt haben, weiter auf und vertiefen Sie sie sinnvoll. Das soll nicht nur durch das Einziehen weiterer Abhandlungsebenen geschehen. Ziel ist ja, bei Seminararbeiten mit zwei, bei Abschlussarbeiten mit maximal drei Ebenen auszukommen. Allerdings ist es hilfreich, die Argumentationsschritte, die für die jeweiligen Abschnitte vorgesehen sind, zu skizzieren. Bei Materialkapiteln sollen Skizzen der hier vorzustellenden und zu analysierenden Materialien niedergeschrieben werden. Bei Theoriekapiteln soll wenigstens thesenhaft das anvisierte Denkmuster ausformuliert werden.

Material ordnen

Schritt 3: Nehmen Sie Ihre Karteikarten, Skizzen, Notizen, Zitate und Materialsammlungen und ordnen Sie sie Ihren Argumentationsschritten zu. Das geht mit Karteikarten naheliegend einfacher als mit anderen Medien und Textträgern, da sie klein sind und sehr einfach hin- und hersortiert werden können. Karteikarten ordnen Sie in der von Ihnen gewünschten argumentativ tragfähigen Reihenfolge. Sie schreiben dann im späteren Schritt Ihre Arbeit, indem Sie die Karteikarten in der festgelegten Reihenfolge abarbeiten. Dies ist grundsätzlich mit allen Kapiteln möglich. Einfacher ist das mit den Textkapiteln, da Sie hier alle Karteikarten mit Zitaten oder Verweisen in der von Ihnen gewählten Reihenfolge sortieren. Wenn Sie dann noch Notizen mit Kernargumenten an die geeigneten Stellen packen oder mit Verweisen arbeiten, die Übergänge oder Alternativen kennzeichnen, gerät die Schreibarbeit zur Fleißarbeit. Bei theoretischen oder historischen Kapiteln ist das grundsätzlich auch möglich. Hier müssen Sie aber möglicherweise mehr Arbeit in die Vorbereitung stecken und eventuell auch ganze Überlegungen, Gedanken- und Argumentationsgänge bereits im Vorfeld notieren. Diese kleinschrittigen Argumentationsstränge bauen Sie dann später in den größeren Zusammenhang ein, wobei Sie diese Vorarbeiten wahrscheinlich verändern und anpassen müssen. Eine Überlegung, die über – sagen wir – zehn Seiten tragen soll, hat einen anderen Argumentationsbogen als ein Text, der nur ein bis drei Seiten umfasst.

Variation des Verfahrens

Sie können denselben Effekt selbstverständlich auch mit unterschiedlichen Medien erzielen. Sie können zum Beispiel die Abfolge von Argumentationsschritten und Belegen festschreiben. Sie können auch mit Karteikarten und anderen Notizen eine Art Mindmap erstellen, die über die Anordnung der Karteikarten zum Beispiel auf einem Arbeitstisch, Argumentationsschritte, aber auch Entscheidungen visuell vorführt. Auch hier können Sie bei der ersten Verschriftung dieser Vorarbeit folgen und alle Notizen in einer sinnvollen Reihenfolge niederschreiben. Die eigentliche Schreibarbeit besteht in diesem Fall darin, die durch die visuelle Anordnung angedeuteten Argumentationsschritte und Ableitungen zu formulieren.

Schreibhemmungen?

Die Angst vor der leeren Seite, die Frage, ob man es schafft, eine umfangreiche Arbeit, die einen mehrere Monate, bei Dissertationen auch Jahre beschäftigt, auf hohem qualitativem Niveau niederzuschreiben, der Anspruch auch, dass jeder Satz Wissenschaftsprosa, der hier geschrieben wird, sitzen muss, die Angst vor der Überforderung und vor dem Versagen: Schreibhemmungen haben viele Ursachen, qualitative und quantitative. Schreibhemmungen können auftreten, weil Sie vor Ihrer ersten großen Arbeit stehen, Sie also etwas machen müssen, für das Ihnen die Erfahrung und vielleicht anfangs auch die Kompetenz fehlen. Schreibhemmungen können aber auch auftreten, weil Sie an Ihren vorherigen Arbeiten gemessen werden und Sie Furcht haben, das frühere Niveau nicht wieder erreichen zu können. Schreibhemmungen können auch von Ihren eigenen Ansprüchen herrühren, vor denen Ihre eigenen Sätze nicht standhalten. All diese Probleme können auftauchen, für sie alle gibt es keine Patentrezepte (vgl. auch Franck 2008).

Schreiben als Lösung

Die einzige Lösung, die es für Schreibhemmungen gibt, ist zu schreiben. Professionelle Autoren sind in der Lage, jeden Tag, jede Woche, jeden Monat, über Jahre hinweg große Textmengen zu produzieren. Nicht jeder Text ist dabei preiswürdig. Aber jeder Satz wird mit dem Ziel geschrieben, dass er stimmen soll, mit dem Bewusstsein, dass das möglich ist, und mit der Routine, die diese Schreiber immer im Spiel hält. Mit Höhen und Tiefen, mit schlechten und guten Texten, aber immerhin mit Texten. Solche professionellen Autoren unterlaufen Schreibhemmungen mit ganz einfachen Mitteln: Sie lassen zu, dass sie auch schlechte Texte schreiben, mit dem Ziel, diese Texte entweder später zu verbessern oder auf dieser Basis bessere Texte schreiben zu können. Sie schreiben aber in jedem Fall an jedem Arbeitstag ein vorher festgelegtes Pensum.

Gute Texte, schlechte Texte

Allerdings darf man Schreibhemmungen nicht damit verwechseln, dass es in der Selbstwahrnehmung gute und schlechte Tage gibt. Jede wissenschaftliche Arbeit hat ihre langweiligen oder schwierigen Phasen, in denen nicht die neue Idee oder die Schwindel erregende These formuliert werden, sondern in denen aufwendige Materialarbeiten und das Abarbeiten von Materialstrecken zu bewältigen sind. Die Systematik einer Argumentation erfordert möglicherweise ein Kapitel, das Sie nicht fasziniert. Es muss dennoch geschrieben werden. Auch gibt es für jeden arbeitenden Menschen Tage, in denen die Arbeit nicht leicht von der Hand geht, sondern mühsam ist. Jeder Mensch hat Formschwankungen, auch bei der Arbeit. Trotzdem wird auch an diesen Tagen gearbeitet. Sie werden oft der Meinung sein, dass das Ergebnis dieser Tage vor Ihren Augen keinen Bestand hat. Lassen Sie sich ein wenig Zeit mit dem abschließenden Urteil. Legen Sie die Arbeit solcher Tage wie immer ab. Denn zum einen müssen die meisten Texte überarbeitet werden, bevor sie Bestand haben. Und zum anderen müssen Sie bedenken, dass Ihr Urteilsvermögen möglicherweise von denselben Ursachen beeinflusst ist wie Ihre Produktivität. Trotzdem ist das Ergebnis auch der anscheinend schlechten Arbeitstage nicht selten brauchbarer als Sie anfangs denken. Also nicht alles wegwerfen, sondern zur Seite legen und wieder hervorholen, kritisch begutachten und überarbeiten.

Empfehlungen für die Schreibphase

Die Schreibphase ist für alle wissenschaftlich Arbeitenden eine spannende Zeit: Jetzt zeigt sich, ob die Überlegung, die Arbeitshypothese wirklich taugt, jetzt erweist sich, ob die Vorarbeiten gut genug sind, die Hypothese auch zu stützen, jetzt ist schließlich auch der Moment, in dem sich entscheidet, ob die vielen guten Ideen, die Sie sich im Kopf zurecht gelegt haben und die dort möglicherweise plausibel und aufregend waren, überhaupt zu Papier gebracht werden können und ob sie dann noch funktionieren. Aber wie die Liebe in Gedanken nichts nützt, so ist auch die tollste Idee nichts wert, wenn sie nicht niedergeschrieben und vermittelt werden kann. Hinzu kommen gerade bei großen Arbeiten – bei der Abschlussarbeit oder der Dissertation – die Frage, ob Sie überhaupt in der Lage sind, über mehrere Wochen, Monate, bei Dissertationen über Jahre hinweg, konzentriert an einem Thema zu arbeiten und zu schreiben. Und weil Sie das jetzt zum ersten Mal machen, ist es völlig normal, sich Gedanken darüber zu machen, ob Sie das überhaupt können. Hinzu kommt, dass bei Seminar- und Abschlussarbeiten der Abgabetermin von vorneherein bekannt ist, zu allem Überfluss also auch noch ein beträchtlicher zeitlicher Druck besteht.

Zugang vereinfachen

Unter diesen Umständen ist es sinnvoll, sich den Zugang zum Schreibprozess zu vereinfachen. Dabei helfen ein paar einfache Maßnahmen, die sicherstellen, dass Sie nicht vor einer riesigen Hürde stehen und fürchten, in diesem Mächtigkeitsspringen nicht bestehen zu können, sondern vor vielen kleinen Hindernissen, die für jeden leicht zu übersteigen oder zu umgehen sind.

Feste Schreibzeiten

1. Sie legen für jeden Tag feste Schreibzeiten fest. Wenn Sie täglich mit ca. sieben bis acht Arbeitsstunden rechnen, nehmen Sie mit Beginn der Schreibphase vier davon fürs Schreiben in Anspruch. Gehen Sie ohne Ablenkung und regelmäßig Ihre Schreibzeiten an.

Pensum festlegen

2. Sie schreiben jeden Tag ein festgelegtes Pensum von mindestens zwei bis drei Seiten. Auf diese Weise schaffen Sie in sechs Wochen 90 Seiten brutto. Dass viele Seiten davon mehrfach umgearbeitet werden müssen oder wegfallen, muss Sie nicht interessieren. Das ist nun mal einfach Textschicksal.

Pensum anpassen

3. Wenn Sie feststellen, dass Ihr erstes Pensum noch zu hoch ist, dann fangen Sie mit einer oder einer halben Seite an. Nehmen Sie sich fest vor, diese Seite zu schreiben. Sobald das gut gelingt, steigern Sie Ihr Vorhaben auf zwei Seiten täglich und versuchen Sie, dieses Ziel zu erreichen.

Auch Vorläufiges niederschreiben

4. Sie schreiben immer – auch Unfertiges und Unklares – nieder. Im Vordergrund stehen nicht der perfekte Satz und die stimmige Überlegung, nicht das alles schlagende Argument oder nicht eine so noch nie geschriebene, geniale Abhandlung. Sie schreiben Ihre Argumentation oder Darstellung so gut nieder, wie Sie es gerade können. Sie lassen einzelne Sätze stehen, wie sie sind. Sie schreiben weiter und halten sich nicht mit der Korrektur misslungener Sätze auf. Sie stellen Ihr Pensum in einer ersten Version fertig. Es geht darum, die Basis zu schaffen für einen guten Text. Und das kann eben auch ein schlechter Text sein.

Tägliche Re-Lektüre

5. Beginnen Sie das tägliche Schreibpensum mit der Lektüre des Pensums des gestrigen Tages. Gehen Sie dabei fließend in das Verfassen neuer Seiten über. Setzen Sie einfach den Gedanken des gestrigen Tages fort. Sie können bereits hier mit Korrekturen und Änderungen anfangen (siehe Punkt 6).

Kritische Überarbeitung

6. Nehmen Sie sich Ihr Pensum vom Vortag am nächsten Arbeitstag wieder vor, lesen Sie es und überarbeiten es kritisch. Nehmen Sie dabei Ihre Texte als Material, das verarbeitet werden kann, aber nicht muss. Was nicht brauchbar ist, wird nicht verwendet. Selbst als Kontrast zum Guten hat der schlechte Text immer noch seine Funktion.

Textvarianten und -abfall aufbewahren

7. Löschen Sie Gedankengänge und Absätze, die Sie aus dem Zusammenhang Ihrer Argumentation lösen, nicht, sondern speichern Sie sie in Extra-Dateien ab. Löschen Sie ältere Versionen nicht, die sich wesentlich unterscheiden, sondern legen Sie sie in einem Extrabereich ab (zum Beispiel mit dem Namen „Lager" oder „Ablage" oder „alt"). Kennzeichnen Sie Versionen entweder mit dem Datum (in der Reihenfolge: Dateiname, Jahr, Monat, Tag) oder mit einer Versionsnummer (V1, V2, V3 etc.).

Arbeiten, woran man Spaß hat

8. Wechseln Sie zwischen verschiedenen Partien Ihrer Studie, wenn Sie an einer Stelle nicht weiter kommen. Wählen Sie für jeden Tag die Bereiche Ihrer Arbeit, mit denen sich Ihr Kopf gerade beschäftigt oder die Ihnen leicht fallen.

9. Notieren Sie während der Arbeit oder auch nach Abschluss Ihres täglichen Schreibpensums, wie Sie am nächsten Tag fortfahren wollen. Das kann ein kleiner Arbeitsplan sein oder das kann sich auf Notizen beschränken.

Vorhaben und Fortgang notieren

10. Nach Abschluss eines Kapitels oder Abschnitts lassen Sie den Text ein paar Tage liegen und schauen sich ihn erst dann wieder kritisch an. Achten Sie bei der Sichtung darauf, ob das Kapitel die Aufgaben, die es in Ihrer Struktur haben sollte, erfüllt hat. Sind alle Themen, Überlegungen und Argumente genannt oder fehlt hier noch etwas? Ist alles so vorgetragen, wie Sie es geplant haben, und ist das, was Sie geschrieben haben, auch anderen verständlich? Erst hier, also in einer späten Phase des Schreibens, nehmen Sie sich selbst kritisch ins Gebet und prüfen das, was Sie gemacht haben, genau.

Texte ruhen lassen

11. Nach Abschluss der Arbeit lassen Sie den Text ein paar Tage ruhen, um Abstand zu gewinnen. In dieser Zeit können Sie andere Aufgaben erledigen, etwa Informationen, Material oder Forschungsbeiträge, die Sie erst später bekommen haben, aufarbeiten und für die Einarbeitung bereit legen. Sie sollten auch Ihren Karteikasten oder Ihre Notizen daraufhin durchsehen, ob Sie noch wichtige Materialien, Details, Hinweise, Aspekte oder auch nur Belegstellen finden, die Sie einarbeiten können. Prüfen Sie Ihre Abhandlung nach dieser Ruhephase genau: Sie lesen sie von Anfang bis Ende, checken sie, ob alle Argumente, Belege und Materialien berücksichtigt sind und an der richtigen Stelle stehen. Auch die stilistische und formale Korrektur kann jetzt erfolgen. Allerdings sollte die inhaltliche Überarbeitung der Rohfassung hier noch im Vordergrund stehen.
12. Lassen Sie andere an der Verbesserung und der Korrektur Ihrer Texte mitarbeiten. Teamwork ist auch bei Texten der Schlüssel zum Erfolg. Im Zentrum Ihrer Arbeit steht nicht Ihre Selbstverwirklichung, sondern das Argument oder Thema, das Sie vermitteln wollen. Nehmen Sie dafür auch die Hilfe und das heißt vor allem die kritische Wahrnehmung und Beiträge anderer in Anspruch.

Korrektur lesen lassen

Literaturwissenschaftler arbeiten in einer diskursiven Wissenschaft. Das heißt, sie zielen nicht auf die objektiv verstandene Modellierung von Sachverhalten ab, sondern verständigen sich darüber, wie gesellschaftliche und kulturelle Symbolformen – hauptsächlich Texte in diesem Fall – zu verstehen sind. Sie tauschen also Interpretationen aus und versuchen, sie anderen plausibel zu machen. Damit sie dabei nicht beim Austausch von Meinungen, die zu nichts verpflichten, stehen bleiben, müssen sie ihre Interpretationen mit Argumenten belegen und untermauern. Mit anderen Worten: Sie stellen eine Hypothese über einen Text oder ein Thema auf, diese Hypothese müssen Sie nun belegen und verteidigen. Dazu dienen Ihnen Argumente. Die Frage, die sich daran anschließt, ist allerdings nicht so leicht zu beantworten: Was ist ein Argument, was ist keines und wie argumentieren Sie korrekt? So selbstverständlich es sein mag, dass Wissenschaftler argumentieren, so schwierig ist es zu erklären, wie man argumentiert.

Argumentieren

Fangen wir also beim Grundsätzlichen an: In der Wortableitung aus dem Lateinischen ist ein Argument ein „Beweisgrund" und „Beweismittel". Eine Argumentation ist demnach eine Beweisführung, was uns immerhin einen

Argumentation = Beweisführung

kleinen Schritt weiter bringt. Offen bleibt jedoch, wie ein Beweis geführt wird, wann er plausibel ist, ein Sachverhalt also als erklärt gelten kann oder wann die Argumentation nicht plausibel ist. Wir bewegen uns hier also auf einem einigermaßen unsicheren Feld. Das wird dadurch bestärkt, dass sich in der Argumentation mehrere kommunikative Aktionsformen überkreuzen können, zum Beispiel die Rhetorik mit der Logik. Beide Fächer können und müssen uns hilfreich sein in Sachen Argument, sollen Argumente doch logisch und angemessen sein.

Logik

Logik – und insbesondere die Aussagenlogik – beschäftigt sich damit, wie Aussagen regelgeleitet voneinander abgeleitet werden können, um als wahr akzeptiert werden zu können. Solche Regeln sind hilfreich, allerdings machen sie zugleich darauf aufmerksam, dass zwischen einer belastbaren Argumentation und einer, die nicht plausibel ist, oft nur ein kleiner Unterschied ist. Ob eine Argumentation also plausibel ist oder nicht, hängt nicht nur davon ab, ob Aussagen regelgeleitet getroffen worden sind, sondern auch davon, unter welchen Rahmenbedingungen und Prämissen dies geschieht.

Nicht zulässige Argumente

Die traditionelle Logik kennt allerdings eine Reihe von Argumenten, die sich mit Wissenschaft, das heißt mit einem regelhaften, auf Erkenntnis einerseits, Verständigung und Diskussion andererseits ausgerichteten Tätigkeitsfeld von Menschen nicht gut verbinden lässt. Zu diesen Argumenten gehört das „argumentum ad populum" (also ein Argument, das die Gefühle einer Volksmenge erregen kann) oder das „argumentum ad misericordiam" (ein Argument, das sich auf Mitleid stützt) oder das „argumentum ad verecundiam" (ein Argument, das sich auf eine Autorität stützt). Abzulehnen ist in der Wissenschaft zudem das „argumentum e consensu gentium" (das Argument, das sich darauf beruft, dass eine Behauptung als allgemein wahr gilt). Das „argumentum ad iudicium", das sich also auf den gesunden Menschenverstand beruft, lässt sich hingegen auch aus der Wissenschaft nicht wegdenken. Breit akzeptiert sind hingegen das „argumentum ad rem" und das „argumentum ad veritatem" (ein Beweis, der auf der Sache oder auf objektiven Gründen fußt), das „argumentum a posteriori" und das „argumentum a priori" (der auf Erfahrung und der auf Logik gründende Beweis). Allerdings wird bei all diesen Argumenten erkennbar, wie sehr sie von Prämissen abhängen, die nicht immer offen formuliert sind.

Rhetorik

Der Verweis auf die Rhetorik ist gleichfalls hilfreich, weil die Rhetorik sich grundsätzlich mit Strategien beschäftigt, eine Ansicht anderen angemessen mitzuteilen. Die Rhetorik kennt im Grundsatz drei Arten von Argumenten: Zeichen (Anzeichen, Indizien), Beispiele (induktive Argumente) und Gründe (deduktive Argumente). Sie sollen allesamt dazu dienen, einen Sachverhalt zu erhellen (und nicht jemanden zu beschwatzen), sind also eingebunden in den Zweck der öffentlichen Rede. Und in einem gewissen Sinn ist auch der wissenschaftliche Text eine öffentliche Rede.

Rhetorik und Logik halten also eine Reihe von Eckpunkten angemessenen Argumentierens bereit. Die bislang gemachten Hinweise auf die davor gelagerten Prämissen und Bedingungen, unter denen argumentiert wird, lassen aber erkennen, dass wir auch in der Wissenschaft die Regeln zwar beachten müssen, zugleich jedoch uns darüber im Klaren sein sollten, dass sie aufgestellt werden müssen und nicht per se existieren.

Wenn es um das angemessene Argumentieren in der Literaturwissenschaft geht, dann müssen drei Ebenen unterschieden werden:

Drei Ebenen

1. die Prämissen der Untersuchung
2. die Verfahrensweisen der Untersuchung
3. die Argumentations- und Aussageweisen.

Prämissen

Jede wissenschaftliche Untersuchung bewegt sich in einem argumentativen Rahmen, der nicht weiter in Frage gestellt wird. Der Rahmen wird durch bestimmte Grundannahmen gestellt, die als akzeptiert vorausgesetzt werden. Ob sie einer Hinterfragung standhalten würden, ist dabei nachrangig. Was das angeht, kann sich auch Wissenschaft nicht aus der gesellschaftlichen und kulturellen Pragmatik lösen, und die ist auf eine funktionsfähige Kommunikation angewiesen. Diese Prämissen haben zweifelsohne auch eine erkenntnisleitende Funktion. Sie erlauben es nämlich, Gegenstände, Themen, Motive, ja überhaupt sprachliche Zeichen zu erkennen und zu verstehen, noch bevor wir sie wissenschaftlich untersucht haben. Zu diesen Prämissen gehört die kulturelle Sozialisation ebenso wie der persönliche Erfahrungshorizont. Eine Schutzmantelmadonna wird ein katholisch sozialisierter Wissenschaftler unmittelbar erkennen, ein protestantisch, muslimisch oder jüdisch erzogener Wissenschaftler wird sie nicht erkennen oder als etwas anderes identifizieren, es sei denn, er hat sich intensiven kultur- oder kunsthistorischen Studien unterzogen. In der Regel werden diese Prämissen nicht ausdrücklich genannt. Sie prägen jedoch die gesamte wissenschaftliche Arbeit und müssen gegebenenfalls kritisch hinterfragt werden. Der gesellschaftliche Nutzen von Wissenschaft, die soziale, politische oder religiöse Gruppe, der ein Wissenschaftler verpflichtet ist, und die jeweilige subjektive Perspektive gehören heute zu den zentralen Fragen, die bei der Selbstreflexion von Wissenschaft eruiert werden.

Innerhalb der Untersuchungen selbst werden zudem weitere Prämissen offen gelegt werden müssen: Zu diesen Prämissen gehören Annahmen zur Aufgabe von Sprache und Literatur, zur Funktion von literarischen Texten und zu den Regeln der Interpretation. Hinzu kommen die Art des theoretischen Zugangs und die zu Grunde gelegte Methode, die auch die jeweilige Begrifflichkeit mitbestimmen.

Verfahrensweisen

In literaturwissenschaftlichen Studien werden Texte bearbeitet, beschrieben, in Zusammenhänge gebracht, und das mit dem Ziel, sie zu verstehen oder ihr Verständnis zu verbessern. Dass Interpretation von Prämissen abhängt, also vom gesamten Spektrum zwischen Sozialisation über Bildung hin zu dem für diese Studie aufgearbeiteten Material, ist ohne Weiteres nachvollziehbar. Innerhalb der einzelnen Operationen, die mit Texten vorgenommen werden, führt das allerdings zu unterschiedlichen Konsequenzen. Letztlich sind alle diese Operationen darauf ausgerichtet, Interpretation zu ermöglichen, zugleich sind sie von einer vorläufigen Interpretation, der mehrfach bemühten „Deutungshypothese" geleitet. Interpretation selber hingegen ist ausgerichtet auf die Bewertung von Literatur, und damit auf eine spezifische Form der Anwendung (immerhin von Erfahrungen, Haltungen oder Lösungen, die Literatur bereitstellt).

Beschreiben

✦ Hier wird der Text wiedergegeben, zwar so sachgerecht wie möglich, allerdings nicht objektiv, da dies zum einen auf der Basis der oben genannten persönlichen und gesellschaftlichen Prämissen geschieht. Zum anderen fließt eine erste Deutungshypothese in die Textbeschreibung ein, die ja nichts anderes als ein erstes Modell des Textes darstellt.

Kontextualisieren

- Der Text wird zu anderen Texten in Beziehung gebracht, entweder indem er von ihnen abgeleitet wird oder indem er parallelisiert wird. Er ist dann entweder als eigenständige und ausdrückliche Adaptation entstanden oder es gibt Homologien, die die Texte vergleichbar machen, ohne dass es direkt und konkret nachweisbare Beziehungen zwischen ihnen gibt.

Historisieren

- Der Text wird in sein zeitliches Umfeld gestellt und die dafür notwendigen Annahmen getroffen und Anamnesen vorgenommen. Das bedeutet, dass das vorgebliche Ziel ist, den Text so verstehen zu lernen, wie ihn möglicherweise Zeitgenossen verstanden haben können. Auf der anderen Seite ermöglicht das Verfahren, den Text und seine Konstruktion aus dem Erfahrungs-, Wissens- und Ereignishorizont der Zeitgenossen abzuleiten.

Aktualisieren

- Hierbei versuchen Sie, dem Text oder einzelnen Teilen (etwa seinem Thema, einer bestimmten Problemlösung oder seinem Stil) eine aktuelle Bedeutung zuzuweisen, zum Beispiel indem Sie betonen, dass die Wahrnehmung von Differenz im selben Kulturraum (Mittelalter – Moderne) die Wahrnehmbarkeit und Akzeptanz von Alterität befördert. Sie bereiten hier eine spätere Anwendung vor, auch wenn Sie sie hier noch nicht benennen.

Bewerten

- Aus der Literaturkritik kommt die Tendenz, die literarische Qualität von Texten, ihre Brauchbarkeit oder auch ihre moralische, religiöse oder politische Dignität zu bewerten. Selbstverständlich liegt auch dem gesamten Interpretationsakt eine Bewertung zu Grunde. Allerdings kann sie sich auch auf die interne Organisation des Textes, auf bestimmte Aussagen und auf seine Fähigkeit beziehen, mit den Problemlagen seiner Zeit adäquat umzugehen oder eine Lösung zu finden, die zumindest aussagefähig ist.

Anwenden

- Zumindest in Teilbereichen ist Literatur auch für die Anwendung disponiert; ihre Interpretation dient auch dieser Nutzung. Diese Nutzung hat jedoch ein breites Variationsspektrum, vom kontemplativen Genuss bis hin zur Anwendung von Erfahrungen, die literarische Figuren gemacht haben, oder der Übernahme von Haltungen und Verhaltensweisen.

Interpretieren

- Alle bisherigen literaturwissenschaftlichen Umgangsformen sind letztlich interpretative Akte, das heißt, sie sind ohne eine Deutungshypothese nicht realisierbar. Zu berücksichtigen ist, dass sie bei der Bewertung und Anwendung den engeren Bereich der Literaturwissenschaft verlassen.

Argumentationsweisen

In Abhandlungen gibt es zudem verschiedene Formen, Schlüsse zu ziehen oder Ableitungen vorzunehmen und damit Ihre Hypothese zu stützen. Zu ihnen gehören:

- Verallgemeinern (induktiver Schluss)
- Analogieschlüsse
- Relationen herstellen
- Differenzieren (deduktiver Schluss)
- Kausal ableiten.

Problematisch sind nicht diese Argumentationsweisen, problematisch ist ihre Anwendung.

Verallgemeinern oder induktives Schließen

Da Literaturwissenschaftler mit einer ungemein großen Zahl von Texten zu tun haben, sind sie gezwungen, vom Einzelfall auf alle Texte zu schließen, zumindest auf alle vergleichbaren, die damit eine Gruppe bilden. Zudem müssen sie gelegentlich aus einem einzelnen Text eine inhaltliche Aussage ableiten, die allgemeiner Natur ist. Hier liegt allerdings zumeist eine Variante des Analogieschlusses vor.

Zum Beispiel können Sie an Ernst Jüngers Roman *Auf den Marmorklippen* eine Kritik am Nationalsozialismus ablesen (und das ist verschiedentlich auch in der Forschung geschehen). Ihre Aufgabe ist es nun, diesen Schluss plausibel zu machen, indem Sie zum Beispiel Hinweise aus dem Umfeld des Textes, verdeckte Texthinweise oder strukturelle Momente, die im Text wie im NS-Regime erkennbar sind, herausarbeiten.

Analogieschlüsse

Bei Analogieschlüssen stellen sie Parallelen zwischen Texten oder Texten und anderen Phänomenen, Gegenständen etc. her, die bis zur Homologie gehen können. Gängig ist zum Beispiel, Ähnlichkeiten oder Parallelen zwischen verschiedenen Texten als Argument dafür zu nutzen, dass sie entweder voneinander ableitbar sind (der eine Autor vom anderen beeinflusst wurde) oder dass sie zum selben Diskussions- und Diskurszusammenhang gehören, sie sich also mit ähnlichen Problemen oder Lösungen beschäftigen. Auch bei Analogieschlüssen müssen Sie ausreichend Belege und Materialien dafür beibringen, dass die Analogie oder Homologie tatsächlich besteht. So hat zum Beispiel ein Kollege eine rhythmische Übereinstimmung zwischen einem Gedicht Bertolt Brechts und Durs Grünbeins meines Erachtens plausibel nachgewiesen (Döring 1998). Eine ungemein interessante Arbeit, allerdings mit großen Risiken. Problematisch bleibt nämlich immer die Möglichkeit, dass die Parallele oder Homologie zufällig ist. Der Zufall ist aber der Tod jeder Erklärung.

Beziehungen herstellen

Es ist in der Literaturwissenschaft Usus, Texte, Motive, Themen und Autoren wie andere Personen miteinander in Beziehung zu setzen. Wenn Walter Benjamin und Bertolt Brecht im dänischen Exil miteinander diskutieren, dann erwartet jeder Literaturwissenschaftler, dass diese Diskussion Spuren im Werk beider Autoren hinterlassen hat, insbesondere da Benjamin aufschlussreiche Rezensionen und Kritiken zum Werk Brechts geschrieben hat. Die Beziehungen zwischen den Autoren lassen sich also auch auf der Ebene ihrer Werke herstellen, müssen aber dann angemessen nachgewiesen und plausibel gemacht werden. Dafür können Sie beide Ebenen nutzen, die lebensweltliche wie die textliche. Es reicht allerdings nicht aus, aus dem einen (dem Umstand, dass beide sich getroffen und nachweislich diskutiert haben) das andere zu folgern (nämlich dass die Texte gleichfalls davon zeugen), ohne dass Sie dies an den Texten nachgewiesen haben. Dazu können verschiedene Belege herbeigeführt werden: Textzeugnisse der Autoren oder Dritter, in denen der Einfluss ausdrücklich behauptet wird, direkte Bezüge der Texte der beiden Autoren aufeinander, signifikante Änderungen in den Texten vor und nach der Begegnung, textliche Übernahmen voneinander, strukturelle Bezüge der Texte zueinander (etwa Denkmuster, Argumente, Letztere sind besonders schwierig nachzuweisen).

In diese Gruppe von Argumentationen gehören auch alle Zusammenhänge, die Sie über die Zuweisung von Texten, Äußerungen und sonstigen Materialien zu einem Autor, das heißt zu einer Person, herstellen. Der Umstand, dass eine bestimmte Person Autor von Texten ist, die Sie untersuchen oder die Sie in Ihrer Untersuchung als Belege heranziehen, ist zumindest ein starkes Indiz dafür, dass hier auch ein sachlicher Zusammenhang besteht. Aus diesem Grund können Sie Aussagen eines Autors zu seinen Texten dafür heranziehen, dass sie in einem bestimmten, in diesen Texten erkennbaren Sinne gemeint sind. Auch andere Texte, die analoge Themen behandeln, lassen sich dafür heranziehen. Dass diese Argumente jedoch nur bedingt zwingend sind, wird dann erkennbar, wenn ein Autor seine eigenen Texte unterschiedlich, zum Teil sogar gegensätzlich kommentiert. Auch ist die Differenz zwischen Autor und Text zu berücksichtigen. Die im Feuilleton wie in der Wissenschaft häufige Identifizierung eines Autors mit Figuren seiner Texte oder ihren Aussagen ist methodisch nicht zulässig und lässt erkennen, dass die Differenz von Autor und Erzählinstanz nicht ausreichend berücksichtigt worden ist. Bei den sogenannten Schlüsselromanen führt die Neigung, Wirklichkeit und Fiktionalität eng zu schließen, dazu, dass das Hauptaugenmerk auf der Identifizierung der Figuren mit realen Personen liegt und nicht auf der davon abweichenden Darstellungsabsicht eines Autors.

Differenzieren oder deduktive Schlüsse

Insbesondere bei Überblicksarbeiten oder bei der Verwendung von größeren Textkonvoluten, die ausgewertet worden sind, werden deduktive Schlüsse eingesetzt. Sie schließen dann vom allgemeinen Fall auf den besonderen. Dabei machen Sie aber möglicherweise nicht nur auf die Übereinstimmungen aufmerksam, sondern auch auf Differenzen und Variationen. Wenn Sie zum Beispiel die Autoren der Jahre 1933 bis 1945 in Deutschland in Gruppen teilen (NS-Autoren, Autoren der Inneren Emigration, junge, nicht nationalsozialistische Autoren, Unterhaltungsautoren etc.), können Sie jeden literarischen Text in eine der Gruppen einordnen. Sie können darüber hinaus Erkenntnisse, die Sie aus der Beschäftigung mit diesen Gruppen gewonnen haben, auf den einzelnen Text anwenden: Bestimmte Motive oder Themen deuten darauf, dass er zur Inneren Emigration gehört usw. Darüber hinaus sind am Text aber möglicherweise einige Besonderheiten zu bemerken, die ihn von den bisher bekannten Texten dieser Gruppe unterscheiden. Zum Beispiel ließe sich feststellen, dass der Autor dieses Textes bereit ist, dem NS-Regime unter bestimmten Umständen eine Existenzberechtigung zuzugestehen, wenn es denn bestimmte Rechtsnormen anerkennen würde (Karl Wiecherts *Das einfache Leben* lässt sich zum Beispiel so lesen). Oder dieselbe Information deutet darauf hin, dass das NS-Regime keineswegs legitim sein kann, weil es essentiell gegen Rechtsnormen verstößt (in diesem Sinne wäre zum Beispiel Reinhold Schneiders *Las Casas vor Karl V.* zu diskutieren).

Kausal ableiten

Neben den Analogieschlüssen sind es vor allem kausale Ableitungen, die in wissenschaftlichen Abhandlungen eingesetzt werden. Bei diesen kausalen Ableitungen werden Ursache-Wirkungs-Ketten aufgebaut, die ein Phänomen (in der Regel retrospektiv) erklären sollen. Die einzelnen Glieder der Kausalkette sind miteinander verknüpft und nicht, wie bei Analogieschlüssen, lediglich ähnlich. So kann zum Beispiel aus den sozialen, wirtschaftlichen und politischen Veränderungen Mitte des 18. Jahrhunderts die Entstehung des sogenannten Bürgerlichen Trauerspiels abgeleitet werden. Eine bestimmte Dramenvariante entsteht so gesehen deshalb, weil das Bürgertum im Emanzipationsprozess seine Trauerspielfähigkeit einerseits und die Wirksamkeit einer bestimmten didaktischen Konzeption (der Mitleidsdidaktik) andererseits behauptet. Vermittelnde Instanz ist hier G.E. Lessings Dramenpoetik und exemplarische -praxis, in der bürgerlich denkende Figuren Tragödienfiguren werden können. Sie können das, weil Lessing betont, dass nicht die Fallhöhe der Tragödienfiguren, sondern ihre Nähe zum (bürgerlich denkenden) Publikum entscheidend ist für die Wirkung, das heißt vor allem für die Änderung des Verhaltens der Zuschauer (vgl. Schößler 2003). Sie sehen in dieser sehr knappen Darstellung eine Reihe von kausalen Ableitungen, in denen immer gesagt wird, „dass" etwas geschieht, „weil" zuvor bestimmte Bedingungen geschaffen worden sind.

Intellektuelle Konstruktionen

Problematisch an kausalen Ableitungen ist, dass sie intellektuelle Konstruktionen sind. Sie werden nämlich immer im Nachhinein erstellt. Dabei wird die Ursache-Wirkungs-Kette gegen die Chronologie zurückverfolgt. Die Verbindung wird als faktisch angesehen, weil das, was geschehen ist, immer zeitlich nach etwas anderem geschehen ist, das möglicherweise mit ihm ursächlich zusammen hängt, weil es von ihm erzeugt wurde. Was aber, wenn diese Ursache-Wirkungs-Ketten nicht eindeutig identifizierbar sind, sondern unklare Verbindungen bleiben? Was aber, wenn Phänomene kontingent sind? (Das heißt, es gibt sie, aber es ist fraglich, ob ihre Entstehung einer Kausalkette zuweisbar ist, möglicherweise ist ihre Entstehung unklar oder vieldeutig.)

Argumente durch Belege stützen

Sie sehen also, dass korrektes Argumentieren zwar logische und rhetorische Regeln befolgen, sie aber in jedem Fall ausreichend durch Belege, Indizien und Materialien unterstützen muss. Die Behauptung eines Zusammenhanges reicht niemals aus. Es muss immer noch eine ausreichende Zahl an Belegen hinzukommen.

Nicht zulässige Argumentationsweisen

Darüber hinaus gibt es eine Reihe von nicht zulässigen Argumentationsformen, die hier knapp zusammengefasst werden. Meiden Sie diese, oder besser gesagt, ersetzen Sie sie durch andere Argumente, die belastbar und damit plausibel sind.

Welche Argumente und Argumentationsweisen sind nicht zulässig?

Lückenlosigkeit

- Zwischen den einzelnen Elementen der Argumentationskette dürfen keine Lücken sein, die die Ableitungskette unterbrechen.

Allgemeinwissen

- Auf allgemein bekanntes Wissen dürfen Sie sich nicht berufen, insbesondere nicht, wenn Sie sich dabei auf Hörensagen stützen. Damit werden alle Argumente, die mit Wendungen wie „bekanntlich" oder „wie bekannt" vorgetragen werden, ausgeschlossen. Sie stehen unter dem Generalverdacht, entweder nicht belastbar zu sein oder einer Polemik zu verdanken zu sein.

Moralische Schlüsse

- Moralische Schlüsse sind in der wissenschaftlichen Argumentation nicht erlaubt, sondern nur als Teil von Handlungsanleitungen oder moralischen Bewertungen. Ebenso sind politische Argumente nur im politischen Kontext zulässig. Erlaubt ist es zwar, einen Autor oder einen Text zu kritisieren, weil er bestimmte moralisch oder politisch wünschenswerte Lösungen oder Handlungsstränge nicht berücksichtigt. Aber dies ist nicht die Aufgabe einer literaturwissenschaftlichen Arbeit. Hingegen kann es die Aufgabe einer literaturwissenschaftlichen Arbeit sein, die moralischen oder politischen Implikationen oder Konsequenzen einer Haltung zu kennzeichnen, die literarische Texte vorführen. Diese Kritik lässt zudem keine Erkenntnisse über die Komplexität, die Aussagen oder die internen Funktionsweisen eines Textes zu. Im Essay, in der Polemik oder in nicht-wissenschaftlichen Texten haben moralische Schlüsse jedoch ihren legitimen Ort.

Wahrnehmungsdifferenz

- Wahrnehmungsdifferenzen sind als Argument nicht zugelassen: Ein Zeitzeuge wird zum Beispiel nicht allein deshalb unglaubwürdig, weil er einen zeitgenössischen Autor nicht kennt oder ihn in seinen Schriften nicht nennt.

Äpfel und Birnen

- Sie dürfen nur vergleichen, was vergleichbar ist, also derselben Handlungs- oder Begriffskategorie und -ebene angehört. Wenn Sie das aber dennoch tun, dann müssen Sie es ausführlich begründen. Wenn Sie zum Beispiel einen Sachtext des späten 15. Jahrhunderts mit fiktionalen Texten des frühen 13. Jahrhunderts vergleichen, dann müssen Sie sich mit der zeitlichen Differenz und mit der Gattungsdifferenz beschäftigen und prüfen, ob die Differenzen so groß sind, dass sie einen Vergleich oder gar eine Ableitung des späteren aus den früheren Texten nicht zulassen.

Tautologien meiden

- Tautologische Argumente sind nicht hilfreich. Meistens liegt hierbei aber ein stilistisches Problem vor, das heißt, der betreffende Satz ist nicht ausreichend bedacht worden.

Berufung auf Autoritäten

- Die Berufung auf eine Autorität ist kein Argument. Die Benutzung von Sekundärliteratur hingegen hat nichts damit zu tun, dass Sie sich auf Autoritäten stützen, es sei denn, etwas würde als wahr behauptet, nur weil ein Autor der Sekundärliteratur diese Meinung vertreten hat. In diesen Fällen benutzen Sie die Sekundärliteratur nicht korrekt.

Differenz Text und Autor

- Insbesondere die Differenz zwischen Text und Autor muss gewahrt bleiben. Wenn Sie vom Text auf den Autor und umgekehrt schließen, müssen Sie die Funktion und die Zulässigkeit dieses Schlusses nachweisen. Selbstaussagen von Autoren zu ihren Texten sind dafür nur mit Vorsicht zu behandeln.

Ein Beispiel: H. Manns *Unrat*

In einer Seminararbeit wurde die These vertreten, dass im Roman *Professor Unrat* Heinrich Manns das Verhältnis der Cabaret-Sängerin Rosa Fröhlich zu den sie umgebenden Männern davon bestimmt ist, welches Bild sich diese Männer von ihr machen. Es handelt sich dabei um den Professor Raat und die drei Schüler von Ertzum, Lohmann und Kieselack. Die Verfasserin beschrieb diese Bilder als „männliche Projektionen", wollte damit also darauf aufmerksam machen, dass das Bild jedes der vier Männer von seinen Bedürfnissen und nicht von der Persönlichkeit Rosas bestimmt wird.

Diese These beruht auf einer aufschlussreichen Beobachtung und zeugt nicht zuletzt davon, wie differenziert Mann seinen Text ausgearbeitet hat. Allerdings hat die Verfasserin der Arbeit bei ihrer Arbeit Lücken gelassen. Und Lücken dieser Art sind in Hausarbeiten oft zu finden. Die Gründe sind: das persönliche Engagement der Bearbeiter, eine politische oder moralische Position und Ungeübtheit in der Darlegung eigener Gedankengänge. Nichts davon ist ehrenrührig. Aber das persönliche Engagement kann dazu verleiten, Figuren oder den Autor zu bewerten, ohne dass auf den Spielcharakter des Textes Rücksicht genommen wird. Ähnliches kann auch bei einer moralischen oder politischen Herangehensweise geschehen, vor allem dann, wenn die analytische Arbeit im Vorfeld darunter leidet: Wenn ich weiß, wes Geistes Kind ein Autor ist (moralisch, politisch etc.), dann weiß ich auch, wie seine Texte und seine Figuren zu bewerten sind.

Was aber sind die Verfahrens- und Argumentationsfehler dieser Arbeit?

Verdeckte Prämissen

Zum ersten hat die Verfasserin ihre Prämisse nicht offen gelegt. Die besteht nämlich darin, dass Personen die Verpflichtung haben, ihre Wahrnehmung anderer Personen nach deren „echter Persönlichkeit" auszurichten, worin auch immer diese bestehen mag. Dies ist lebensweltlich sicher eine nachvollziehbare Aufgabe und Verpflichtung, die für uns einen hohen Stellenwert und schließlich normativen Charakter hat: Wir sollen uns so verhalten. Allerdings ist hier ein Einwand zu formulieren:

Wenn wir mit solchen normativen Anforderungen an Romantexte und die darin agierenden Figuren herantreten, verstellen wir uns mit einigermaßen großer Sicherheit den Zugang zur Konstruktion des Autors. Wir werden als Ergebnis in der Regel die Erkenntnis haben, dass die Figuren diesem Anspruch nicht genügen. Wenn der Autor allerdings nicht vorhatte, falsches Verhalten zu verurteilen, sondern darzustellen, wie sich Menschen mit einer bestimmten Ausstattung in bestimmten Verhältnissen und Situationen verhalten und wohin das führt, geht dieser Ansatz am Text vorbei. Wir müssen uns zudem den Vorwurf gefallen lassen, mit Ansprüchen auf die Texte zuzugehen, die den Texten und den in ihnen konstruierten Kosmos nicht genügen. So wird man z.B. sehr schnell erkennen können, dass die Hauptfigur in Arthur Schnitzlers *Fräulein Else* in einem gesellschaftlichen Norm- und Verhaltenssystem gefangen ist, das ihr ein selbst bestimmtes Leben unmöglich macht. Allerdings ist das für einen Text Arthur Schnitzlers, zudem aus den zwanziger Jahren, kaum anders zu erwarten: Er will – so kann man mit gutem Grund annehmen – genau auf dieses Problem aufmerksam machen. Bleiben wir aber bei dieser Feststellung stehen, verstellen wir uns den Blick darauf, wie denn die Figur, die wir über einen Stream of Consciousness kennen lernen, mit diesem Problem umgeht und wie sie an den Fremdbestimmungen, ihren Prägungen und ihrer eigenen Hilflosigkeit, sich aus dem Dilemma, in dem sie sich befindet, zu befreien, umgeht. Der Text geht also einen Schritt weiter, da er tatsächlich die Möglichkeit eröffnet, sich damit zu beschäftigen, wie eine selbst bestimmte Biografie, die einer sich entfaltenden Persönlichkeit entspricht, entwickelt, ja erkämpft werden könnte und warum dieses Projekt trotzdem scheitern kann.

Wahrnehmung

Zum zweiten unterliegt die Verfasserin der Arbeit über den *Professor Unrat* einem Irrtum, was die Konstruktion menschlicher Wahrnehmung angeht. Sie unterstellt nämlich – und auch das macht sie nicht ausdrücklich kenntlich –, dass Wahrnehmung ohne Projektion, das heißt ohne die Einwirkung subjektiver Bedürfnisse der erkennenden Person möglich ist. Damit verbunden ist die Idee, dass die vier Männer Rosas wahre Persönlichkeit ignorieren, um ihnen jeweils die Verfügungsgewalt über die zweifelsohne begehrte Frau zu erlauben. Hier wird also eine wahrnehmungstheoretische These mit einer Gender-These verbunden.

Gender als basale Konstruktion

Vom Grundsatz her ist unstrittig, dass das soziale Leben von geschlechtsspezifischen Wertungen und Normen durchzogen ist. Die Überlegung, dass diese vier Männer zum einen von der Person Rosa Fröhlich absehen, zum anderen ihre subjektiven Bedürfnisse handlungs- und wahrnehmungsanleitend einsetzen und sie sich schließlich damit die Frau unterwerfen wollen (zumindest in ihren Vorstellungen), ist eine aufschlussreiche und nachvollziehbare Überlegung. Allerdings vernachlässigt die Verfasserin es, diese Operation im Text genau genug nachzuvollziehen. Ihr „Irrtum" besteht zudem darin, dass sie nicht berücksichtigt, dass Wahrnehmung immer intersubjektiv ist, damit also vom Wahrnehmenden ebenso abhängt wie von dem, was er wahrnimmt. Die Wahrnehmung der Sängerin Fröhlich ist also – egal wie man vorgeht – notwendig von den subjektiven Bedürfnissen der vier Männer abhängig. Welche Kriterien dabei eine Rolle spielen, hat die Verfasserin der Hausarbeit auch zum Teil sehr genau herausgearbeitet. Aber ihre wahrnehmungs- und gendertheoretische These führt sie dazu, zum einen dem jungen Adeligen von Ertzum, der Rosa anbetet und – gegen jede Standesregel – zu seiner Frau machen will, als einzigem zuzusprechen, er nehme sie so wahr, wie sie wirklich sei. Zum anderen unterstellt sie allen vier Männern, vor allem den dreien, deren Bild der Frau sie ablehnt, expressis verbis „männlichen Projektionswahn". Spätestens an dieser Stelle wird deutlich, dass die Verfasserin ihre eigenen Erkenntnisinteressen und ihre Prämissen nicht weit genug reflektiert hat. Unzweifelhaft sind die Wahrnehmungen der vier männlichen Figuren von männlichen Kriterien bestimmt. Ihre Wahrnehmung Rosa Fröhlichs ist zudem zweifelsohne von ihren Wünschen geprägt, wie sie hoffen, dass Rosa sei. Für den Professor Raat ist sie notwendiger Weise eine „Künstlerin", weil er als Bürgerlicher und Intellektueller (er ist Gymnasialprofessor) etwa eine Prostituierte oder eine Tingeltangelsängerin (vorausgesetzt er weiß, dass es so etwas gibt) nicht als angemessene Liebes- und Lebenspartnerin akzeptieren könnte. Also wird aus der Tingeltangelsängerin eine Künstlerin. Und die darf er verehren, lieben oder heiraten (Letzteres allerdings nicht ohne schwerwiegende soziale Konsequenzen: Er verliert seine Position in der guten bürgerlichen Gesellschaft, weil die Gesellschaft seine terminologische Operation nicht mitmacht oder akzeptiert). Vergleichbares gilt für die anderen drei Männer, die zudem Schüler Raats sind.

Funktion der Konstruktion

Aufschlussreich ist nun – und das entgeht der Verfasserin der Arbeit –, warum Heinrich Mann diese vier Männer so ausstattet und um die weibliche Figur herum ansiedelt. Sie dekretiert stattdessen nur: „falsches Denken" resp. „verwerflich weil inhuman". Mit dem Attest „männlicher Projektionswahn" pathologisiert sie diese Wahrnehmungen zudem, während sie dem als eigentlich unterstellten Persönlichkeitsprofil der weiblichen Figur (das wir ja nur aus dem Entwurf Heinrich Manns kennen) als gegeben und aus sich heraus geltend versteht. Dass aber alle Figuren in ihrer gegenseitigen Wahrnehmung wie in ihren aufeinander bezogenen Handlungen ein komplexes, zudem flexibles System bilden, das erst zum Schluss eskaliert und kollabiert, bleibt der Verfasserin der Studie verborgen.

These gut, Argumentation nicht ausreichend

Das bedeutet, dass die Arbeit zwar eine interessante These hat, die es lohnt, intensiv zu bearbeiten, aber durch die verdeckten Prämissen und Wahrnehmungsstandards zu vorschnellen Urteilen kommt, die auch im Sinne der Verfasserin zu kurz greifen. Würde sie ihren eigenen Standpunkt stärker reflektieren, könnte sie den im Roman formulierten geschlechtsspezifischen Wahrnehmungs- und Handlungselementen genauer und angemessener auf die Spur kommen und damit ihrem Erkenntnisinteresse besser dienen. Ein genaueres wissenschaftliches Argumentieren hätte in diesem Fall nicht dazu geführt, dass die Verfasserin ihre Thesen hätte aufgeben müssen, sondern dass sie sie plausibler und besser belegt hätte.

Wissenschaftlicher Stil

Wissenschaftliche Arbeiten haben das Ziel, ein Thema und eine Interpretation vorzustellen und diesen besonderen Zugriff plausibel zu machen. Diesem Ziel müssen sich die stilistischen Mittel einer Arbeit unterordnen. Klarheit, Sachlichkeit und Angemessenheit sind deshalb die zentralen stilistischen Kriterien einer wissenschaftlichen Arbeit.

Kennzeichen der wissenschaftlichen Stilllage sind

- ✦ Bericht, Beschreibung und Erklärungen als Hauptaufgaben (Bericht)
- ✦ Modellbildung, daher Tendenz zum abstrakten Wortschatz (Modellbildung)
- ✦ Bemühung um Objektivität (Objektivität)
- ✦ Satzbildungen mit kausalen, finalen, adversativen und relativen Nebensätzen (Kausalität)
- ✦ Haupttempus Präsens für die strukturellen Teile im Wechsel mit Vergangenheitsformen für die berichtenden Teile. (Präsens, Präteritum)

Essay

In den verschiedenen Varianten wissenschaftlicher Texte sind diese Elemente unterschiedlich eingesetzt und gemischt. Im Essay, als subjektive und engagierte Form wissenschaftlichen Arbeitens, darf etwa das Bemühen um Objektivität durch die betont subjektive Perspektive des Verfassers ersetzt werden. Allerdings setzt der Essay hohe Anforderungen an die Reflexionsfähigkeit und den Horizont der Verfasser, will er Akzeptanz finden. Im Kommentar, der vor allem bei Editionen eingesetzt wird, ist eine knappe, sachliche Stillage gefordert. In der Abhandlung sollen Bericht, Beschreibung, Erläuterung und die Präsentation der Hypothese ausbalanciert sein. Hier ist ein reflektierter und reflektierender Gestus geboten. Alle Übertreibungen sind zu streichen, auch und gerade in Ihrem Gestus.

Zwar ist es hilfreich, wenn Wissenschaftler sich mit ihrem Fach identifizieren und wenn sie sich engagiert zeigen. Das zeugt immer davon, dass sie es mit ihrer Arbeit ernst meinen und dass sie hinter ihr stehen. Aber es ist eine alte Regel, dass nicht der engagierte, überzeugte, empörte oder polemische Ton, sondern das angemessene Argument überzeugend ist. Engagement darf also nicht zu Polemik, Ironie, Sarkasmus oder Spott führen. All diese Schreibweisen haben in der Literaturwissenschaft nichts zu suchen.

Im Großen und Ganzen ist die Stillage wissenschaftlicher Texte von wenigen, allerdings nicht zu vernachlässigenden Anforderungen bestimmt.

Angemessene Sätze bilden

Klarheit der Sprache bedeutet immer auch, der Sache angemessene Sätze zu bilden. Zu lange Sätze sind dabei ebenso untauglich wie zu kurze Sätze. Im geschriebenen Text müssen Sie Sachverhalte oder Hypothesen vortragen. Wenn dafür Nebensätze notwendig sind, dann sollten Sie sie verwenden, ohne dabei jedoch Schachtelsätze zu bilden. Wenn Sie lange und verschachtelte Sätze in mehrere Sätze aufteilen können, ohne dass sie an Überzeugungs- und Erklärungskraft verlieren, dann tun Sie es. Wenn Sie dadurch sogar gewinnen – umso besser.

Zu lange Sätze kürzen

Ein Beispiel für einen zu langen Satz: „Gottfried Benn, der 1886 geborene Pfarrerssohn, spätere Arzt und Lyriker und als Meister der lyrischen Form bis zu Beginn der zwanziger Jahre Expressionist, der dann als Essayist intellektuelle Standortbestimmungen für seine weitere, eher schwierig-verschlungene künstlerische Entwicklung vorzunehmen suchte, scheint auf den ersten, aber auch auf den zweiten Blick zunächst eher wenig mit dem 1875 geborenen Lübecker Kaufmannssohn Thomas Mann gemeinsam zu haben, der seinen schier unendlich anmutenden epischen Atem dichterischen Großformen wie dem *Zauberberg* oder der *Josephs*tetralogie einhauchte und bei der Herstellung seines Lebenswerkes mählich aber kontinuierlich voranschritt." Im Kern dieses Satz steht, dass Gottfried Benn und Thomas Mann als Autoren auf den ersten Blick nicht einfach zu vergleichen sind. Der Rest ist Kennzeichnung der Autoren, die zudem im einen Fall von der Skepsis des Verfassers dieses Satzes begleitet ist (Benn). Im anderen Fall (Mann) hingegen scheint der Verfasser begeistert zu sein. Was also tun? Ganz einfach:

- Die Kernaussage ist in einen einfacheren Satz zu fassen.
- Die Kennzeichnungen können in Folgesätzen nachgereicht werden, um damit die Schwierigkeiten des Vergleichs zu erläutern.
- Die Wertungen sollten wegfallen.

Das Ergebnis könnte sein: „Der 1886 geborene Pfarrerssohn, Arzt, Dichter und Essayist Gottfried Benn scheint zunächst wenig mit dem 1875 geborenen Lübecker Kaufmannssohn, Essayist und Romanautor Thomas Mann gemeinsam zu haben." Und selbst hier könnte man die Hinweise auf Herkunft, Beruf und literarische Tätigkeit weglassen, ohne den Satz unnötig zu beschneiden.

Wertungen weglassen

Die Orte der Wertung sind kommentierende Nebensätze oder Adjektive. Versuchen Sie, solche Wertungen wegzulassen. Sie müssen sich zu einem Autor oder einem Text nicht wertend verhalten, nur um zum Beispiel zu einem nationalsozialistischen Autor Ihre Distanz zu demonstrieren. Wenn Sie von den „wirren Ideen" der von Ihnen behandelten Autoren schreiben, dann ist es offensichtlich, was Sie von ihnen halten. Allerdings gehört eine solche Wendung nicht in eine wissenschaftliche Abhandlung. Wenn es Ihnen ein Anliegen ist, dann schreiben Sie dazu einen kurzen Absatz in der Einleitung, aber lassen Sie das aus der eigentlichen Abhandlung weg. Nicht das Etikett „wirr" macht die Ideen des Nationalsozialismus inakzeptabel, sondern der Nachweis, weshalb sie es sind, kann zu diesem Urteil führen.

Tun, nicht ankündigen

Vermeiden Sie Ankündigungen, was Sie wann und wie tun werden. Stellen Sie in der Einleitung Ihr Projekt vor und lassen Sie im Anschluss daran Ihr Material sprechen. Tilgen Sie Vorgriffe und Rückverweise.

Absätze

Versuchen Sie, Ihre Texte in Absätze zu gliedern, die jeweils einen Sachverhalt oder ein eigenständiges Argument enthalten. Auch Argumentationsschritte können jeweils in Absätzen abgebildet werden. Vermeiden Sie aber, aus jedem Satz einen Absatz zu machen. Gerade in der Einleitung ist eine zusammenhängende Einführung gefordert und kein Dekret. Immer dann, wenn Sie argumentieren, erläutern, berichten und darstellen müssen, brauchen Sie in der Regel mehrere Sätze, die dann einen Absatz bilden können.

Natürlich hat auch die Literaturwissenschaft ihre Fachsprache, und Sie sind gehalten, sie zu benutzen, wo sie ihre Funktion hat. Nämlich überall

Abstraktion, Fachsprache, Fremdwörter

da, wo nur dieser Begriff genau den Sachverhalt wiedergibt, den Sie an dieser Stelle dargestellt wissen wollen. Dasselbe gilt für Abstraktionen ebenso wie für den Gebrauch von Fremdwörtern. Aber: Verständlichkeit ist auch im akademischen Bereich höchstes Gebot, Sie müssen in Ihrer Arbeit nicht vorführen, dass Sie Fachvokabular gepaukt haben, sondern Sie müssen es angemessen einsetzen können. Also verwenden Sie so viel Abstraktion, so viel Fachsprache, so viele Fremdwörter wie nötig und so wenig wie möglich.

Ornamente, Bilder, Metaphern

Unsere Sprache ist voller Bilder und Metaphern, und die Schriftsprache ermöglicht unendlich viele Möglichkeiten, mit Texten spielerisch umzugehen. Wissenschaftssprache ist zwar in der Regel trocken und sachlich zu halten. Trotzdem kommen in ihr Bilder und Redewendungen vor. Grundregel ist jedoch, dass sie funktional sein müssen und dass sie stimmen müssen. Außerdem sollten Stilblüten, falsche Bilder oder Bildkombinationen vermieden werden. In der mündlichen Kommunikation fallen zweifelsohne Sätze wie: „Das zieht keinen Blumentopf hinter dem Ofen hervor." In einem wissenschaftlichen Text hat ein solcher Satz aber nichts verloren, und zwar zum einen, weil hier verschiedene Redewendungen verschmolzen worden sind, und zum anderen, weil selbst der korrekte Satz im wissenschaftlichen Text schwerlich vorstellbar ist. Der könnte heißen: „Das lockt keinen Hund hinter dem Ofen hervor", oder: „Damit lässt sich kein Blumentopf gewinnen", soll heißen: „Das ist nicht sonderlich attraktiv."

Journalistische Sprache, Umgangsprache

Umgangssprachliche Wendungen haben in einem wissenschaftlichen Text nichts zu suchen. Allerdings lässt sich von Journalisten vieles lernen: Interessanter Einstieg, gute Organisation von Materialien und Texten, eine Sprache, die verständlich ist. Auch die Fähigkeit, auf den Punkt zu kommen, ist bei Journalisten oft gut ausgebildet. Wissenschaftler können davon lernen, ohne dass sie sich auch die schlechten Eigenschaften, die bei journalistischen Texten zu beobachten sind, aneignen müssten. Dazu gehören: unzulässige Verallgemeinerung, die Fokussierung auf Nebensachen, die Vernachlässigung der Argumentation, die Aufwertung nachrangiger Argumente, die Verwendung abgedroschener Formulierungen und Bilder. Auch sollte Ihre Sprache nicht zu geziert und nicht zu verziert sein. Sie müssen nicht Ihre stilistische Brillanz präsentieren, sondern Ihre Fähigkeit, einen Sachverhalt angemessen vorzustellen. Dafür kann es gelegentlich hilfreich sein, nicht alle Ihre stilistischen Fähigkeiten auszuspielen. Hier ist Zurückhaltung gefordert.

Substantivierungen

Meiden Sie Substantivierungen, bilden Sie lieber Nebensätze oder mehrere Sätze: „Die Bildung von Nebensätzen ist Substantivierungen in Sätzen vorzuziehen." Ihr Stil wirkt dann sehr hart gefügt und nicht flüssig. Sie signalisieren, dass Sie verkünden, nicht dass Sie erläutern und vorschlagen.

Indirekte Rede

Die indirekte Rede muss korrekt wiedergegeben werden: Wenn ein Autor meint, es „sei" an der Zeit, eine neue Schreibweise einzuführen – und Sie berichten davon –, dann ist das etwas anderes, als wenn er Ihrer Wiedergabe nach geschrieben hat, es „wäre" an der Zeit dafür. Im ersten Fall wird nur wiedergegeben, was er gesagt hat. Im zweiten Fall müssten jetzt noch die Bedingungen genannt werden, unter denen das geboten wäre.

Zeitgebrauch

Vergangenes, etwa eine Biografie, wird in der Vergangenheitsform geschildert. Strukturelles oder Konzeptionelles wird hingegen im Präsens vorgetragen, da Sie sich ja auf jetzt vorliegende Texte beziehen und nicht auf deren Entstehungszeitraum.

Unsicherheitsformeln

Alle Unsicherheitsformeln wie zum Beispiel „irgendwie" oder „gewissermaßen" sind zu vermeiden. Trotzdem werden Sie gelegentlich zu solchen (mehr oder weniger unter der Hand) einschränkenden Wendungen wie „wohl" greifen müssen, weil Sie einen Sachverhalt wohl nicht haben nachprüfen können und eine Beziehung herstellen, die für Sie möglich, vielleicht wahrscheinlich, aber nicht nachgewiesen ist. Machen Sie das ausreichend kenntlich. Und vor allem, verwenden Sie solche Einschränkungen so selten wie möglich.

Reduzieren

Es ist ein alter stilistischer Trick, Texte solange zu kürzen, bis sie nicht mehr funktionieren, um dann den letzten Kürzungsschritt wieder rückgängig zu machen. Auf diese Weise können Sie Ihre Texte entschlacken und auf ihr wesentliches Gerüst reduzieren.

Wer spricht?

Es ist Usus in wissenschaftlichen Texten, das schreibende Subjekt, also sich selbst, soweit wie möglich außen vor zu lassen. Die Sachen und Argumente sollen sprechen und nicht der Verfasser der Abhandlung im Vordergrund stehen. Folgen Sie dieser Regel so weit wie möglich. Die Ich-Formel wirkt in den meisten Fällen zu subjektiv und entwertet Ihre Abhandlung. Die Wir-Formel hingegen wirkt sehr altväterlich und lehrerhaft. Außerdem unterstellt sie den Schulterschluss mit Ihren Lesern, den diese zuerst einmal überhaupt akzeptieren müssen.

Überarbeiten, Redigieren, Korrigieren

Schreiben und Überarbeiten sind in den meisten Fällen nicht nacheinander angeordnet und streng voneinander getrennt, sondern stattdessen oft eng miteinander verbunden. Meist werden bereits während des Schreibprozesses Korrekturen oder Änderungen vorgenommen, weil sich im weiteren Fortlauf der Arbeit herausstellt, dass ein zuvor formulierter Gedanke oder ein Argumentationsschritt falsch ist, gestrichen, variiert oder zugespitzt werden muss. Teilweise werden auch im Arbeitsprozess Argumentationsschritte neu eingefügt oder detaillierter ausgearbeitet, weil sich herausstellt, dass die geplante Vorgehensweise nicht ausreicht. Hinzu kommt, dass es bei der täglichen Schreibarbeit sinnvoll ist, nicht an dem Punkt weiter zu schreiben, an dem Sie am Tag zuvor aufgehört haben. Thomas Mann hat das angeblich gekonnt. Die meisten anderen Autoren, literarisch oder wissenschaftlich, müssen sich nach einer Pause erst einmal wieder in ihren Gedankengang einfinden. Wie weit sie dabei zurückgehen, ist unterschiedlich. Jedenfalls werden auch dabei Formulierungen überarbeitet, Lücken gefüllt, Fehler korrigiert.

Überarbeiten = Klären

Von wissenschaftlich Schreibenden kann man verlangen, dass sie sich im Vorfeld einige Überlegungen zurecht legen und eine Hypothese zu ihrem Gegenstand formulieren. Der Schreibprozess ist aber in den Literaturwissenschaften oft genug auch ein Klärungsprozess und bedarf deshalb auch der kritischen wie selbstkritischen Sichtung. Kritik wie Selbstkritik begleiten den Schreibprozess immer, erst aber mit dem Blick auf das fertig gestellte Projekt ist eine grundlegende Sichtung und Prüfung der Studie möglich. Denn erst jetzt ist klar, welche Entscheidungen Sie an welcher Stelle getroffen haben, welche Argumentationslinie mit welchen Argumenten Sie gewählt haben, wie genau und angemessen Ihre Argumentationsschritte ausgeführt worden sind.

Erste Fassung

Die erste Fassung einer Arbeit ist dann hergestellt, wenn Sie alle geplanten Kapitel und Abschnitte mit Ausnahme der Formalia wie Titelblatt, Inhaltsverzeichnis und auch Literaturverzeichnis abgeschlossen haben. Jetzt liegt die Arbeit in der Gestalt vor, die Ihre Planung und Ihre Fähigkeiten, diese Planung im ersten Durchgang umzusetzen, zugelassen haben.

Teil des nun einsetzenden Prozesses ist es, die Abhandlung auf der inhaltlichen wie formalen Ebene soweit zu überarbeiten, dass sie in sich geschlossen und damit abgeschlossen ist. Die einzelnen Teile müssen in einem korrekten Verhältnis zueinander stehen, das Material muss angemessen behandelt worden sein, die Argumentation muss klar sein und die einzelnen Schritte müssen aufeinander aufbauen. Die Prüfung, mit der Sie nun beginnen, bezieht sich also auf alle Ebenen Ihrer schriftlichen Arbeit. Sie werden in der Tat die verschiedenen Ebenen auch in den Bearbeitungsphasen in denselben Arbeitsgängen ins Visier nehmen. Allerdings sollten Sie bei der Überarbeitung grundsätzlich zwei Arbeitsgänge einigermaßen deutlich voneinander trennen:

1. Die Prüfung der Struktur und die Überarbeitung der Argumentation.
2. Die Prüfung des Stils und der Rechtschreibung und die Überarbeitung der Formalia.

Struktur und Argumentation

Bei der Prüfung und Überarbeitung der Struktur und Argumentation steht die Frage im Vordergrund, ob die von Ihnen gewählte und umgesetzte Struktur angemessen ist oder ob Lücken und Irrwege erkennbar sind. Auch ob alle notwendigen Argumente, Belege und Materialien berücksichtigt sind, wird hier geprüft.

Prüffragen

Die notwendigen Fragen, die Sie bei der Prüfung berücksichtigen sollten, sind:

- Ist es gelungen, Fragestellung, Untersuchungsgegenstand und Hypothese angemessen vorzustellen?
- Ist es gelungen, die Hypothese zu belegen oder muss sie zugunsten einer anderen Überlegung aufgegeben werden?
- Sind die Arbeitsschritte, Materialien und Argumentationsschritte in angemessenem Umfang und angemessener Detailliertheit umgesetzt worden?
- Funktioniert die Gliederung, wie sie geplant wurde? Stehen die einzelnen Kapitel einigermaßen im Gleichgewicht zueinander?
- Haben alle Gliederungspunkte ihre Funktion oder hat sich ergeben, dass einzelne Punkte für die Argumentation nicht von Bedeutung sind?
- Sind alle notwendigen Argumentationsschritte gemacht worden? Sind sie hinreichend detailliert oder hinreichend abstrakt? Ist das Material ausreichend ausgebreitet? Sind die Ableitungen korrekt?
- Sind die Argumentationen stringent und klar? Gibt es unklare oder verwischte Bereiche, in denen entweder Materialien nicht zur Verfügung standen und spekuliert werden musste oder in denen die Ableitungen nicht eindeutig sind? Sind Ableitungen logisch korrekt?

Mit der Beantwortung dieser Fragen gehen Sie zugleich an die Überarbeitung Ihrer Studie. Nehmen Sie sich die dafür notwendige Zeit. Nichts ist schwieriger zu korrigieren als ein eigener Text.

Stil und Rechtschreibung

Die Prüfung des Stils und der Rechtschreibung ist unverzichtbar. In jedem Fall sollten Sie Ihre Arbeit nicht nur im Hinblick auf die Argumentation und das eingesetzte Material lesen, sondern auch Korrektur lesen, also Rechtschreibung, Stil und verwendete Bilder prüfen.

Prüffragen

Dazu folgen Sie diesen Fragen:

- Ist der Stil klar? Ist der Satzbau klar? Sind die Bildbereiche und Metaphern korrekt gesetzt? Ist die Wortwahl korrekt? Gibt es Stilblüten?
- Gibt es Rechtschreibfehler?
- Sind die verlangten Formalia korrekt umgesetzt?
- Sind alle verlangten Formalia umgesetzt?

Angemessenheit und Korrektheit

Angemessenheit und Korrektheit sind dabei zu unterscheiden: Bestimmte Wendungen können korrekt sein, sind aber nicht angemessen. Bestimmte Tonlagen wie zum Beispiel Spott, Ironie, Polemik, Überheblichkeit oder auch Ärger oder Wut sind in wissenschaftlichen Texten nicht angebracht. Gelegentlich liegt die Vermutung nahe, dass zum Beispiel ironische Wendungen, mit denen auf angeblich allgemein bekannte Tatsachen verwiesen wird, argumentative und materiale Lücken verdecken sollen. Solche Tonlagen sind der Gattung des wissenschaftlichen Textes nicht angemessen, obwohl sie möglicherweise grammatikalisch oder auch sachlich korrekt sein mögen. Sie sollten also gestrichen werden.

Korrektur lesen lassen

Jeder, der sich intensiv mit einem Thema beschäftigt, wird für Tippfehler, aber auch für stilistische und grammatikalische Fehler betriebsblind. Mit anderen Worten: Sie sind für Ihre eigenen Arbeiten der schlechteste Korrektor, den Sie finden können. Dennoch sollten Sie hier so sorgfältig Korrektur lesen wie möglich. Lassen Sie aber in jedem Fall eine Kommilitonin/einen Kommilitonen gegenlesen. (Und bieten Sie selber solche Dienste an: Das schult.) Besondere Aufmerksamkeit sollten Sie dabei dem Titelblatt, dem Inhaltsverzeichnis, den Kapitelüberschriften und den Kopfzeilen widmen. Prüfen Sie auch Vornamen und Namen von Autoren und Figuren. Hier siedeln sich unerkannte Fehler gern an, und hier sind sie besonders peinlich.

Rechtschreibung

In Schule, Universität, Industrie und Werbewirtschaft ist die neue Rechtschreibung mittlerweile Standard. Sie werden also eher mit der neuen als der alten Rechtschreibung zu tun haben. Grund genug, sie also intensiv einzuüben, zumal Sie im Berufsleben als Spezialisten für Rechtschreibung gelten werden, egal in welchem Beruf Sie später arbeiten.

Nicht normalisieren

In Ihrer Universitätsarbeit werden Sie mit beiden Rechtschreibregelsystemen zu tun haben. Die meisten literarischen Texte wie die ältere Sekundärliteratur sind in der alten Rechtschreibung gedruckt, neuere Fachliteratur gelegentlich schon in der neuen. Nebenbei bemerkt: Ältere Primärtexte sind in der Regel an die alte Rechtschreibung angeglichen und nicht in ihrem historischen Schreibstand belassen worden (das nennt man meist „behutsam modernisiert").

Auf diese Schreibdifferenzen müssen Sie Rücksicht nehmen, vor allem beim Zitieren. Grundsätzlich gilt beim Zitat: Der Wortlaut und die Schreibweise des zitierten Textes in der benutzten Ausgabe bleiben unangetastet. Dasselbe gilt für die Rechtschreibung; auch die bleibt in der Fassung, die Sie benutzen. Neben der harten Verpflichtung zum authentischen Zitat greift hier nämlich ein pragmatisches Argument. Es wäre nämlich bei der Angleichung der Rechtschreibung bei Zitaten nicht nur mit der Umstellung auf die Schreibregeln von ss und ß getan. Auch Zeichensetzung, Trennungen, Getrenntschreibungen und Groß/Kleinschreibungen wären bei einer Angleichung zu berücksichtigen.

Versehen stillschweigend korrigieren

Das gilt im Übrigen nicht für offensichtliche Rechtschreib- und Tippfehler. Die dürfen und sollen Sie im Sinne des Autors/der Autorin stillschweigend, wenn auch mit Bedacht korrigieren. Denn so wertvoll eine Studie im Einzelnen auch sein mag, ist sie schwach in der Rechtschreibung – was nicht nur fremdsprachlichen Autorinnen und Autoren passiert –, verliert sie an Seriosität. Wenn also Ihre Quelle wichtig und wertvoll ist, schwächen Sie sie bitte nicht, indem Sie Fehler übernehmen, sondern stärken Sie sie. Die Höflichkeit unter Kollegen gebietet, das sogar dann zu tun, wenn Sie sich mit Forschungsbeiträgen auseinandersetzen, die Sie ablehnen. Es mag zwar ein Moment des Triumphes sein, wenn Sie im Zitat eines Ihrer Gegner einen peinlichen Fehler mit einem [sic!] versehen (das sehe ich anders als z. B. Rost, Stary 2008). Auch Bemerkungen zu formalen Mängeln einer Forschungsarbeit sollten unterbleiben, auch wenn Sie sich sogar hinter der sachlichen Richtigkeit Ihrer Intervention verschanzen könnten. Aber letztlich ist das schlechter Stil und unhöflich. Und es fällt auf Sie zurück. Denn Sie lassen erkennen, dass Ihre Argumente so schwach sind, dass Sie Gehässigkeit oder Formalismus nötig haben, um Ihre eigene Überlegenheit herauszustreichen. Sollte es aus irgendeinem Grund notwendig sein, dass Sie solche Korrekturen vermerken, dann tun Sie das an unauffälliger aber sachgemäßer Stelle, also z. B. in einer Fußnote.

Schreibeigentümlichkeiten achten

Anders verhält es sich jedoch bei Schreibeigentümlichkeiten von Autorinnen und Autoren, auch der Fachliteratur. Sie werden kaum auf die Idee kommen, Thomas Manns Schreibweisen zu korrigieren, etwa das Apostroph im Aufsatz *Nietzsche's Philosophie im Lichte unserer Erfahrung* aus dem Jahr 1947. Auch fehlende Satzzeichen oder Wortverdreher sind gerade bei literarischen Autoren in ihrem Originalzustand zu belassen. Bitte nicht korrigieren. Sie haben letztlich keine Handhabe zu entscheiden, ob es sich um einen Fehler, eine Eigentümlichkeit oder Absicht handelt. Das wird spätestens dann deutlich, wenn wir uns experimentelle Texte anschauen, etwa von Dadaisten oder von Autoren der Wiener Gruppe, die nicht nur Sinnzusammenhänge auflösen und die Syntax zerschlagen, sondern auch den Wortkörper selber angreifen.

Korrekturhilfen

Nutzen Sie die Korrekturhilfen Ihres Textverarbeitungsprogramms. Diese Programme sind heute sehr mächtig geworden und bieten eben auch sehr hilfreiche Unterstützung bei der Rechtschreibung, und das in zahlreichen Sprachen, vor allem aber in den Hauptsprachen, mit denen Sie zu tun haben: Deutsch, Englisch, Französisch, Spanisch, Italienisch. Das reicht bis in die Grammatik und die Syntax hinein. Die Programme erkennen Sprachen selbständig, kennzeichnen Rechtschreib- und Grammatikfehler, indem sie sie verschiedenfarbig unterkringeln, rot, grün, je nach Einstellung und Fehlerart. Hier gibt es erstmal nur einen Rat: Nutzen Sie diese Funktionen. Sie helfen Ihnen, Fehler zu sehen und zu vermeiden. Nichts ist ärgerlicher als ein Text voller Tipp-, Syntax- und Grammatikfehler. Am schlimmsten sind

Tippfehler in der Überschrift, im Inhaltsverzeichnis oder in den Kopf- und Fußzeilen.

Aber aufpassen: Die Programme sind hilfreich, aber nicht fehlerfrei. Verwenden Sie verschiedene Sprachen in Ihrem Text, zeigt Ihnen das Programm Fehler nicht mehr zuverlässig an. Auch unvollständige Sätze, Namen oder Abkürzungen erzeugen Kennzeichnungen. Außerdem wird der Fehler nicht immer dort angezeigt, wo er auch wirklich zu korrigieren wäre. Sie müssen dann mit größter Intensität die Richtigkeit des ganzen Satzes prüfen: genau lesen, vielleicht sogar einmal laut vorlesen. Oft ist der Fehler im falschen Plural oder Singular versteckt, oder es handelt sich nur um zu viele Leerzeichen. Bitte kontrollieren Sie auch die automatische Korrekturhilfe Ihres Textverarbeitungsprogramms. Solche Standards können Sie aber im Programm korrigieren.

Achtung: Namen!

Das zeigt sich insbesondere bei Namen und Titeln, denn diese sind besonders tückisch: Graf Wetter von Strahl oder vom Strahl? Günter Grass oder Günther Grass? Hans Castrop statt Hans Castorp. Heißt es *Die Buddenbrooks* oder nur *Buddenbrooks*? Helga Nowak, Christiane Nowak oder Barbara Nowak? Ist der Titel von Goethes Novelle *Ein Mann von fünfzig Jahren* oder *Ein Mann von funfzig Jahren*? Ist der bestimmte oder unbestimmte Artikel richtig? Der oder Ein? Ist Parzival oder Parsival der richtige Titel? (Es kommt darauf an, ob Sie über Wagner oder Wolfram von Eschenbach arbeiten.) Wie wird der Genitiv bei den Autoren der Höfischen Klassik gebildet? Gottfried von Straßburgs *Tristan* oder Gottfrieds von Straßburg *Tristan*? Nehmen Sie auf Eigentümlichkeiten der Autoren Rücksicht: H.C. Artmanns Vornamen Hans Carl werden nicht ausgeschrieben, es sei denn, Sie fügen (an geeigneter Stelle) hinzu: eigentlich Hans Carl. Das kann zum Beispiel in einer Fußnote oder in der Literaturliste geschehen. Auch Pseudonyme werden nur aufgelöst, wenn es sinnvoll ist. Autoren, die unter einem Publikationsnamen bekannt geworden sind, werden auch unter diesem geführt: zum Beispiel Günther Anders, Jean Paul oder den Krimiautor -ky. Jean Paul finden Sie allerdings nicht unter P, sondern unter J, da das Pseudonym aus dem richtigen Namen Johann Paul Friedrich Richter abgeleitet worden ist.

Korrekturzeichen

Korrekturen an Texten werden so gekennzeichnet, dass Sie allgemein, das heißt für alle, die es angeht, verständlich sind. Bei der professionellen Druckvorbereitung werden Korrekturen handschriftlich im gesetzten Text auf dem Ausdruck vorgenommen. Diese Korrektur verwendet später dann der Setzer, um die Druckvorlage fehlerfrei zu machen. Vor der Dissertation werden zwar in der Regel nur wenige Arbeiten gedruckt. Dennoch ist es sinnvoll (weil berufsvorbereitend), bereits bei Seminar- und Abschlussarbeiten die Verwendung von Korrekturzeichen einzuüben. Die Praxis, über den Korrekturmodus Ihres Textverarbeitungsprogramms Korrekturen zu kennzeichnen, empfiehlt sich vor allem dann, wenn Sie mit mehreren Bearbeitern an einem gemeinsamen Text sitzen. Für die Korrektur von Seminar- und Abschlussarbeiten ist dieses Verfahren nicht gut geeignet.

1. Weil Sie selber Ihre Korrekturen nicht kennzeichnen müssen.
2. Weil das Korrektur lesen am Bildschirm fehleranfällig ist.
3. Weil Fremdkorrektoren keine Entscheidungen für Sie treffen sollten, sondern sich auf Vorschläge beschränken müssen.

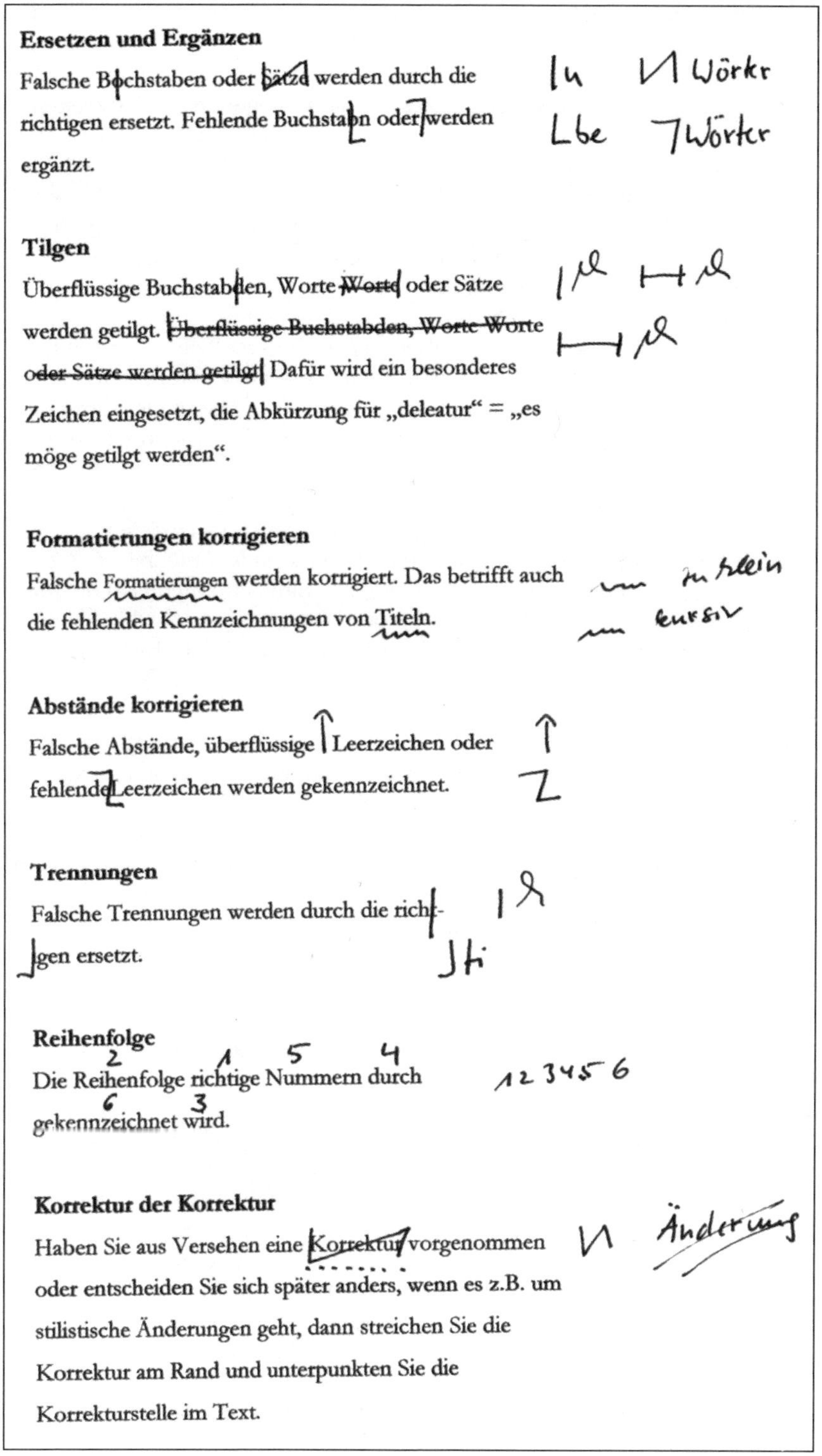

Ersetzen und Ergänzen

Falsche Bochstaben oder Sätze werden durch die richtigen ersetzt. Fehlende Buchstan oder werden ergänzt.

Tilgen

Überflüssige Buchstabden, Worte Worte oder Sätze werden getilgt. ~~Überflüssige Buchstabden, Worte Worte oder Sätze werden getilgt.~~ Dafür wird ein besonderes Zeichen eingesetzt, die Abkürzung für „deleatur“ = „es möge getilgt werden“.

Formatierungen korrigieren

Falsche Formatierungen werden korrigiert. Das betrifft auch die fehlenden Kennzeichnungen von Titeln.

Abstände korrigieren

Falsche Abstände, überflüssige Leerzeichen oder fehlendeLeerzeichen werden gekennzeichnet.

Trennungen

Falsche Trennungen werden durch die rich-gen ersetzt.

Reihenfolge

Die Reihenfolge richtige Nummern durch gekennzeichnet wird.

Korrektur der Korrektur

Haben Sie aus Versehen eine Korrektur vorgenommen oder entscheiden Sie sich später anders, wenn es z.B. um stilistische Änderungen geht, dann streichen Sie die Korrektur am Rand und unterpunkten Sie die Korrekturstelle im Text.

Abb. 9: Beispiel für den Einsatz von Korrekturzeichen

Nehmen Sie Korrekturen bevorzugt auf Ausdrucken vor und verwenden Sie die gängigen Korrekturzeichen, von denen die wichtigsten hier vorgestellt werden. Als Nachschlagewerk können Sie irgendeine Ausgabe des *Duden* nehmen. Dort sind die Korrekturzeichen und -regeln nachzuschlagen.

Grundsätzlich gilt: Korrekturen müssen eindeutig und klar zuzuordnen sein. Deshalb werden die zu korrigierenden Stellen im Text gekennzeichnet. Das Zeichen wird am Rand wiederholt. Außerdem wird hier notiert, welche Korrektur vorgenommen werden soll. Müssen Sie mehrere Korrekturen auf engem Raum vornehmen, variieren Sie die Kennzeichnungen, um sie eindeutig voneinander zu unterscheiden.

Wer schreibt, gibt etwas von sich weg. Er/sie entäußert sich. In jedem Text steckt etwas von uns selbst. Wir haben diesen Text so, wie er da steht, gewollt und ihn mit unseren Fähigkeiten, Kenntnissen und mit bestem Gewissen verfasst. Wir kennen vielleicht seine Fehler, wir ahnen sie zumindest, auf jeden Fall hatten wir unsere liebe Mühe damit. Das wissen wir und das weiß jeder, der sich mit Texten auseinandersetzt. Trotzdem ist die häufigste Reaktion auf Kritik an Texten: Niemand hat das Recht, etwas an unseren Texten auszusetzen oder uns zu sagen, was wir wie anders machen können. Und zu Not verteidigen wir unseren Text gegen jede Anfechtung. Gegen übermächtige Gegner oder Betreuer beginnt die Verteidigungsrede meist mit den Worten: „Ja, aber …"

Kritik

Nicht verteidigen, lernen

Den Impuls, so auf Kritik zu regieren, ist uns allen wohl bekannt. Er ist menschlich. Aber leider nicht hilfreich, denn diese Reaktion verhindert, von anderen zu lernen.

Wissenschaftliche Texte werden immer begutachtet, eingeschätzt, kritisiert, im Studium ebenso wie im wissenschaftlichen Berufsleben. Grundsätzlich gelten deshalb die folgenden Regeln:

Vorschläge zulassen

1. Unsere Texte sind vielleicht unsere Kinder, aber auch bei unseren Kindern lassen wir zu, dass sie von Kindergärtnern, Lehrern und anderen beeinflusst und erzogen werden. Lassen Sie also zu, dass Ihre Texte begutachtet werden und Änderungsvorschläge gemacht werden.

Kritik nicht persönlich nehmen

2. Auch wenn es schwer fällt und ein erster Impuls dagegen spricht: Nehmen Sie Kritik an Ihren Texten nicht persönlich. Texte sind Kommunikationsmittel, das heißt Arbeitsmittel. Sie dienen dazu, dass Sie sich über etwas selbst im Klaren werden und dass Sie das einem anderen gegenüber klar und angemessen darstellen.

Kritik als Probelesen behandeln

3. Sie sollen im Studium lernen, wissenschaftlich zu arbeiten. Das Schreiben ist Ihre zentrale wissenschaftliche Präsentations- und Verständigungsform. Das heißt, dass Schreiben nicht nur Ihre persönliche Sichtweise wiedergeben darf. Schreiben muss auch kommunikationsfähig, das heißt nachvollziehbar und verständlich sein. Verständlichkeit aber ist nichts anderes, als dass Ihre schriftliche Ausdrucksfähigkeit dem Gegenstand oder Thema, dem Sie sich widmen, ebenso angemessen ist wie den Kommunikationsadressaten würdig.

Von anderen lernen

4. Lernen Sie von anderen. Das geht zum einen dadurch, dass Sie Kritik annehmen. Zum anderen schauen Sie sich Texte anerkannter Wissenschaftler nicht nur inhaltlich an, sondern auch auf ihre Struktur, Argumentation und ihren Stil hin. Wie ist das gemacht? Und ist das auch angemessen? Gibt es Stärken und Schwächen? Ist die Argumentationskette geschlossen oder

lückenhaft? Werden Voraussetzungen gemacht, die nicht klar benannt sind? Erklären sie etwas oder beschreiben sie? Aus einer solchen Analyse können Sie sehr viel für Ihre eigene Arbeit lernen.

5. Verteidigen Sie Ihre Thesen, aber verteidigen Sie nicht Ihre Fehler, Lücken und Unfertiges. Sie haben sich mit Ihrer Arbeit viel Mühe gegeben und dabei eine eigene Position entwickelt, die für Sie plausibel ist und ausreichend argumentativ gestützt wird. Wenn Sie nun kritisiert werden, müssen Sie unterscheiden zwischen anderen Positionen, die legitim sind und die gegen Ihre Sichtweise argumentieren, dem Versuch, Ihre Position zu zerstören, ohne dass eine angemessene eigene Argumentation dem entgegen gesetzt wird, einer anderen Perspektive auf den Gegenstand, die notwendig eine andere Wahrnehmung darauf entwickelt und der Kritik von inhaltlichen Schwächen, argumentativen Lücken und Schwächen und stilistischen Fehlern.

Thesen, nicht Fehler verteidigen

Ihr Betreuer will Sie nicht kränken oder zerstören, er will, dass Sie besser schreiben lernen, lernen, sich besser auszudrücken und damit ein besserer Wissenschaftler werden. Aus diesem Grund beschäftigt er sich intensiv mit Ihrem Text und kritisiert ihn. Er hat sogar die Pflicht, Ihren Text genau zu analysieren und zu kritisieren. Er sollte Ihnen auch konkrete Verbesserungsvorschläge geben können. Sie haben umgekehrt auch das Recht, eine solche inhaltlich tragfähige und gehaltvolle Kritik zu bekommen, zur Not auch sie zu verlangen.

Eine Arbeit, die Ihnen mit den Worten „gut so“ oder „hervorragend“ zurückgegeben wird und die nicht einen Kommentar enthält, ist möglicherweise nicht wirklich gelesen worden. Um diesen Eindruck zu unterbinden, sollten Ihre Betreuer Ihre Arbeit mit Ihnen diskutieren. Wenn Sie diesen Wunsch an sie herantragen, werden sie das auch tun. Aber binden Sie Ihre Betreuer frühzeitig in Ihre Arbeit ein. Vor allem bei Abschlussarbeiten sollten Sie ihnen frühzeitig Informationen über Fragestellung, Struktur, Argumentationsschritte und evtl. auch Probekapitel zukommen lassen. Stimmen Sie mit ihnen Zeitpläne und vor allem ab, wenn Sie von ihnen Korrekturen und Hilfestellungen brauchen. Wenn Sie eine schnelle Reaktion brauchen, melden Sie frühzeitig an, dass Sie Ihrem Betreuer Textproben oder dergleichen schicken werden und bis wann Sie den Rücklauf brauchen.

Kritik einfordern

5. Die Form

Das Wichtigste ist getan: Das Thema ist gewählt, die These formuliert, das Material gesammelt und ausgewertet, die Struktur gefunden, die Argumentationsschritte sind angeordnet und abgeklopft, die gewünschten 10, 15 oder 80 Seiten der Abhandlung sind geschrieben – nun soll das Ganze in eine angemessene Form gebracht werden. Damit kein Irrtum aufkommt, in einer selbstverständlichen und kaum hinterfragten Weise sind Sie auch bis hierhin schon Regeln und Formvorgaben gefolgt. Sie haben Ihr Material in einer Ihnen selbstverständlichen Form gesammelt, notiert, ausgewertet, Ihr Rechner hat Ihnen beim Schreiben einige Formvorgaben gemacht, denen Sie der Einfachheit halber gefolgt sind (vielleicht auch, weil Sie keine Ahnung haben, wie die denn zu ändern wären), die Schrift zum Beispiel und

Funktion der Form

deren Größe, der Zeilenabstand oder der Seitenrand, Sie schreiben in Deutsch und folgen den Rechtschreibregeln, die Ihnen geläufig sind. Auch wenn Ihnen das vorliegende Ergebnis noch einigermaßen chaotisch vorkommt – bei näherem Hinschauen werden Sie feststellen, dass es überhaupt nicht möglich wäre, irgendetwas zu erschließen, festzuhalten und niederzuschreiben, wenn Sie dabei nicht zugleich eine Form festlegten, mit der das geschehen kann: das Format des Papiers oder der Karteikarten, die Anordnung des Textes auf der Seite, die Art und Weise, wie Sie Notizen festhalten und sortieren, dass Sie irgendetwas wieder finden, die Form schließlich, in der Sie schließlich Ihre erste Fassung niederschreiben.

Form ist also überall da, wo Sie themengeleitet aktiv werden und sich ein Reservoir von Notizen und Überlegungen anlegen, die zusammengefügt werden. Wenn Sie sich das vor Augen halten, werden Sie schnell erkennen, dass es eigentlich deutlich weniger Arbeit macht, wenn Sie die zentralen Formvorgaben für die schriftliche Fassung Ihrer Arbeit möglichst früh, d. h. bereits für Ihre ersten schriftlichen Fassungen festlegen. Trotzdem kommen wir erst hier auf die Form zu sprechen, weil Form zwar notwendig ist für die wissenschaftliche Arbeit, aber eben meist erst in zweiter Linie interessiert. Und das ist auch gut so, denn die Form ist an Bedingungen und schließlich an Ihr Thema gebunden.

Keine Sorge, während des Studiums werden Sie mit ein wenig Aufmerksamkeit für diesen Aspekt Ihrer Arbeit nach und nach ein angemessenes Niveau finden, mit dem Ihnen Formsachen im Großen und Ganzen keine Probleme mehr machen. Ein paar Ecken, in denen Sie auch am Ende, bei Ihrer Abschlussarbeit noch sauber machen müssen, werden bleiben. Bitte lassen Sie sich davon aber nicht irre machen. Form ist eine wichtige Sache, nichts, das ohne Grund besteht, aber auch nichts, das im Vordergrund stehen sollte. Folgen Sie den Formvorgaben, wo Sie auf Bereiche stoßen, die widersprüchlich scheinen oder die nicht geregelt sind, dann entscheiden Sie nach bestem Wissen und Gewissen, das heißt in der Regel nach dem Sinn der Formvorgaben. Aber tun Sie nicht mehr. Denn Form ist leider auch ein Thema, mit dem man sich unendlich beschäftigen und das einen völlig absorbieren kann. Das darf aber nicht geschehen.

Mangelnde Formvorgaben

Dummerweise gibt es heute meist keine eindeutigen Vorgaben, in welche Form Sie Ihre Arbeit fassen sollen. Das hat viel mit dem übertriebenen Formgehabe früherer Zeiten zu tun: Wer gegen Formaspekte verstieß, öffnete wohl anscheinend dem allgemeinen Chaos die Tür einen winzigen Spalt weit. Davon haben wir uns mehr als gründlich gelöst, mit der Konsequenz, dass es heute in vielen Bereichen überhaupt keine verpflichtenden Formvorgaben gibt, nicht einmal da, wo es sinnvoll wäre und Ihnen die Arbeit erleichtern würde. Deshalb müssen Sie heute die Arbeit, eine angemessene Form zu finden, zu großen Teilen selber machen. Selbst an Instituten, an denen es einheitliche und klare Formvorgaben gibt, bleibt genug Arbeit für Sie, um die Vorarbeiten und die intellektuellen Teile Ihrer Arbeit in eine angemessene Form zu bringen. Der Formaspekt erschöpft sich nämlich nicht darin, welche Schrift Sie wählen müssen und welches Papierformat, denn ohne Form gibt es keine Kommunikation.

Das heißt eben nicht, dass Sie sich zum Sklaven der Form machen sollen. Ihr Hauptaugenmerk muss auf der Formulierung einer These, der Beschaffung Ihres Materials und dessen Auswertung liegen. Die Form dient nur dazu, das, was Sie dabei herausfinden, so gut wie möglich mitteilen zu können. Form follows function – ein wunderbarer Satz und eine klare Regel.

Angaben nachvollziehbar machen

Sie werden feststellen, dass die Verpflichtungen, die Sie eingehen, wenn Sie wissenschaftlich arbeiten wollen, nämlich z. B. die zur Redlichkeit und Sachlichkeit, Sie sehr schnell dazu bringen werden, bestimmte Formvorgaben selber einzuklagen. Nämlich dann, wenn Sie einer Spur nachgehen wollen, die Sie in einem Aufsatz gefunden haben. Wenn dann Zitate nicht kenntlich gemacht sind, die Quellen für Behauptungen nicht offengelegt sind, die Literaturangaben nicht klar sind und es Ihnen nicht ermöglichen, nachzuprüfen, was behauptet worden ist, dann werden Sie sich wünschen, der Autor/die Autorin des Textes, den Sie da gerade bearbeiten, hätte sich mit der Form doch etwas mehr Mühe gegeben und hätte Sie mehr bedient.

Vielfalt der Formvorgaben

Bei der Lektüre von Forschungsbeiträgen werden Sie feststellen, dass jeder Verlag, jede Zeitschrift, ja zum Teil jeder Autor/jede Autorin ihre eigenen Vorstellungen von einer angemessenen Form haben. Vorbei sind zum Glück die Zeiten, in denen mit einem laxen a. a. O. auf Seite 350 einer umfangreichen Studie auf irgendeine der früheren Fußnoten verwiesen wird. Klar ist wohl den meisten Forschern, dass sie nachvollziehbare Verweise und lesbare Texte produzieren müssen. In den letzten beiden Jahrzehnten ist es aber zu einem Wildwuchs von Formvorgaben gekommen, die alle für sich genommen sinnvoll und zusammenhängend sein mögen. Im Zusammenhang jedoch sind sie widersprüchlich und unschlüssig. Es ist aber in hohem Maße unfair, wenn Sie als Studierende die Aufgabe zugeschustert bekommen, zwischen den unterschiedlichen Modellen zu wählen. Nach welchen Kriterien sollten Sie eine angemessene Wahl vornehmen? Was sind die Vorteile der verschiedenen Systeme und was die Nachteile?

Konsequenz

Deshalb finden Sie in diesem Band klare Regeln und Formvorgaben, die jeweils begründet werden. Wenn Sie sich im Laufe Ihrer universitären Karriere zu einem anderen Regelwerk bekennen wollen, können Sie das zwar tun. Aber Sie werden immer wieder in die Situation kommen, dass Sie aufgefordert werden, ein bestimmtes Regelwerk zu befolgen. Seien Sie also in jedem Fall bei den Formalia flexibel. Wenn Sie aber einem System folgen, dann bitte konsequent. Kompromisse und Abweichungen sind nur da zulässig, wo Sie auf die Grenzen des Regelwerks stoßen und Sie sie selbständig überschreiten müssen. Hier sollten Sie stets im Sinne des Regelwerks vorgehen, dem Sie in den anderen Teilen Ihrer Arbeit folgen. In jedem Fall sollten Sie sich darüber im Klaren sein, dass die Form Einfluss auf Ihre Note hat. Eine fantastische Arbeit, die schlampig getippt und unklar in der Gliederung ist, wechselnde Schriften und Schriftgrößen hat, auf Nachweise keinen Gedanken verschwendet und auf ein Literaturverzeichnis keinen Wert legt, vielleicht sogar mit Fettflecken abgegeben wird, kann nicht hoffen, auf Wohlwollen bei irgendeinem ihrer Leserinnen und Leser zu stoßen. Eine ungenügende Arbeit, deren Form perfekt ist (was mir noch nie untergekommen ist, zugegeben), wird damit noch nicht akzeptabel. Aber eine befriedigende Arbeit kann auf mehr Wohlwollen setzen, wenn sie formal einwandfrei ist. Bei manchen Gelegenheiten reicht es einfach, einen gediegenen Inhalt attraktiv zu verpacken, um die gewünschten Ziele zu erreichen. Das ist keine Blamage. Ganz im Gegenteil: Leserinnen und Leser schätzen es, wenn sie den Eindruck haben, dass sich jemand Mühe mit einem Text gegeben hat. Denn wenn auch gegen das Argument, dass es wohl hauptsächlich auf den Inhalt ankommt, wenig zu sagen ist, eine chaotische Präsentation auch des originellsten Themas signalisiert nicht zuletzt, dass der Verfasser/die Verfasserin es nicht für nötig gehalten hat, sich um das Wohlbefinden seiner Adressaten zu kümmern.

Form der Arbeit

Eigentlich ist Form nichts anderes als eine Konvention, also eine Vereinbarung über Regeln, die ohne Weiteres durch andere Vereinbarungen ersetzt werden kann. Dennoch lassen sich für die meisten Elemente der Formvorgabe sinnvolle Argumente finden, die verschiedene Aspekte berücksichtigen: Lesbarkeit, Korrigierbarkeit, Unterscheidbarkeit verschiedener Argumentationsschritte, Nachweisbarkeit, Eindeutigkeit usw.

Lesbarkeit

Wichtig ist, dass die Arbeit lesbar sein soll. Dazu gehört auch, dass ihre Teile eindeutig voneinander zu unterscheiden sind: das Titelblatt vom Inhaltsverzeichnis, die Einleitung vom Hauptteil, der Schluss vom Literaturverzeichnis, die Primärliteratur von der Sekundarliteratur usw.

Papier, Schrift

Sie drucken Ihre Arbeit immer auf einem DIN-A-4-Papier in Hochformat (Ausnahmen können für Grafiken oder umfangreiches statistisches Material gemacht werden, die ein Querformat brauchen, etwa bei einer tabellarischen Aufarbeitung). Die normale Schrift einer Arbeit ist eine Times oder eine Arial/Helvetica in 12 pt Größe. Times hat sich als Leseschrift bewährt und wahrt die nötige Unauffälligkeit. Bitte unternehmen Sie keine typografischen Experimente oder ausgefallene Schriften. Sie nutzen Ihnen und Ihrem Ansinnen nicht. Sie können auch als Schrift eine Garamond benutzen, wenn Ihnen die Times zu behäbig daherkommt. Die seriphenlosen Schriften wie Helvetica und Arial (Seriphen sind die kleinen Häkchen am Kopf und Fuß der Zeichen, der Name Arial oder Helvetica hängt von Ihrem Rechner ab) sind ebenso gängig wie die Seriphenschriften. Sie werden traditionell eher für technische oder ästhetische Themen eingesetzt. Aber das ist Geschmackssache.

Zeilenabstand, Rand

Der Zeilenabstand beträgt stets 1,5 Zeilen. Stellen Sie Ihren linken Rand auf 5 cm, oben, unten und rechts reichen 2,5 cm. Sie brauchen den linken Rand, weil die Arbeit meist links gebunden oder geklammert wird. Und außerdem geben Sie dem Korrektor ein wenig mehr Platz für seine Kommentare. In der Regel sollten dann auf eine Seite ca. 2000 Zeichen mit Leerzeichen passen oder knapp 300 Wörter (siehe Seite 133).

Titelblatt

Da das Titelblatt gleichmäßig gestaltet werden soll, müssen Sie hier den Seitenrand gleichmäßig auf 2,5 cm an allen Kanten einstellen. Wenn Sie den Wechsel der Seitenränder in Ihrem Programm nicht beherrschen, dann legen Sie für Titelblatt und Rest der Arbeit zwei verschiedene Dateien an.

Absatz, freigestelltes Zitat, Kopfzeile, Seitenzählung

Die Absätze, in die Sie Ihren Fließtext fassen, werden linksbündig und ohne Zwischenzeile oder Abstand immer an den vorigen Absatz angeschlossen. Ausnahme sind freizustellende Zitate (das sind Zitate mit einer Länge von mehr als drei Zeilen, die als eigene Absätze formatiert werden): Freigestellte Zitate bekommen eine Zeile Abstand nach oben und unten, sie erhalten links einen Abstand von 0,5 cm und sie werden einzeilig gesetzt. Sie können, wenn Sie es schöner finden, für die freigestellten Zitate auch die Schriftgröße verändern (auf 11 oder 10 pt). Außerdem fallen die Anführungszeichen weg. Seminararbeiten erhalten keine Kopfzeilen, das muss erst bei Abschlussarbeiten eingebaut werden. Die Kopfzeile wird 1,25 cm oberhalb des Satzspiegels (des Bereichs, in dem Sie schreiben) platziert, mit einem Strich versehen, der die gesamte Breite des Satzspiegel umfasst und sollte „lebend“ sein, also immer das Kapitel verzeichnen, in dem Sie sich gerade befinden. Der Text ist dann immer zentriert, die Schriftgröße 10 pt. Das erleichtert die Orientierung. Die Seitenzählung kommt in die Fußzeile, Abstand 2 cm, und wird rechts außen platziert. Schriftgröße 12 pt.

Überschriften, Kapitel

Überschriften müssen sich deutlich abheben vom normalen Text. Sie müssen immer klar machen, auf welcher Ebene des Textes Sie sich gerade befinden. Wenn Sie zum Beispiel drei Ebenen haben (also Kapitelüberschrift, Zwischenüberschrift und Normaltext), gehen Sie so vor: Kapitelüberschriften sind fett gesetzt, 14 pt groß, eine zwischengeschaltete Zeile folgt. Zwischenüberschriften sind gleichfalls zentriert und fett, haben aber eine Größe von 12 pt. Vor und nach ihnen folgt eine Zeile, dann der Normal- oder Fließtext. Steht die Zwischenüberschrift direkt nach der Kapitelüberschrift, dann bleibt es bei einer Zeile Abstand zwischen den beiden Überschriften. Mehr als drei Ebenen, Kapitelüberschrift, Zwischenüberschriften, Normaltext sollte eine gewöhnliche Hausarbeit nicht haben. In Überschriften wird übrigens nicht getrennt. Und Kapitel fangen auf einer neuen Seite an. Wenn Sie einen neuen Abschnitt beginnen und die Zwischenüberschrift steht unten auf der Seite völlig allein, schieben Sie den Text auf die folgende Seite.

Fußnoten

Fußnoten stehen am Fuß der Seite, also unten. Sie werden vom Fußnotenprogramm normalerweise richtig behandelt, sodass Sie nicht eingreifen müssen. Das Fußnotenzeichen im Normaltext folgt auf das Satzzeichen und ist hochgestellt. Wenn Sie die Zeichengröße eingeben müssen, dann wählen Sie 10 pt. Das Fußnotenzeichen in der Fußnote hat dieselbe Form, hochgestellt und 10 pt. Der Text, der folgt, ist in 10 pt gesetzt, normal, und einzeilig. Fußnoten werden vom Programm normalerweise mit einer Trennlinie vom Normaltext getrennt.

Zitate

Normale Zitate, die bis zu drei Zeilen lang sind, werden in „doppelte Anführungszeichen“ gesetzt, ist im zitierten Text ein anderer Text zitiert oder folgt darin „eine ‚wörtliche‘ Rede“, dann werden die im Originaltext verwandten doppelten Anführungszeichen zu einfachen geändert (Achtung beim Zitieren fremdsprachlicher Texte: In England und den Niederlanden ist das einfache Anführungszeichen das normale, das doppelte steht bei Zitaten oder wörtlicher Rede im Zitat. Die Anführungszeichen werden also umgekehrt zu unserer Praxis eingesetzt und variiert; zitieren Sie englische oder niederländische Texte, müssen Sie sie anpassen). Bitte setzen Sie die Zitate *nicht* kursiv, wie das zum Beispiel Rowohlt-Monographien tun. Die Kursiven sind für Hervorhebungen und Texttitel reserviert. Sie kommen sonst durcheinander. Wenn Sie kursiv gesetzte Zitate aus anderen Texten übernehmen, passen Sie sie an, d. h. setzen Sie sie in Normalschrift und in Anführungszeichen. Alles andere wäre verwirrend. Aber übernehmen Sie Kursive aus dem Originaltext, vor allem aus Primärtexten, wenn es sich um Hervorhebungen handelt. Spitze Anführungen werden umgewandelt in Häkchen. Zur Behandlung freigestellter Zitate siehe oben.

Sonderfall Gedichte

Zitieren Sie mehrere Zeilen von Gedichten, behandeln Sie sie ähnlich wie freigestellte Zitate: Sie schalten eine Zeile Abstand nach oben und unten, rücken die Gedichtzeilen, die ja immer als Absätze formatiert sind, 0,5 cm ein und verwenden keine Anführungszeichen. Zeilenabstand bleibt wie im Normaltext 1,5-zeilig.

Titelblatt

Das Titelblatt enthält alle Angaben zur Institution und Veranstaltung, in der Sie die Arbeit schreiben, Ihren Namen und den Titel der Arbeit sowie Ihre Adresse, bitte mit Mailadresse. Das erleichtert und beschleunigt die Kommunikation mit den meisten Lehrenden heute. Die Angaben zur Institution und zum Seminar brauchen Sie, damit die Arbeit eindeutig zugeordnet ist. Diese Angaben werden oben links angeordnet, in 12 pt und Normalschrift, der Titel der Arbeit wird in die Mitte der Seite platziert, zentriert, 18 pt und fett, haben Sie einen Untertitel setzen Sie ihn fett und in 14 pt direkt darunter. Dann schalten Sie eine Zeile dazwischen und nennen Ihren Namen in 14 pt und normal. Darunter in 12 pt Ihre Matrikelnummer. Unten links dann wieder in 12 pt Ihre Adresse. Denken Sie daran, dass das Titelblatt auf allen Seiten einen Rand von 2,5 cm hat. Bitte beachten Sie für Abschlussarbeiten die Vorgaben Ihrer Studienordnung.

Inhaltsverzeichnis

Das Inhaltsverzeichnis listet alle Kapitel und Unterkapitel der Arbeit mit Seitenangaben auf. Das Inhaltsverzeichnis ist etwas schwieriger zu gestalten, weil die Kapitel linksbündig gesetzt werden, die dazu gehörigen Seiten auf derselben Zeile aber rechtsbündig. Das geschieht durch einen Tabulator, den Sie auf 13,5 cm und rechtsbündig definieren. Die Schriftgröße ist 12 pt. Kapitelüberschriften werden fett gesetzt, die Ebene darunter normal, die zweite Ebene darunter normal und 0,5 cm eingerückt. Zwischen dem Titel des Kapitels oder Abschnitts wird eine Linie aus Hilfspunkten gesetzt, um die Orientierung zu erleichtern. Vor die Seitenzahl werden jeweils drei Leerzeichen eingefügt, weil das lesbarer ist. Innerhalb des Inhaltsverzeichnisses wird nicht getrennt. Es folgt kein Punkt nach dem Titel und vor dem Untertitel, sondern ein Zeilenumbruch. Sollten Sie ohne Zeilenumbruch arbeiten, folgt ein Punkt nach dem Titel und vor dem Untertitel.

Literaturverzeichnis

Das Literaturverzeichnis wird als Kapitel behandelt, so auch die Überschriften. Das Literaturverzeichnis wird unterteilt in die Liste der Primärliteratur (das ist die Literatur oder sind die Quellen, die untersucht worden sind) und die der Sekundärliteratur (das ist die Literatur, die zur Hilfe gezogen worden ist, um die Primärliteratur zu untersuchen). Weitere Unterteilungen können vorgenommen werden, etwa wenn Sie die fiktionale Literatur nicht in die Sekundärliteratur einordnen wollen. Bitte unterscheiden Sie aber nicht nach Monografien, unselbständigen Texten und Internetquellen, soweit sie Autoren zugeordnet werden können. Die Teile werden als Unterkapitel behandelt, die Angaben alphabetisch geordnet. Die Schriftgröße beträgt 12 pt, normal, aber einzeilig. Nach jeder Angabe wird eine Zeile zwischengeschaltet oder ein Abstand definiert. Es empfiehlt sich, den Nachnamen nach vorne zu setzen; das hilft Sortierfehler verhindern und, wenn man fit genug ist, kann man den Rechner zum Sortieren benutzen.

Anhänge

Anhänge werden behandelt wie ein eigenes Kapitel. Das heißt, Sie führen sie wie Kapitel im Inhaltsverzeichnis auf und fangen mit einer neuen Seite an. Ansonsten lassen sich in Anhängen unterschiedliche Materialien zusammenstellen, die für Ihre Arbeit notwendig sind, ohne jedoch in den Fließtext aufgenommen werden zu müssen. Das kann zum Beispiel die Kopie eines unveröffentlichten Briefes sein oder es sind Textauszüge, die einen größeren thematischen Zusammenhang erkennen lassen, den Sie bereits in der Arbeit erläutert haben. Auch Grafiken, Umfragebögen, Auswertungen und dergleichen gehören in den Anhang. In den Anhang gehören aber nicht die Primärtexte, die Sie in Ihrer Studie untersuchen, etwa das betreffende Gedicht oder die Erzählung. Die Form der Anhänge hängt von den Materialien ab, die Sie präsentieren. Das kann bis in das Seitenformat reichen. Ein Gebäudeplan oder eine umfangreiche Tabelle müssen vielleicht in einem größeren Querformat abgedruckt werden. Hier haben Sie einige Freiheiten, die Sie am besten im Sinne der bisherigen Formvorgaben nutzen.

Bibliografische Aufnahmen

Das Literaturverzeichnis ist geteilt in Primär- und Sekundärliteratur und innerhalb der beiden Abschnitte alphabetisch sortiert. Mehrere Texte eines Autors werden chronologisch sortiert. Für das Literaturverzeichnis gilt:

- Primär- und Sekundärquellen getrennt
- innerhalb der jeweiligen Rubrik Nachname vor Vorname
- Sammelbände entweder mechanisch unter dem ersten Wort des Titels einreihen oder wahlweise unter dem ersten Herausgeber (in diesem Band wird die zweite Option gewählt) und
- das Erscheinungsjahr bleibt hinter dem Ort, also nicht Müller, Martin 1968: Titel etc., sondern ganz normal Autor: Titel. Ort Jahr.

Indem Sie den Nachnamen voranstellen, können Sie ganz einfach im Rechner sortieren. Allerdings müssen Sie Einträge, die mit Anführungen und Zahlen beginnen, per Hand einordnen. Word sortiert sie automatisch nach vorne, und zwar Einträge mit Anführungsstrichen vor Einträge mit Zahlen vor Einträge mit Buchstaben. Außerdem müssen Sie die Einträge der Literaturliste, wenn Sie mit dem Rechner sortieren wollen, ein bisschen vorbereiten. Statt die Einträge mit einer Zeile zu trennen, müssen Sie den Absatzabstand definieren.

Besonderheiten beachten

Achten Sie auf Besonderheiten: Mittelalterliche Autoren werden unter dem Vornamen sortiert, also unter Gottfried, Wolfram, Hartmann, nicht unter von Straßburg, von Eschenbach oder von Aue. In der neueren Abteilung kommt das gleichfalls gelegentlich vor: Jean Paul ist so ein Beispiel. Anonyme Texte können unter dem Titel des Textes oder unter [Anonym] oder unter N. N. eingeordnet werden.

Es gibt unglaubliche viele Konventionen, nach denen Sie Literaturangaben und Quellen notieren können. Hier wird eine Variante vorgeschlagen, die sich eng an die Konventionen des Faches Germanistik anlehnt, wie sie zum Beispiel in der *Bibliographie der deutschen Sprach- und Literaturwissenschaft* gepflegt worden ist. Kleinere Änderungen, die sich aus der konkreten Anwendung ergeben, sind dabei berücksichtigt worden. Generell unterscheidet man zwischen Primär- und Sekundärschriften, also den Texten, die Untersuchungsgegenstand sind, und den Texten, die bei der Untersuchung helfen können und sollen. Dass diese beiden Quellen im Literaturverzeichnis getrennt verzeichnet werden, habe ich bereits erwähnt. Unabhängig davon gibt es zwei verschiedene Publikationsformen von Schriften, zum einen die selbständigen, zum anderen die unselbständigen. Selbständige Quellen sind das als Buch erschienene Werk eines einzelnen Autors oder einer Autorengruppe, die als gemeinsame Verfasser auftreten – eine Studie, eine Monografie, ein Roman, ein Gedichtband zum Beispiel. Mit

Einschränkungen können wir auch Filme oder CDs dazu zählen. Aber das ist ein Randproblem. Unselbständige Quellen sind in Sammelbänden, Zeitschriften, Jahrbüchern, Zeitungen oder im Internet veröffentlicht worden, müssen also immer mit einem Zusatz versehen werden, der diesen Aufsatz mit diesem Sammelband beispielsweise eindeutig in Verbindung bringt. Kapitel in Monografien sind keine unselbständigen Schriften, sondern Teil einer selbständigen Abhandlung und gehören nicht ins Literaturverzeichnis.

Varianten von Quellen

Man kann zwischen den folgenden Quellen unterscheiden:

- Monografie oder selbständiger Primärtext
- Sammelband
- Zeitschriften und Jahrbücher
- Aufsatz oder unselbständiger Primärtext in Sammelband
- Aufsatz oder Primärtext in Zeitschrift
- Zeitungsaufsatz oder -artikel
- Internetquelle
- Sonstige (Filme, CDs, CD-Roms etc.).

Diese unterschiedlichen Quellen werden im Ganzen nach demselben Prinzip, im Detail jedoch unterschiedlich behandelt. Dabei sind alle unselbständigen Quellen eigentlich gut daran zu erkennen, dass der betreffende Text durch ein „In" mit Sammelband, Zeitschrift etc. verbunden ist. Alle weiteren Unterscheidungsmerkmale entfallen deshalb, darunter die US-amerikanische Sitte, alle unselbständigen Titel in Anführungen zu setzen. Da das schlicht überflüssig ist, wird hier darauf verzichtet. Außerdem beißt sich diese Auszeichnung mit sprechenden Titeln, die aus Zitaten gewonnen werden und deshalb gleichfalls in Anführungen gesetzt werden. Missverständnisse werden so vorprogrammiert, sollten aber ausgeschlossen werden.

Monografien, Primärtexte

1. Monografien und Primärtexte:

Mann, Thomas: Buddenbrooks. Verfall einer Familie. 131.–250. Tsd. der ungekürzten Volksausgabe 1930 (336. bis 435. Auflage aller Ausgaben). Berlin: S. Fischer 1930.

Mann, Thomas: Der Zauberberg. Roman. Hrsg. und textkritisch durchgesehen von Michael Neumann. Frankfurt/M. 2002 (= Thomas Mann: Große kommentierte Frankfurter Ausgabe. Werke – Briefe – Tagebücher. Bd. 5.1).

Mann, Heinrich: Ein Zeitalter wird besichtigt. Erinnerungen. Mit einem Nachwort von Klaus Schröter und einem Materialienanhang, zusammengestellt von Peter-Paul Schneider. Frankfurt/M. $^{3.}$2001 (= Heinrich Mann: Studienausgabe in Einzelbänden. FT 5929) (EA dieser Ausgabe 1988).

Bei Romanen können Sie, wenn Sie eine Information damit transportieren wollen, den Verlag nennen. Im Fall von Thomas Mann wird damit darüber informiert, dass wir hier die vom Verlag S. Fischer gegen lange Bedenken des Gründers Samuel Fischers doch veröffentlichte Erfolgsausgabe der *Buddenbrooks* vor uns haben, die 1929 zum ersten Mal erschien. Die Angaben zur Auflage entstammen der Titelei oder dem Impressum (auch Kolophon genannt). Bei heutigen Werkausgaben wie hier im Falle des *Zauberberg* können Sie auf den Verlag verzichten. Die Werkausgabe ist in diesem Fall als Reihe behandelt und der Angabe nachgestellt worden. Im Falle der Heinrich Mann-Studien-Ausgabe ist die Auflage hochgestellt vor das Jahr gerückt (weil keine Angabe in tausend), die Fischer Taschenbuch-Nummer ist genannt und die Erstausgabe dieser Ausgabe. Das kann hilfreich sein.

Menninghaus, Winfried: Das Versprechen der Schönheit. Frankfurt/M. 2003.

Bei Monografien fehlt der Verlag in der Regel, das reicht für den bibliografischen Nachweis. Bei fremdsprachlichen Publikationen insbesondere in Frankreich kann die Nennung des Verlags aber die Beschaffung erleichtern. Die ISBN gehören nicht in eine wissenschaftliche Bibliografie.

2. Sammelbände

Sammelbände

Pütz, Jürgen (Hrsg.): In Zweifelsfällen entscheidet die Wahrheit. Beiträge zu Albert Vigoleis Thelen. Viersen 1988.

oder

In Zweifelsfällen entscheidet die Wahrheit. Beiträge zu Albert Vigoleis Thelen. Hrsg. von Jürgen Pütz. Viersen 1988.

Der Herausgeber wird ersten Fall wie ein Autor behandelt und vor dem Titel und eventuellen Untertiteln genannt. Das ist bei der Kurzzitationsweise mit Autor und Jahr, die später beschrieben wird, einfacher. Die zweite Variante erklärt sich daraus, dass Herausgeber, auch mehrere, andere Funktionen als Autoren haben. Der Titel rückt dann an die erste Stelle und das Beispiel wird mechanisch unter „In" ins Literaturverzeichnis eingeordnet.

3. Beiträge zu Sammelbänden

Beiträge zu Sammelbänden

Kesten, Hermann: Ein fränkischer Dichter. In: Fritz Hilsenbeck (Hrsg.): Querschnitt durch die fränkische Dichtung der Gegenwart. Nürnberg: Ernst Fromm u. Sohn 1928, S. 90–95.

Schneider, Falko: Filmpalast, Varieté, Dichterzirkel. Massenkultur und literarische Elite in der Weimarer Republik. In: Rolf Grimminger, Jurij Murasov und Jörn Stückrath (Hrsg.): Literarische Moderne. Europäische Literatur im 19. und 20. Jahrhundert. Reinbek bei Hamburg 1995, S. 453–478.

Beim Text von Hermann Kesten ist der Verlag hinzugefügt, da es bei der Liste, aus der er stammt, von Bedeutung war, zu sehen, wie Kesten, der in den späten zwanziger und frühen dreißiger Jahren Lektor bei Kiepenheuer war, seine eigenen Publikationen streute. Wie gesagt, bei Primärtexten kann das wichtig sein. Im Falle Schneiders ist das nicht nötig. Allerdings erkennen Sie in diesem Fall am Ort, dass der Rowohlt-Verlag das Buch herausgebracht hat.

Lexikoneinträge

Sonderfall Lexikoneinträge: Lexikonbeiträge sind entweder namentlich gekennzeichnet oder anonymisiert. Haben Sie einen anonymen Eintrag vor sich, tritt das Lemma an die erste Stelle, ansonsten der Name des Verfassers des Eintrags. Abkürzungen lösen Sie über das Abkürzungs- oder Mitarbeiterverzeichnis auf. Sie müssen immer den betreffenden Band des Lexikons datieren, da bei großen Werken die Bände oft mit zeitlichem Abstand erscheinen.

Hier einige Beispiele:

Modernismus. In: Lexikon der Kunst. Architektur, Bildende Kunst, Angewandte Kunst, Industriegestaltung, Kunsttheorie. Band IV: Kony-Mosa. Leipzig 2004, S. 793.

Blamberger, Günter: Moderne. In: Harald Fricke unter Mitarbeit von Georg Braungart, Klaus Grubmüller, Jan-Dirk Müller, Friedrich Vollhardt und Klaus Weimar (Hrsg.): Reallexikon der deutschen Literaturwissenschaft, Neubearbeitung des Reallexikons der deutschen Literaturgeschichte. Band II: H-O. Berlin, New York 2000, S. 620–624.

In beiden Fällen habe ich nur die Angaben der Titelei der Bände aufgenommen, also das, was auf der rechten Seite am Anfang des Bandes nach dem sogenannten Schmutztitel steht, der ein eigenes vorgeschaltetes Blatt hat. Angaben auf der linken Seite vor der Titelei sind bei Sammelbänden und Monografien für die Reihentitel vorgesehen, bei Werkausgaben und Lexika sind hier die Gesamttitel eingetragen. Wesentlich sind für uns aber die Angaben der Titelei. Wenn hier Ort, Auflage und Erscheinungsjahr fehlen, suchen Sie das Impressum oder Kolophon auf und nehmen Sie die Daten von dort. Passen Sie aber auf, dass Sie wirklich das richtige Erscheinungsjahr der Ausgabe, die Sie haben, verzeichnen (nicht das Jahr, in dem das Buch das erste Mal erschienen ist) und dass Sie die Ortsangabe des Verlags und nicht zum Beispiel der Druckerei erwischen.

Zeitschriftenbeiträge

4. Zeitschriftenbeiträge

Thelen, Albert Vigoleis: Holländischer Brief I. In: Die Literatur 36 (1933/34) Nr. 5 (Februar), S. 287–290.

Petersen, Klaus: „Neue Sachlichkeit": Stilbegriff, Epochenbezeichnung oder Gruppenphänomen? In: Deutsche Vierteljahresschrift 56 (1982), S. 463–477.

Hüppauf, Bernd: Die Stadt als imaginierter Kriegsschauplatz. In: Zeitschrift für Germanistik N. F. 5 (1995) H. 2, S. 317–335.

Beiträge zu Zeitschriften werden im ersten Teil genauso behandelt wie zu Sammelbänden, nur die Zeitschrift wird anders notiert. Im dritten Beispiel hat die Zeitschrift eine neue Zählung ab 1990 (N. F. = Neue Folge) und mehrere Beihefte. Vor der ersten Klammer steht immer der Jahrgang, dann folgt das Jahr, dann die Heftnummer, dann die Seiten.

Jahrbücher

5. Jahrbücher: Jahrbücher können Sie analog zu Zeitschriften oder wie Sammelbände zitieren. Bitte entscheiden Sie sich für eine der beiden Varianten.

Variante 1: Sammelband

Kleinschmidt, Erich: Von der Schwierigkeit, über Bilder zu schreiben. Zur Poetologie der Kunst in Carl Einsteins *Die Kunst des 20. Jahrhunderts.* In: Sabina Becker in Zusammenarbeit mit Eckhard Faul und Reiner Marx (Hrsg.): Jahrbuch zur Literatur der Weimarer Republik. Bd. 1. St. Ingbert 1995, S. 255–277.

Variante 2: Zeitschrift

Adamy, Bernhard: Nicht nur „Enkel der Aufklärung". Schopenhauer-Anklänge bei Erich Kästner. In: Schopenhauer-Jahrbuch 68 (1987), S. 122–146.

6. Zeitungsbeiträge

Zeitungen

Schneider, Michael: Fräulein Julie im Arbeitskleid. Über Marieluise Fleißers *Eine Zierde für den Verein*. In: Frankfurter Allgemeine Zeitung, Nr. 141 vom 23.6.1982, S. 23.

Zeitungen werden datiert und, falls möglich, mit einer Nummer versehen. Wenn Sie Zeitungen zitieren, die verschiedene Ausgaben haben (Morgen-, Abend-, Fernausgabe), dann müssen Sie auch das hinzufügen (hinter den Namen der Zeitschrift in Klammern gesetzt).

7. Internetbeiträge

Internet

Nentwich, Andreas: Die Bewusstseinsfabrik. Martin Kessels grossartiger Roman *Herrn Brechers Fiasko*. In: Neue Zürcher Zeitung vom 21.4.2001, zitiert nach: http:www.nzz.ch/2001/04/21/li/page-article 7ALGF.html (Zugriff: 9.6.2003).

Sie müssen den Zugriff aufs Internet datieren, da sich Einträge ändern können. Das kann dazu führen, dass gerade die Passage, die Sie benutzt haben, nicht mehr im Netz zu finden ist. Bitte beachten Sie die schweizerische Rechtschreibung ohne ß. Am besten ist, Sie kopieren einfach die Adresse aus Ihrem Browser in Ihre Literaturliste und datieren Sie sofort. Wenn Sie den Text aus dem Netz laden und in Ihre Textverarbeitung kopieren, setzen Sie die Angaben einfach darunter. Bitte die Link-Funktion des Rechners vorher ausschalten.

8. Filme, CDs, CD-Roms, Schallplatten

Filme, CDs, CD-Roms, Schallplatten

The Hunted/Die Stunde des Jägers. Spielfilm. USA 2003.

Bob Dylan: Blonde on Blonde (2003, zuerst 1966).

Walther Killy (Hrsg.): Literaturlexikon. Autoren und Werke deutscher Sprache. Berlin: Directmedia 1998.

Arno Schmidt liest. Sämtliche Tonaufnahmen 1952–1964. Eine Edition der Arno Schmidt Stiftung bei Zweitausendeins. Bargfeld, Frankfurt/M.: Zweitausendeins ^{2}1992.

Bei Filmen, CDs, Schallplatten und CD-Roms sind die Angaben reduziert, zumindest wenn Sie sie als Literaturwissenschaftler benutzen. Für Medienwissenschaftler hingegen sind die hier teilweise genannten Angaben nicht ausreichend. Bei Filmen braucht es keinen Autor (wer sollte das auch sein? Bestenfalls der Regisseur), aber Titel (hier die englische und deutsche Variante), das Produktionsland und das Jahr. Bei CDs und Schallplatten hingegen haben wir einen Autor, den Interpreten oder die Gruppe, fügen den Titel und das Jahr hinzu. Bei Dylans *Blonde on Blonde* ist das Jahr der ersten Publikation auf LP eventuell wichtig, zum Beispiel für eine Studie über die Kultur der sechziger Jahre. Problem ist hier der Erscheinungsort, den gibt es bei Schallplatten und CDs nicht.

Schwieriger zu notieren sind CD-Roms. Aus der CD-Rom selbst sind nur die zuerst genannten Angaben zu ersehen. Diese sind aber zum Teil unrichtig, zum Teil unvollständig. Wie wir aus der Buchausgabe wissen, ist Walther Killy der Herausgeber des Werks, nicht der Autor, der Originalverlag (Bertelsmann) hat anscheinend eine Lizenz an den Verlag Digitale Bibliothek in Berlin gegeben. Dabei ist es wohl zu dieser neuen Bezeichnung gekommen. Die CD-Rom ist 1998 erschienen. Können Sie die fehlenden Angaben ergänzen, notieren Sie sachlich korrekt. Vorbildlich sind die Angaben der Tondokumente von Arno Schmidt bei Zweitausendeins. Diese können Sie ohne Weiteres behandeln wie eine Buchpublikation.

Auszeichnungen reduzieren

Beachten Sie: Insgesamt sind hier bis auf die Titel im Titel keine Kursive und bis auf Zitate im Titel keine Anführungszeichen benutzt worden. Trotzdem sind die Angaben eindeutig und vollständig. Bitte notieren Sie nur die Titel der Quellen, nicht die in Ihrer Arbeit benutzten Seiten in Ihr Literaturverzeichnis. Über die Fußnoten weisen Sie nach, was Sie woher zitieren. Ins Literaturverzeichnis gehören hingegen die ganzen Quellen.

Literaturverzeichnis, Zitierregeln, Fußnoten, Anmerkungen

Zitate, Fußnoten und Anmerkungen geben Aufschluss darüber, welche Hilfsmittel, Quellen und Methoden Sie eingesetzt haben, um auf Ihren Reflexionsstand zu kommen, übertragen gesprochen, auf wessen Schultern Sie stehen, um so weit blicken zu können, wie Sie es tun. Da nun aber Forschung gerade in den Geisteswissenschaften verständnisorientiert ist, müssen Sie sich auch mit den Widersprüchen und unterschiedlichen Anschauungen auseinandersetzen, die hier zu finden sind. Auch das geschieht in den Fußnoten.

Grundsätzlich müssen alle Hilfsmittel und Quellen, die bei einer wissenschaftlichen Arbeit benutzt werden, nachgewiesen werden. Eine kursorische Darstellung der Geschichte der Französischen Revolution muss also wenigstens mit einem generellen Verweis unterbaut werden, etwa nach dem Muster: Ich folge hier der Darstellung von xyz. Eingebürgert hat sich auch ein lapidares: Vgl. Name Jahr (zu den Nachweisen unten mehr).

Quellen nachweisen

Alles, was von anderen stammt, muss nachgewiesen werden: Thesen müssen ihren Urhebern zugewiesen werden, Überlegungen, die übernommen werden, sollten gekennzeichnet werden, prägnante Sätze oder Aussagen, die im Wesentlichen von einem bestimmten Autor/einer bestimmten Autorin stammen, müssen zitiert werden. Materialien, die ausgewertet werden, sind gleichfalls kenntlich zu machen. Das ganze Manöver dient der guten Sitte der Transparenz wissenschaftlicher Arbeit. Eigenes und fremdes Gedankengut soll deutlich genug voneinander geschieden werden. Durch dieses Verfahren wird zum einen klar erkennbar, ob und wie Sie sich mit der Forschung auseinandergesetzt haben. Allein das ist ein hohes Gut, denn Wissenschaft besteht nun mal zum größeren Teil aus den Komponenten Fleiß, Übersicht und Neuorganisation. Zum anderen wird dadurch die Originalität Ihres Gedankenguts und Ihrer Arbeit besser erkennbar. Damit tauchen Sie mit einem Mal aus den ununterscheidbaren Text- und Materialfluten, die auch in Ihre Arbeit hinüberschwappen, auf und sind genau das, was Sie sind: ein/e angehende/r Wissenschaftler/in, der/die sich intensiv und ernsthaft mit einem Gegenstand auseinandersetzt. Indem Sie auf Nachweise verzichten, tun Sie aber genau das Gegenteil. Sie stehen geschmückt mit fremden Federn nicht besser da, sondern schlechter, denn jede/r Leser/in wird Ihnen misstrauen.

Zitate

Wenn Sie Zitate benutzen, müssen Sie sie gelegentlich ein wenig zurechtstutzen, kürzen oder Ergänzungen vornehmen, damit sie verständlich bleiben. Aber der Sinnzusammenhang darf nicht verändert werden, etwa indem Sie eine ablehnende Stellungnahme in eine zustimmende verändern. Wenn Sie also Zitate beschneiden, um nur die wirklich notwendigen Teile eines Zitats zu verwenden, dann muss die Intention des Verfassers/der Verfasserin beibehalten bleiben. Grundsätzlich werden Eingriffe in Zitate immer mit eckigen Klammern gekennzeichnet. Ergänzungen zum Beispiel [so], wenn Sie etwas auslassen, dann zum Beispiel so bei ganzen Wörtern und Satzteilen […], bei Buchstaben eines Wortes reicht ein[], das direkt angeschlossen wird. Beschneiden Sie Zitate am Anfang oder Ende, dann machen Sie Folgendes: Beginnt das Zitat klein und Sie können „das Zitat in den Satz einbauen", dann brauchen Sie nichts weiter zu tun. Müssen Sie aber das Zitat eigentlich groß beginnen, dann greifen Sie folgendermaßen ein: „[D]er erste Buchstabe wird groß und in Klammern gesetzt."

Beschnitt am Beginn des Zitats

„Beschneiden Sie ein Zitat an dessen Ende, müssen Sie eigentlich nur das Anführungszeichen vor den Punkt setzen". Damit ist klar, dass Sie das Zitat nur bis hierhin benutzen, der Satz aber in der Quelle weiter geht. Bei freigestellten Zitaten

Beschneiden am Ende des Zitats

> fehlt jedoch das abschließende Ausführungszeichen, also setzen Sie hier die eckigen Klammern mit drei Punkten und einen Punkt dahinter […].

Warum eckige Klammern? Sie werden auch in der Forschungsliteratur öfter finden, dass Texteingriffe mit (runden Klammern) bei Ergänzungen und einfach … (= drei Punkte) bei Auslassungen gekennzeichnet werden. Allerdings kommen Sie damit in der Literaturwissenschaft schnell an Grenzen, denn beide Zeichen werden häufig auch mit anderer Bedeutung eingesetzt und kennzeichnen keineswegs immer und nur Eingriffe in fremde Texte. So werden Klammern in der Sekundärliteratur als Parenthese oder als Ergänzung eingesetzt. Auslassungspunkte kennzeichnen gerade in der Primärliteratur Pausen, nicht Auszusprechendes (sobald es anzüglich oder peinlich wird) oder eine abgebrochene Rede (zum Beispiel in Romanen Thomas Manns). Um Texteingriffe davon auf den ersten Blick zu unterscheiden, eignen sich nur eckige Klammern. Diese tauchen in Primärtexten mit wenigen Ausnahmen nicht auf und bei Sekundärliteratur nur eben dann, wenn in Texte anderer Autoren eingegriffen worden ist. Das stört aber nicht weiter, weil Sie ja in der Regel die Originalquellen zitieren und deshalb diesem Problem schlicht ausweichen können. Bibliografen und Editoren neigen zu spitzen Klammern bei eigenen Eingriffen und Ergänzungen. Ihre Funktion ist jedoch identisch.

Eckige Klammern

Wenn Sie in fremden Texten Hervorhebungen vornehmen, also Wörter oder Sätze kursiv setzen, müssen Sie das in der Fußnote vermerken, zum Beispiel durch: Hervorhebung vom Verfasser. Wenn Sie sicherstellen wollen, dass eine Hervorhebung, die der Autor/die Autorin selbst vorgenommen hat, auch als solche wahrgenommen wird, dann weisen Sie in der Fußnote oder Anmerkung darauf hin: Hervorhebung im Original oder Hervorhebung durch Autor/Autorin.

Gelegentlich wird gefordert, fremdsprachliche Texte nur im Original zu zitieren, vor allem dann, wenn sie Gegenstand der Untersuchung sind (Eco 2005). Das sollte für fremdsprachliche Philologien selbstverständlich sein. Wenn Sie über Vladimir Nabokovs *Lolita* arbeiten, dann sollten Sie sich mit dem englischen Original beschäftigen. Hegel und Kant werden Sie auf deutsch zitieren; wenn Sie sich mit Descartes beschäftigen, wird es sinnvoll sein, wenn Sie ihn auf Französisch lesen und zitieren.

Originalsprache oder Übersetzung?

Aber auch hier sind Grenzen zu setzen, so empfehlenswert es ist, sich mehr als eine Sprache anzueignen und mehrere Fremdsprachen wenigstens lesen zu können. In umfassenden Arbeiten etwa zum Gottesbeweis in der Philosophie der Neuzeit können Sie auch solide Übersetzungen verwenden, müssen sich aber darüber im Klaren sein, dass Ihnen möglicherweise Argumentationen und Quellen entgehen können. So benutzt zum Beispiel Winfried Menninghaus in seiner Studie über *Das Versprechen der Schönheit* Darwins *The Descent of Man, and Selection in Relation to Sex* aus dem Jahr 1871 in einer englischen Ausgabe aus dem Jahr 1981 und nicht in einer deutschen Übersetzung. Der Grund: Die deutsche Übersetzung, so Menninghaus, sei betagt und terminologisch unglücklich („Zuchtwahl" für „sexual selection" ist historisch möglicherweise angemessen übersetzt, gilt heute aber als nicht korrekt), außerdem lasse sie „den hohen schriftstellerischen Reiz von Darwins Prosa kaum mehr ahnen". Das sind Gründe genug, die auch Sie sich zueigen machen können.

Ähnlich verhält es sich, wenn Ihr Thema Nabokows Texte nur am Rande berührt, Sie ein Zitat Nabokovs vielleicht nur als zusätzlichen Beleg einsetzen oder Sie nur auf ein Phänomen, eine Gestalt oder eine Gestaltung verweisen wollen. Dann können Sie auch Übersetzungen benutzen oder sogar selber Übersetzungen anfertigen. Wenn Sie Übersetzungen anfertigen, sollten Sie die zitierte Passage in der Originalsprache in der Fußnote abdrucken und mitteilen, von wem die Übersetzung ist.

Sekundärliteratur im Original zitieren

Sekundärliteratur sollte immer in der Sprache zitiert werden, in der Sie sie gelesen haben. Sollte es sich dabei um eine wenig verbreitete Sprache handelt (also in der Regel nicht um Englisch oder Französisch), sollten Sie Übersetzungen anfertigen und mit den Übersetzungen argumentieren. In jedem Fall gehören dann die Originalzitate in die Fußnote, zusammen mit der Mitteilung, wer übersetzt hat. Allerdings können Sie Forschungsliteratur auch in Übersetzungen benutzen, ohne Angst zu haben, Sie würden hier Wesentliches verpassen. Die meisten soziologischen, politologischen und philosophischen Klassiker liegen in guten Übersetzungen vor. Große Teile der internationalen und vor allem englischsprachigen und französischsprachigen Forschung werden ins Deutsche übersetzt. Diese Übersetzungen sind erst einmal vertrauenswürdig.

Bitte beachten Sie, dass jedes Fach dazu seine eigenen Konventionen hat. In der Latinistik ist Latein keine entlegene Sprache, in der Theologie auch nicht, mittlerweile aber in der Neugermanistik, mit Einschränkungen in der Altgermanistik.

Literaturverzeichnis

Auch bei den Zitierregeln gibt es verschiedene Standards. Grundsätzlich gilt, dass alle benutzten Quellen im Literaturverzeichnis aufgeführt werden müssen, auch wenn sie nicht ausdrücklich zitiert werden. Wenn zum Beispiel für eine soziologische Arbeit die Machttheorie Michel Foucaults als Denkfolie vorausgesetzt, aber nicht genannt wird, dann sollten Sie den Teil des Werks Foucaults, auf den Sie sich beziehen, dennoch ins Literaturverzeichnis aufnehmen. Für den genannten Fall wäre das zum Beispiel:

Foucault, Michel: Sexualität und Wahrheit. 1. Bd.: Der Wille zum Wissen. Frankfurt/M. 1977.

gen. Hier empfiehlt sich ein einfaches System, mit dem Sie direkt auf das Literaturverzeichnis verweisen. Dafür nehmen Sie – wie gehabt – den Nachnamen der Verfassers, das Erscheinungsjahr des Textes und – soweit nötig – die Seitenangabe. Zum Beispiel: Bürger 1988, S. 355. Das verweist dann auf das Literaturverzeichnis, wo sich die bereits bekannte Angabe zu Bürgers Prosa-Schrift findet.

Wenn es mehrere Autorinnen und Autoren desselben Nachnamens gibt, sollte der Vorname hinzugefügt werden. Die Vornamen sollten ausgeschrieben werden, um das Geschlecht der Verfasser eindeutig zu machen.

Kaufmann, Hans: Krisen und Wandlungen der deutschen Literatur von Wedekind bis Feuchtwanger. Fünfzehn Vorlesungen. Berlin, Weimar ^{3}1976.

Kaufmann, Eva und Hans Kaufmann: Erwartung und Angebot. Studien zum gegenwärtigen Verhältnis von Literatur und Gesellschaft in der DDR. Berlin 1976.

Also zum Beispiel:

Eva Kaufmann, Hans Kaufmann 1976.

Hat ein Autor mehrere Titel in einem Jahr veröffentlicht, die Sie benutzen, dann werden Sie alphabetisch sortiert und die Jahreszahl mit kleinen Buchstaben versehen. Die Angaben Lethen 1995a und Lethen 1995b verweisen eindeutig auf die folgenden beiden Titel im Literaturverzeichnis:

Lethen, Helmut: Der Habitus der Sachlichkeit in der Weimarer Republik. In: Bernhard Weyergraf (Hrsg.): Literatur der Weimarer Republik 1918–1933. München, Wien 1995a, S. 371–445.

Lethen, Helmut: Unheimliche Nachbarschaften. Neues vom neusachlichen Jahrzehnt. In: Sabina Becker in Zusammenarbeit mit Eckhard Faul und Reiner Marx (Hrsg.): Jahrbuch zur Literatur der Weimarer Republik. Bd. 1. St. Ingbert 1995b, S. 76–92.

Schlusscheck und Abgabe

Geben Sie die Arbeit sauber ausgedruckt und vollständig ab. Der Druck sollte in der Qualität nicht schwanken (also Ersatzpatronen vorrätig haben beim Ausdruck), Flecken sind verboten, die Seitenzählung sollte durchgängig sein, aber erst auf der Seite nach dem Inhaltsverzeichnis beginnen und bis zur letzten Seite reichen. Wenn Sie die Arbeit in mehreren Schüben ausgedruckt und dabei Fehler korrigiert haben, prüfen Sie bitte, ob die Anschlüsse der Seiten stimmen oder ob es zu Text-Brüchen oder Überhangen gekommen ist. Wenn Sie einen guten Eindruck machen wollen und der/die Lehrende es gern sieht, packen Sie die ausgedruckte Arbeit in eine Plastikmappe. Ansonsten reicht es, wenn Sie die Arbeit oben links fest heften. Eine Büroklammer reicht aber nicht. Abschlussarbeiten werden immer gebunden und in mehrfacher Ausfertigung abgegeben.

Bitte beachten Sie: Die abgegebene Arbeit ist ein Original und sie ist das, was Sie dem/der Lehrenden zeigen wollen. Sie wollen damit auch demonstrieren, was Ihr derzeitiger Arbeits- und Leistungsstand ist. Sie machen mit Ihrer Arbeit einen entsprechenden Eindruck, auch formal.

Erklärung

Auch für eine Seminararbeit brauchen Sie heute in der Regel eine gesonderte Erklärung, dass Sie sie selbständig und ohne Hilfestellung verfasst haben. Textübernahmen, die nicht gekennzeichnet sind, gelten als Täuschungsversuch. Unabhängig davon, dass Sie nichts dabei lernen, wenn Sie nur abkupfern, gefährden Sie Ihr Studium damit.

Eine Erklärung darüber, dass Sie die Arbeit selbständig verfasst haben, ist auch Standard bei Abschlussarbeiten. Diese Erklärung wird auf ein gesondertes Blatt getippt, datiert, unterschrieben, der Arbeit ganz hinten angehängt und bei den abgegebenen Exemplaren mit eingebunden. Nehmen Sie sich für die Schlussarbeiten Zeit. Planen Sie bei Abschlussarbeiten – wenn möglich – dafür eine Woche Zeit ein. Dann können Sie eventuelle Havarien Ihres Rechners oder einen Zusammenbruch Ihres Druckers ohne großen Schaden überstehen und haben immer noch genügend Zeit, Schäden zu beheben oder Fehler auszubessern.

Checkliste Schlusskorrektur

- ✦ Titelei, Inhaltsverzeichnis, Titel der Kapitel, Kolumnen auf Vollständigkeit und Korrektheit der Angaben prüfen
- ✦ Übereinstimmung Inhaltsverzeichnis und Kapitelüberschriften prüfen
- ✦ Namen und Titel von Autoren und Texten prüfen
- ✦ Zitate an den Originalquellen prüfen
- ✦ Rechtschreibung prüfen
- ✦ Formalia prüfen (Seitenrand, Schriftart und -größe, Auszeichnung Überschriften, Fließtext und Fußnoten)
- ✦ Literaturliste: prüfen, ob alle Angaben korrekt und regelmäßig verzeichnet sind, alphabetische Reihenfolge prüfen
- ✦ Anschlüsse der Seiten prüfen, vor allem bei Seiten, die korrigiert, neu ausgedruckt und neu eingefügt wurden
- ✦ Vollständigkeit des Ausdrucks prüfen
- ✦ Sauberkeit des Ausdrucks prüfen
- ✦ Nach der Bindung: Sauberkeit der Bindung, Vollständigkeit der Exemplare prüfen
- ✦ Legen Sie für sich ein gebundenes Exemplar und eine Datenkopie zur Seite.

Im Folgenden finden Sie Beispiele für

- ✦ das Titelblatt
- ✦ das Inhaltsverzeichnis
- ✦ die Textseiten
- ✦ die Bibliografie.

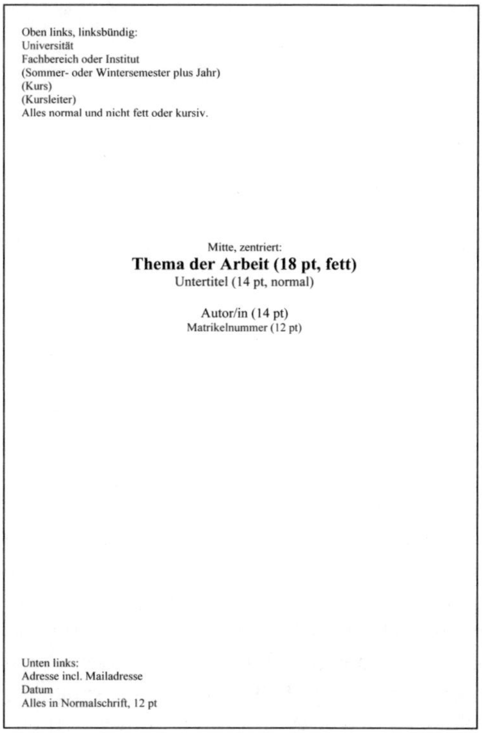
Oben links, linksbündig:
Universität
Fachbereich oder Institut
(Sommer- oder Wintersemester plus Jahr)
(Kurs)
(Kursleiter)
Alles normal und nicht fett oder kursiv.

Mitte, zentriert:
Thema der Arbeit (18 pt, fett)
Untertitel (14 pt, normal)

Autor/in (14 pt)
Matrikelnummer (12 pt)

Unten links:
Adresse incl. Mailadresse
Datum
Alles in Normalschrift, 12 pt

Abb. 10: Exempel Titelblatt

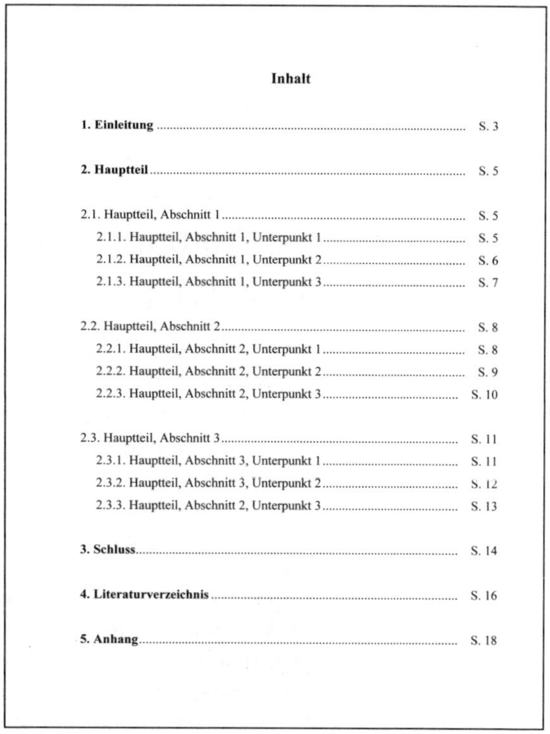
Inhalt

1. Einleitung .... S. 3
2. Hauptteil .... S. 5
2.1. Hauptteil, Abschnitt 1 .... S. 5
2.1.1. Hauptteil, Abschnitt 1, Unterpunkt 1 .... S. 5
2.1.2. Hauptteil, Abschnitt 1, Unterpunkt 2 .... S. 6
2.1.3. Hauptteil, Abschnitt 1, Unterpunkt 3 .... S. 7
2.2. Hauptteil, Abschnitt 2 .... S. 8
2.2.1. Hauptteil, Abschnitt 2, Unterpunkt 1 .... S. 8
2.2.2. Hauptteil, Abschnitt 2, Unterpunkt 2 .... S. 9
2.2.3. Hauptteil, Abschnitt 2, Unterpunkt 3 .... S. 10
2.3. Hauptteil, Abschnitt 3 .... S. 11
2.3.1. Hauptteil, Abschnitt 3, Unterpunkt 1 .... S. 11
2.3.2. Hauptteil, Abschnitt 3, Unterpunkt 2 .... S. 12
2.3.3. Hauptteil, Abschnitt 2, Unterpunkt 3 .... S. 13
3. Schluss .... S. 14
4. Literaturverzeichnis .... S. 16
5. Anhang .... S. 18

Abb. 11: Exempel Inhaltsverzeichnis

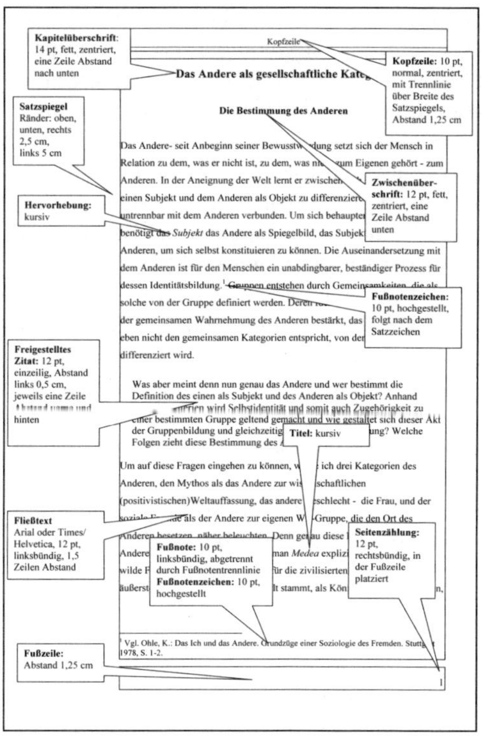

Abb. 12: Exempel Textseiten mit Auszeichnungen

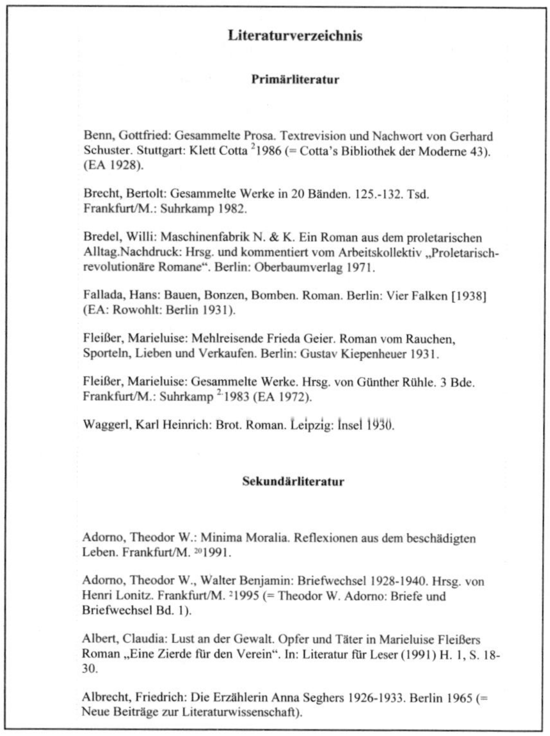
Literaturverzeichnis

Primärliteratur

Benn, Gottfried: Gesammelte Prosa. Textrevision und Nachwort von Gerhard Schuster. Stuttgart: Klett Cotta [2]1986 (= Cotta's Bibliothek der Moderne 43). (EA 1928).

Brecht, Bertolt: Gesammelte Werke in 20 Bänden. 125.-132. Tsd. Frankfurt/M.: Suhrkamp 1982.

Bredel, Willi: Maschinenfabrik N. & K. Ein Roman aus dem proletarischen Alltag.Nachdruck: Hrsg. und kommentiert vom Arbeitskollektiv „Proletarisch-revolutionäre Romane". Berlin: Oberbaumverlag 1971.

Fallada, Hans: Bauen, Bonzen, Bomben. Roman. Berlin: Vier Falken [1938] (EA: Rowohlt: Berlin 1931).

Fleißer, Marieluise: Mehlreisende Frieda Geier. Roman vom Rauchen, Sporteln, Lieben und Verkaufen. Berlin: Gustav Kiepenheuer 1931.

Fleißer, Marieluise: Gesammelte Werke. Hrsg. von Günther Rühle. 3 Bde. Frankfurt/M.: Suhrkamp [2]1983 (EA 1972).

Waggerl, Karl Heinrich: Brot. Roman. Leipzig: Insel 1930.

Sekundärliteratur

Adorno, Theodor W.: Minima Moralia. Reflexionen aus dem beschädigten Leben. Frankfurt/M. [20]1991.

Adorno, Theodor W., Walter Benjamin: Briefwechsel 1928-1940. Hrsg. von Henri Lonitz. Frankfurt/M. [2]1995 (= Theodor W. Adorno: Briefe und Briefwechsel Bd. 1).

Albert, Claudia: Lust an der Gewalt. Opfer und Täter in Marieluise Fleißers Roman „Eine Zierde für den Verein". In: Literatur für Leser (1991) H. 1, S. 18-30.

Albrecht, Friedrich: Die Erzählerin Anna Seghers 1926-1933. Berlin 1965 (= Neue Beiträge zur Literaturwissenschaft).

Abb. 13: Exempel Bibliografie

IV. Referat, Präsentation, Thesenpapier, Prüfungen, Aufsätze

1. Vorbemerkung

Die Abhandlung – egal ob im Studium oder im Beruf – ist zwar die wichtigste Form der wissenschaftlichen Arbeit. Daneben stehen aber noch andere Kommunikationsformen wie Vortrag/Referat, Präsentation oder das Paper, die gleichfalls im Studium ihren Platz, im Berufsleben aber einen ungleich höheren Stellenwert haben. Vortrag, Präsentation und Thesenpapier erlauben es, Sachverhalte knapp und konzentriert einem Hörerpublikum zu vermitteln. Sie haben in der beruflichen und kommerziellen Fortbildung einen hohen Stellenwert. Der persönliche Kontakt, die körperliche Anwesenheit und Präsenz von Redner und Hörer ist ein wichtiges Vermittlungsinstrument in der wissenschaftlichen und beruflichen Kommunikation. Die knappe und genau fokussierte Information erhält in der allgemeinen Reizüberflutung eine immer größere Bedeutung. Die Möglichkeit, die Ergebnisse einer Arbeit zu präsentieren und unmittelbar zu diskutieren, ist auch unter den Bedingungen der medial geprägten Kommunikations- und Informationsgesellschaft ein hohes Gut.

Berufsorientierte Anforderungen

Allerdings werden diese Formen der wissenschaftlichen und beruflichen Arbeit im Studium oft genug nur stiefmütterlich behandelt und müssen dann später, im Berufsleben, mühsam erworben werden. Überlange, langweilige Referate, die auf Zuhörer, Vorgaben und Ziele keine Rücksichten nehmen, Seminarteilnehmer, die Referate hinnehmen, ohne sie wirklich wahrzunehmen und auf sie zu reagieren, geschweige denn sie zu diskutieren, Seminarleiter, die weder präzise Vorgaben machen, zu welchem Thema wie lange vorgetragen werden soll und die kein Feedback über Inhalt und Form geben: Der Universitätsalltag ist nicht gerade das Muster einer erfolgreichen und effizienten Ausbildungsstätte, zumindest was solche Qualifikationen angeht.

Performance und Content

Dabei hat das Medienzeitalter gelehrt, dass die persönliche Präsentation, die Performance, einen Großteil des Erfolgs ausmacht. Wer gut „rüberkommt", der hat auch leichter Erfolg. Wer eine Botschaft von Bedeutung hat, sollte sich auch darum kümmern, dass sie eine angemessene Resonanz hat. Und dafür müssen Sie einige Techniken erlernen, mit denen Sie Ihre Inhalte möglichst effektiv vermitteln können.

Studienbegleitende Anforderungen

Neben diesen auch im Berufsalltag gebräuchlichen Kommunikationsformen gibt es einige Formen schriftlicher und mündlicher Kommunikation, die vor allem das Studium begleiten. Dazu gehören das Prüfungsgespräch, das Interview, die Klausur und insbesondere die Klausur mit Multiple-Choice-Charakter. Zwar gibt es auch im Berufsalltag Gespräche und Interviews, in vielen dieser Gespräche müssen Sie auch Ihr Wissen präsentieren und vermitteln. Aber im Studium ist das Ziel dieser Formen, dass sie einen Eindruck davon geben, was Sie wissen und wie Sie gelernt haben, mit Themen Ihres Faches umzugehen.

2. Referat, Vortrag und Präsentation

Kompetenzen selbständig aneignen

Vortrag, Referat oder Präsentation sind gängige mündliche Vermittlungsformen im wissenschaftlichen und beruflichen Alltag. In diesem Sinne sind sie nichts anderes als spezielle Formen der öffentlichen oder halböffentlichen Rede (die hier nicht Gegenstand ist). Das bedeutet, dass der große Wissens- und Erfahrungsbestand der Rhetorik für diese Formen von zentraler Bedeutung ist. Auch aktuelle Redeanleitungen wie etwa der Duden-Ratgeber *Reden gut und richtig halten!* (2. Aufl. Mannheim et al. 2000) kann weiterhelfen.

Vorträge

Vorträge werden in der Regel auf wissenschaftlichen Konferenzen oder in Bildungseinrichtungen eingesetzt. Man versteht unter ihnen für ein interessiertes Laienpublikum oder Fachpublikum gefertigte mündlich vorgetragene Abhandlungen zu einem Thema mit einer Dauer von meist 20 bis 60 Minuten.

Referate

Referate werden in der Regel in Seminarveranstaltungen eingesetzt und sollen ein für das Seminar relevantes Thema vermitteln. Referate sind als Sachvorträge zu halten. Standarddauer: 20 Minuten.

Präsentationen

Präsentationen sind Referate, die durch visuelle Medien unterstützt werden. Der Begriff bezeichnet gelegentlich auch nur diese Medien. Im wissenschaftlichen oder generell im öffentlichen Sachvortrag sind Präsentationen mittlerweile Standard. Verwendet werden heute meist spezielle Präsentationsprogramme wie zum Beispiel Powerpoint.

Elemente des Vortrags

Diese Vortragsformen haben unterschiedliche Ziele und nehmen auf verschiedene Zuhörerschaften Rücksicht, dennoch teilen sie dieselben Grundelemente:

- mündlicher Vortrag
- thematische Fokussierung
- Hörerfokussierung
- zeitliche Begrenzung
- Diskussionsgrundlage
- Verbindung visueller und auditiver Teile.

Gemeinsames Ziel, verteilte Rollen

Vorträge, Referate und Präsentationen werden persönlich und mündlich vorgetragen. Vortragender und Hörer sind im selben Raum und bilden eine kommunikative Interessensgemeinschaft, mit dem Ziel der Wissensvermittlung und Wissensvertiefung. Das heißt, sie haben ein gemeinsames Ziel, auch wenn sie es mit verteilten Rollen zu erreichen versuchen. Im Rahmen dieser zeitlichen Interessengemeinschaft hat der Referent die Aufgabe, ein Thema aufzuarbeiten und angemessen vorzustellen. Dabei muss er/sie den Anforderungen des Themas wie denen der Hörer folgen. Das bedeutet, dass ein Thema immer so aufgearbeitet werden muss, dass es von den Hörern verstanden und verarbeitet werden kann. In wissenschaftlichen Vorträgen verschiebt sich das Gewicht dabei in Richtung Thema, während in Vorträgen vor Laienpublikum auf die Aufnahmefähigkeit und die Vorbildung der Hörer Rücksicht genommen werden muss. Hierbei kann die Nutzung visueller Elemente, also von Präsentationsfolien (elektronischer oder materialer Art) sinnvoll sein. Bei Vorträgen ist folgendes unbedingt zu beachten:

Thema strikt einhalten

In jedem Fall muss die thematische Vorgabe strikt eingehalten werden.

Hörer informieren

Die Aufarbeitung soll so geschehen, dass die Hörer angemessen und ausführlich informiert und in die Lage versetzt werden, das Thema im Kontext zum Beispiel eines Seminars zu diskutieren. Das Ziel des Referats ist die kompetente Diskussion, nicht die Demonstration der Brillanz des Referenten. Das heißt, Sie müssen sich in jedem Fall auf Ihre Hörer einstellen.

Zeitvorgaben strikt einhalten

Die Aufnahmefähigkeit von Hörern ist begrenzt. Mit anderen Worten: „Man darf über alles predigen, nur nicht über zwanzig Minuten." Je länger Sie reden, desto weniger können Sie Ihren Hörern vermitteln. In Seminaren ist also eine Gesamtreferatzeit von maximal 20 Minuten sinnvoll und strikt einzuhalten. Bei Vorträgen haben Sie oft mehr Zeit. Berücksichtigen Sie in diesen Fällen, dass Ihre Hörer nur begrenzt aufnahmefähig sind. Schaffen Sie Ruhepausen und Abwechslung.

Präsentieren einer Diskussionsgrundlage

Ihre Aufgabe ist es, Ihre Zuhörer insbesondere im Seminar diskussionsfähig zu machen. Das heißt, Sie müssen auf der einen Seite genügend Informationen geben, um der Diskussion eine geeignete Basis zu schaffen. Auf der anderen Seite dürfen Sie Ihre Zuhörer nicht überfrachten.

Visuelle und auditive Elemente verbinden

Medien wie eine Powerpointpräsentation, Overheadfolien oder ein Thesenpapier können Ihren Zuhörern helfen, Ihnen zu folgen. Sie geben mit den Folien der Präsentation eine Orientierung über Ihren Vortrag, seine Teile und seine Struktur. Bilder oder Aufzählungen machen leichter merkbar, was Sie mit (anderen) Worten vortragen. Ein Thesenpapier enthält die wichtigsten Informationen, die für das Thema und seine anschließende Diskussion wichtig sind.

Vortrag strukturieren

Strukturieren Sie Ihren Vortrag und machen Sie die Übergänge deutlich. Die Übergänge und Ankündigungen, was Sie im Folgenden zu tun gedenken (was ja in der Hausarbeit vermieden werden soll), können sinnvoll als „Pausen" oder Erholungsphasen für Ihre Zuhörer dienen. Setzen Sie solche Füllsel aber sehr gezielt und selten ein. Auch echte Sprechpausen können hilfreich sein. Nutzen Sie die Erstellung der Präsentation auch, um den Vortrag sachgemäß zu strukturieren. Da Sie bei Präsentationsprogrammen Ihren Vortrag in einzelne Schritte auflösen müssen, kann Ihnen das Programm beim Strukturieren behilflich sein. Versuchen Sie, logisch und in der richtigen Reihenfolge vorzugehen.

Frei vortragen

In Referaten wird es gern gesehen, wenn Sie frei vortragen und nicht vom Manuskript ablesen. Sie dürfen und sollten sogar Konzeptzettel (nicht größer als DIN A5 Querformat) benutzen, auf die Sie die Struktur und die Kernaussagen, Thesen und Fakten Ihres Referats notiert haben. Es ist sinnvoll, mehrere Karten in ausreichend großer Schrift hintereinander zu packen und sie im Referat nach und nach abzuarbeiten. Notieren Sie sich Stichworte, die Sie je nach Situation beim Vortrag in vollständige Sätze umbauen. Denken Sie sich am besten im Vorfeld bereits ein paar einleitende Sätze aus, mit denen Sie zum Vortrag hinführen. Das macht Sie sicherer und gibt Ihnen eine Grundlage für den weiteren Vortrag. Wenn Sie bei den ersten Malen unsicher sind, notieren Sie diese Einleitungssätze vollständig. Später und mit etwas Routine werden Sie davon abgehen können. Wählen Sie eine souveräne und klare Formulierung für den Auftakt. Vermeiden Sie Verkleinerungssätze, -formeln oder -wörter wie „Ich hab dann mal so", „irgendwie" etc. Sie sind hier als Spezialist, der einen Wissensvorsprung vor seinen Zuhörern hat. Formulieren Sie kurze und einprägsame Sätze, keine Schachtelsätze. Das gilt auch für Vorträge, die vom Manuskript abgelesen werden. Versuchen Sie, Ihre Sätze abzuschließen. Nehmen Sie die Konzeptzettel/karten in die Hand. Dann ist auch das Problem gelöst: Wohin mit den Händen?

Vortragsdauer kalkulieren

Wenn Sie bei wissenschaftlichen Vorträgen vom Manuskript ablesen, kalkulieren Sie genau Umfang und Vortragszeit (1 Standardtyposkriptseite = ca. 3 Minuten). Denken Sie daran, dass Schrift und Zeilenabstand groß genug sind und die Textbreite klein genug ist, dass Sie sie auch gut lesen können, wenn Sie an einem Rednerpult stehen und das Manuskript abgelegt haben (Schriftgröße: 12 pt, Schrift: Arial oder Times, Zeilenabstand: 1,5-zeilig, Textbreite: ca. 14 cm). Wenn Sie merken, Sie verlieren die Zeile beim Vortrag, müssen Sie die Textbreite für das nächste Mal verringern. Wenn Sie befürchten, dass im Vortragsraum zu wenig Licht ist, um Ihre Schrift noch lesen zu können, wählen Sie eine größere Schrift.

Im Stehen sprechen

Wer vorträgt, spricht im Stehen. Das hat mehrere Gründe: Sie sprechen freier und klarer, wenn Sie stehen. Sie sind besser zu verstehen, weil Sie im Stehen die meist sitzenden Zuhörer überragen. Außerdem sprechen Sie im Stehen automatisch mehr nach vorne als im Sitzen. Auch können Sie im Stehen die Vortrags- oder Referatssituation besser überblicken und darauf reagieren, wenn Ihre Zuhörer unaufmerksam werden, und insgesamt die Lage besser beherrschen. Sie zeigen damit auch den Zuhörern, wessen Veranstaltung das hier ist. Sie sind der Chef! Wenn es nicht schon vorgesehen ist, stellen Sie sich in die Mitte in Vortragsposition, nicht an die Seite. Nur wenn die Präsentationsfolien Sie an den Rand verdrängen, dürfen Sie dort stehen. Notfalls müssen Sie den Projektor ausschalten, um sich wieder in den Vordergrund zu rücken.

Klar, deutlich, langsam sprechen

Versuchen Sie klar, deutlich und langsam zu sprechen. Wenn Sie Ihre Typoskriptseite schneller lesen als in drei Minuten, müssen Sie zu Hause üben, langsamer zu sprechen. Wenn Sie üben, dann bitte laut sprechen, nicht leise lesen. Wenn Sie selber beim Sprechen glauben, zu langsam zu sein, kommen Sie einem angemessenen Sprechtempo nahe. Nochmals: Bilden Sie einfache und kurze Sätze. Versuchen Sie Pausen und Betonungen zu setzen (notfalls markieren Sie Betonungen oder notieren ins Manuskript: „Pause!"). Wenn möglich, absolvieren Sie einen Sprecherziehungs- oder praktischen Rhetorikkurs.

Medien kalkuliert einsetzen

Wenn Sie zur Unterstützung Ihres Vortrags Medien einsetzen, vergewissern Sie sich als erstes, welche Ihnen zur Verfügung stehen und welche Rahmenbedingungen damit verbunden sind. Das geht soweit, dass Sie sich gegebenenfalls darum kümmern müssen, das Präsentationsmedium selber zu besorgen (oder zumindest den Schlüssel zum Medienschrank). Egal ob Sie mit Medien umzugehen gewohnt sind oder nicht, probieren Sie vor dem Referat/Vortrag aus, wie das Präsentationsmedium bedient wird und ob es funktioniert. Unterschätzen Sie auch einen Overheadprojektor nicht. Wenn Sie mit Ihrem eigenen Rechner und mit einem Videobeamer Ihrer Universität arbeiten wollen, probieren Sie im Vorfeld aus, wie die Geräte zu bedienen sind und ob sie kompatibel sind. Wenn das nicht der Fall ist, stellen Sie sicher, dass ein Ersatzgerät, das in jedem Fall

Lyrik des 20. Jahrhunderts

13. Protest

Die Neukonstituierung der politischen Lyrik in den sechziger Jahren

Prof. Dr. Walter Delabar
Sommersemester 2007
FU Berlin

Hans Magnus Enzensberger

- 1929 geb.
- Studium Sprache, Litwiss., Philosophie in Erlangen, Freiburg i. Br., Hamburg, Sorbonne
- Rundfunkredakteur, Lektor (Suhrkamp), Freier Autor
- Gedichte, Herausgeber, Essayist, Romanautor
- 1957: verteidigung der wölfe
- 1960: landessprache
- 1964: blindenschrift
- 1975: mausoleum
- 1978: Untergang der Titanic
- 1960: Museum der modernen Poesie (Hg), Kursbuch seit Gründung, 1985: Wasserzeichen der Poesie

Revival Politlyrik 60er

- Politlyrik
  - Peter Paul Zahl, Hans Magnus Enzensberger, Arnfrid Astel, F.C. Delius, Alfred Andersch, Erich Fried, Yaak Karsunke
- Politisches Lied (Singer Songwriter)
  - Wolf Biermann, Dieter Süverkrüp, Hannes Wader, Franz-Josef Degenhardt, Bettina Wegner
- Politrock
  - TonSteineScherben

Abb. 14: Folienbeispiele. Formate entsprechen nicht Powerpoint-Folien.

Erich Fried: Spruchdichtung

17. – 22. Mai 1966 (1966)

Aus Da Nang
wurde fünf Tage hindurch täglich
berichtet:
Gelegentlich einzelne Schüsse

Am sechsten Tag wurde berichtet:
In den Kämpfen der letzten fünf Tage
in Da Nang
bisher etwa tausend Opfer

Gruppe SPUR

1957 bis 1964, 1959 Mitglied der Situationist. Internationale, 1962 ausgeschlossen, Mitglieder: H. Sturm, H. Prem, L. Fischer, HP Zimmer und D. Kunzelmann, bundesdeutsche Neoavantgarde und mit Verbindung zu Politavantgarde, abgelöst von Popart

Lesebuch

- Brecht-Adaption
- Sprecher ist Vater
- Lehre für Aufnahme in Lesebuch Schule
- Doppelte Lehre: mündlich und schriftlich, persönlich und abstrakt
- Unterwerfung unter das System gewandelt in Zerbrechen des Systems
- Vorrang Sachtexte
- Widerspruch zu Vortrag in Lyrik

zum Beamer passt, zur Verfügung steht. Bringen Sie dafür dann Ihre Folien auf einem Datenspeicher mit (USB-Stick oder CD-Rom).

Folien Hoch- oder Querformat?

Wenn Sie Folien vorbereiten, dann berücksichtigen Sie bitte, ob Sie ein Hoch- oder Querformat brauchen. Overheadprojektoren brauchen meist ein Hochformat, Powerpoint oder andere Präsentationsprogramme sind auf Querformat angelegt.

Folien übersichtlich und klar

Gestalten Sie Ihre Präsentation und jede einzelne Folie übersichtlich und klar. Überfrachten Sie Folien nicht. Beschränken Sie sich auf wenige Inhalte. Beschränken Sie sich in der Regel auf Folien-Überschrift, Aufzählung oder Zitat und Bildelement (siehe Beispiele). Falls notwendig können Sie mehrere Folien hintereinander einsetzen. Setzen Sie eine ausreichend große Schriftgröße ein. Die Schrift auf der Folie muss so groß sein, dass ein normalsichtiger Kommilitone sie ohne Schwierigkeiten aus der letzten Reihe des Vortragsraums erkennen und lesen kann. Powerpoint schlägt Ihnen für Überschriften eine Schriftgröße von 44 pt vor. Für Aufzählungen sind es 32 pt. Davon können Sie leicht nach unten abweichen, in Abhängigkeit vom Raum, in dem Sie vortragen. Auch bei Overheadfolien sind solche Schriftgrößen angebracht. Machen Sie sich mit einem Präsentations-Programm vertraut.

Kombinationsmöglichkeiten

Die Beispiele in Abb. 14 zeigen verschiedene Kombinationsmöglichkeiten. Folie 1 zeigt eine Auftaktfolie, auf der die Veranstaltungsreihe, die Veranstaltung, der Referent und der Ort, an dem die Vorlesung vorgetragen wurde, verzeichnet sind. Auf den Folien 2–4 sind Kombinationen von Text und Bild vorgeführt. Im Fall der Folie 2 sind ein Gedicht und der Titel des Buches kombiniert, in dem es erstmals erschienen ist. In der folgenden Folie wird ein Autor samt Kurzvita und Bild vorgestellt. In der Folie 4 ist eine Künstlergruppe vorgestellt mit einem Exponat und einer stichwortartigen Gruppengeschichte. Es ist ein Kompromiss, dass in dieser stichwortartigen Geschichte die Schriftgröße nur bei 18 pt liegt und Abkürzungen benutzt werden. Optimal ist das nicht. In allen Fällen sind die Folien klar und einfach aufgebaut worden, damit sie schnell erfasst werden können. Sie haben drei Basis-Elemente: Überschrift, Bildteil, Erläuterungsteil. Die Folien 5 und 6 zeigen reine Textseiten.

Ton- und Videobeispiele

Sie können auch Ton- und Videoexempel in die Präsentation einbetten. Sie sollten das aber nur dann tun, wenn Sie gezwungen sind, diese Dokumente schnell vorzuführen. Ansonsten kann das Einlegen einer CD zum Beispiel in Ihrem Vortrag für die Zuhörer eine kleine Ablenkung und Atempause bedeuten, mit der die Aufmerksamkeit für das, was folgt, sogar noch gestärkt wird.

3. Thesenpapier und Handout

Thesenpapier

Neben Folien wird bei Referaten oft auch ein Thesenpapier (gelegentlich auch Handout genannt) eingesetzt, um die Vermittlung des Vorgetragenen zu unterstützen. Auch wird ein Thesenpapier zur Vorbereitung von mündlichen Prüfungen eingesetzt. Allgemein gesprochen ist ein Thesenpapier die Basis für eine weiter reichende Diskussion. Es soll die wichtigsten Informationen, eine Annahme zu ihrer Erklärung und Begründungselemente enthalten. In diesem Zusammenhang ist ein Thesenpapier vor allen Dingen eine Vermittlungs-, Merk- und Erinnerungshilfe. Es soll die Grundlage für ein Gespräch oder eine Diskussion schaffen. Zugleich gibt es Einblick in den Wissensstand, den Reflexionsstand und die Position des Verfassers. Aus diesem Grund wünschen Lehrende vor Prüfungen Thesenpapiere. Sie sind für sie Einschätzhilfe, Diskussionsgrundlage und zugleich auch Frageleitfaden.

Elemente von Thesenpapieren

In Thesenpapieren finden sich fünf verschiedene Textelemente:

- Thema
- Basisinformationen
- Thesen
- Begründungen
- Quellen.

Thema

Das Thesenpapier sollte so konkret wie möglich sein Thema benennen. Falls notwendig, sollten Sie hier auch die Fragestellung benennen, die die Behandlung notwendig macht.

Basisinformationen

Um eine Diskussionsgrundlage zu schaffen, ist es gelegentlich notwendig, die sachlich korrekten Informationen mit zu liefern. Diese Sachinformationen sollten unstrittig sein, sie sollten aber auch auf das Notwendige beschränkt werden. Informationen, die für die zu entwickelnden Thesen nicht von Relevanz sind und für die Diskussion nicht benötigt werden, gehören nicht in das Thesenpapier. Es kann auch sinnvoll sein, ein Zitat als Gegenstand der Thesen wiederzugeben. Das hängt vom Thema ab, das im Thesenpapier und im dazugehörigen Vortrag abgehandelt wird.

Thesen

Thesen sind Einschätzungen, Annahmen oder Erklärungsversuche zu einem Sachverhalt oder Positionen, die Sie zu einem Thema beziehen. Sie haben behauptenden Charakter, treten aber nicht mit dem Gestus auf, hier werde Wahrheit verkündet, sondern sie erproben etwas, was diskutiert werden muss. Sie geben im Thesenpapier Ihre Einschätzung zu einem Thema wieder. Sie beziehen damit Position und signalisieren Ihre Diskussionsbereitschaft.

Begründung

Sie müssen Ihre Thesen erläutern und begründen, ja sogar verteidigen. In diesen Erläuterungen organisieren Sie das Material so, dass es Ihre Thesen unterstützt. Alles Wesentliche, was Ihre These plausibel macht, sollte angeführt werden. Informationen oder Einschätzungen, die Ihrer These widersprechen, sollten zumindest aufgeführt und, wenn möglich, diskutiert werden. Wenn Sie in Ihrem Thesenpapier Forschungspositionen gegenüberstellen wollen, dann können Sie das zum Beispiel in Tabellenform tun.

Quellen

Nur die wichtigsten Quellen sollten aufgeführt werden. Falls Sie mit Forschungspositionen arbeiten, sollten die notwendigen Quellenangaben mitgeliefert werden.

Kurz und knapp

Insgesamt sollte ein Thesenpapier kurz und knapp sein und sich auf das Wesentliche konzentrieren. Ein Umfang von bis zu zwei Seiten ist empfehlenswert. Mehr Seiten sollten für ein Thesenpapier nicht verwendet werden. Das Thesenpapier sollte bei mündlichen Prüfungen dem Prüfer im Vorfeld zugesandt werden. Bei Referaten sollte es mit Beginn des Vortrags verteilt werden. Bitte auf eine ausreichende Anzahl von Kopien achten.

Beispiel: Thesen zu Heinrich Bölls frühen Erzählungen

> Thema: Die Moderne in Bölls Frühwerk
>
> *These: Heinrich Bölls frühe Erzählungen basieren auf einer grundlegenden Erfahrung von Moderne: die Entmächtigung des Subjekts und die Totalität des gesellschaftlichen Ganzen.*
>
> Begründung: Bölls Frühwerk ist zwar vom Krieg stofflich und biografisch motiviert. Es klagt den Krieg und seine Verursacher zweifelsohne an – aber es erschöpft sich nicht darin. Hinter der Folie des Krieges steht die sehr viel größere Kulisse der modernen Gesellschaft, für die der Krieg zum katastrophischen Extremfall geworden ist, in der sie alle ihre Ressourcen, Methoden und Potentiale einsetzt. In diesem Mahlstrom der Modernisierungen geraten die Einzelnen und ihre Lebensbedingungen unter enormen Druck – die Lebensbedingungen der Individuen werden mehr und mehr konfisziert, funktionalisiert und ökonomisiert. Zugleich wirft sich die Gesellschaft zur alles bestimmenden Totalität auf. Das aber hat letztlich eine zerstörerische Potenz, die die Gesellschaft gründlich desavouiert, jene anonyme Instanz also delegitimiert, deren Agenten stets als machtnahe und machtgeschützte Befehlshaber und Ordnungsmächte auftreten, die mit dem Nutzen der Totalität zugleich ihren eigenen verfolgen.
>
> Literaturangaben
>
> Sonstige Angaben: Universität und Fachbereich, Semester, Veranstaltung, Seminarleiter, Seminarsitzung, Referent/en/Verfasser

4. Protokoll

In Seminaren werden immer wieder Protokolle verlangt, um die Ergebnisse der Diskussion oder Veranstaltung festzuhalten. Bei den folgenden Sitzungen kann dann darauf aufgebaut werden. Bei einer Schlussauswertung werden vor allem die Protokolle der Einzelveranstaltungen als Basis herangezogen. Protokolle sind insbesondere dann von Bedeutung, wenn in ihnen neben den Ergebnissen oder Verläufen auch Beschlüsse oder Vereinbarungen festgehalten werden, auf die sich später alle Beteiligten beziehen sollen.

Verlaufs- oder Ergebnisprotokoll

Es gibt zwei Arten von Protokollen: Verlaufs- und Ergebnisprotokolle. Verlaufsprotokolle halten den Verlauf einer Veranstaltung oder einer Diskussion fest. Dabei werden die jeweiligen Beiträger benannt und ihre Statements so genau wie möglich und in der Reihenfolge ihrer Beiträge wiedergegeben. Ein Ergebnisprotokoll hingegen verzeichnet lediglich die Ergebnisse einer Veranstaltung oder Diskussion. Auch hier werden die Positionen Personen zugeordnet, soweit das möglich ist. Kommentare der Protokollanten sind in beiden Varianten nur insoweit zugelassen, als sie die einzelnen Positionen in einen konkreten und nachvollziehbaren Zusammenhang bringen. Bewertungen sind zu unterlassen. Auch das Protokoll ist mit den Angaben zu Universität und Fachbereich, Semester, Veranstaltung, Seminarleiter, Seminarsitzung und Verfasser zu versehen.

5. Klausur

Klausuren begleiten Sie das gesamte Schul- und Ausbildungsleben hindurch. Außerhalb dieses besonderen Kosmos haben Klausuren zwar überhaupt keinen Platz. Es gibt sie im „wirklichen Leben" schlichtweg überhaupt nicht (auch die Führerscheinprüfung ist nicht das „richtige Leben", das Fahren wird es später sein). Das bedeutet freilich nicht, dass Sie sie abhaken und vergessen können. Als schulische und universitäre Form beweist die Klausur eine hartnäckige Vitalität, nicht zuletzt weil sie bei aller berechtigten Kritik doch einen Eindruck davon vermittelt, welchen Leistungsstand Studierende erreicht haben. Allerdings wird damit nur eine bestimmte Art der Leistung geprüft.

Konzentrationsübung

Klausuren lassen sich am besten als Konzentrationsübung in Sachen „Abhandlung schreiben" verstehen. Sie müssen ein Thema, das Ihnen vorher nicht oder nur im Groben bekannt ist, für das Sie aber als kompetent gelten, innerhalb einer vorher festgelegten Zeit darstellen, ausarbeiten und diskutieren. Das kann man vorbereiten und einüben. Allerdings macht hier die Übung den Meister. Die alten Magister- und Lehramtsstudenten hatten es damit nicht leicht, hatten doch viele von ihnen zwischen dem Abitur und dem Abschlussexamen keine Gelegenheit, Klausuren (genau so wenig wie mündliche Prüfungen) zu üben. Im Zeitalter von BA und MA sieht das ein wenig anders aus. Hier werden Klausuren häufig eingesetzt, Übungsgelegenheiten gibt es also genug. Die Risiken, die mit den Abschlussprüfungen verbunden sind, sinken allerdings auch, weil Klausuren und mündliche Prüfungen ja Studien begleitend vorkommen und Abschlussprüfungen mehr und mehr verschwinden.

Wahl des Themas bestimmt Struktur

Mit der Wahl des Themas ist die Struktur der Klausur weitgehend bestimmt. Generalthemen führen zu einer sukzessiven Systematik (erst a, dann b, dann c, entweder chronologisch oder systematisch). Fragestellungen haben hingegen eine andere Struktur, die aber standardisierbar ist:

- Einleitung
- Theoretischer Zugriff
- Sozial-, kultur-, literaturhistorischer Kontext
- Textabhandlung
- Resümee oder Ausblick.

Zuerst müssen Sie die Fragestellung benennen, dann konkretisieren und eingrenzen. Das heißt, Sie beschreiben das Feld und seine Grenzen, in denen Sie sich im Folgenden bewegen. Die beiden folgenden Abschnitte sind optional, müssen also nur dann eingesetzt werden, wenn die Textabhandlung nur mit einem spezifischen theoretischen Abriss oder eine sozial-, kultur- oder literaturhistorischen Kontextualisierung durchführen lässt. Die Textabhandlung stellt in der Regel den Hauptteil (was für die Dimensionierung des Textes von Bedeutung ist). Hier müssen die für die Beantwortung der Fragestellung notwendigen Textanalysen durchgeführt werden. Die Zahl der Schritte oder Abschnitte, die Sie dabei wählen, ist abhängig von der Themenstellung. Der undankbarste Abschnitt ist das Resümee oder der Ausblick. Wenn Sie ein Resümee schreiben, müssen Sie darstellen, was Sie bei Ihrer Abhandlung herausgefunden haben. Sie wiederholen sich also in knapper Form. Schreiben Sie einen Ausblick, dann zeigen Sie, welche Fragen oder Perspektiven sich dadurch eröffnen, dass Sie die vorliegende Fragestellung gelöst haben. Das bedeutet aber, dass Sie Ihre Vorbereitung deutlich weiter auslegen müssen. Immerhin nehmen Sie in diesem Fall zu Themen Stellung, die weit über das zu behandelnde Klausurthema hinausgehen.

Klausurstandards

Bitte beachten Sie bei der Klausur die folgenden Standards:

- Ausgangspunkt ist eine Fragestellung, die das Thema eröffnet.
- Abgehandelt werden nur die notwendigen Material- und Argumentationselemente.
- Sie sollen nicht zeigen, was Sie alles gelesen haben, sondern dass Sie eine Fragestellung angemessen behandeln können; alles was nicht benötigt wird, fällt weg.

Kompetenz und Wissen präsentieren

In einer Klausur sollen Sie Kompetenzen und Wissen präsentieren. Sie sollen Textwissen, Kontextwissen (zeitliche Verortung der Texte, Autor, historische, kulturelle, literaturhistorische Einordnung und Kontext) und Interpretationskompetenz beweisen. Außerdem ist Ihre Problematisierungskompetenz gefragt: Sie sollen demonstrieren, dass Sie in der Lage sind, aus einem Themenbereich Fragestellungen entwickeln zu können. Zudem sollen Sie Abstraktionsfähigkeit, methodische Reflektiertheit und Argumentationssicherheit beweisen. Sie sollen zeigen, dass Sie den Überblick über das Thema haben und auch unter Stress einen kühlen Kopf behalten, zudem auch ohne Apparat komplex argumentieren können und textsicher sind.

Multiple Choice

Allerdings hat eine Sonderform der Klausur neuerdings an Bedeutung gewonnen, die den meisten nur von Führerscheinprüfungen her bekannt sein dürfte: Multiple-Choice-Klausuren. Auch wenn man daran zweifeln kann, dass solche Klausurformen wirklich der Ausbildung dienen und sinnvoll sind, gibt es sie dennoch. Und das heißt, man muss sich auch auf sie vorbereiten. Mit Wissenschaft hat das allerdings recht wenig zu tun. Immerhin helfen Ihnen Multiple-Choice-Fragebögen bei der Beantwortung ein wenig. Denn entweder sind die (falschen) vorgegebenen Antworten einfach nur absurd oder sie grenzen den sinnvollen Antwortbereich ein wenig ein. Allerdings sind Frage-Antwort-Spiele für Fächer, die in großen Teilbereichen uneinig über Definitionen sind, wenig sinnvoll einsetzbar. Wenn die Definition von Novelle, Lyrik oder Metapher strittig ist, wie kann von einem Studierenden erwartet werden, dass er hier eine allgemein anerkannte Antwort gibt? Sinnvoll wäre es allerdings, Positionen zu referieren, ihre Vor- und Nachteile zu erörtern und sich dazu zu positionieren. Das ist aber in Multiple-Choice-Fragebögen nicht möglich. Sie können sich – mit diesen Vorbehalten – auf Multiple-Choice-Klausuren insofern vorbereiten, als sie in der Regel auf ein konkretes Seminar oder Lehrbuch Bezug nehmen. Die hier vorgenommenen Definitionen und Lehrsätze bilden also für Sie das Korpus der „richtigen" Antworten.

6. Mündliche Prüfung

Prüfungsgespräch und Interview

Die Relevanz von Interview und Prüfungsgespräch für die wissenschaftliche Ausbildung und spätere Berufstätigkeit ist unbezweifelbar. Wissenschaftler müssen ihre Thesen und Ergebnisse in der wissenschaftlichen Öffentlichkeit vortragen und verteidigen, mündlich und schriftlich, und das oft genug in Stresssituationen. Auch wenn sich auf vielen Tagungen die

Diskussionen nach Vorträgen auf Höflichkeitsfragen beschränken, bleibt die persönliche wissenschaftliche Diskussion ein hohes Gut und findet auch oft genug statt. Ähnlich ist es mit Diskussionen oder Vorträgen im Zusammenhang mit Bewerbungen, Projekten, Messen oder Arbeitsgruppen. Hier ist ein kompetentes und zugleich engagiertes Auftreten gewünscht, das klar macht, dass Sie hinter Ihrer Sache stehen. Niemand glaubt Ihnen eine These, wenn Sie sie nicht entsprechend engagiert vortragen und verteidigen. Sie bekommen aber auch Ihren Marketingplan nie durch, wenn Sie nicht klar machen, dass Sie ihn für richtig und gut halten. Sie werden Ihren Lösungsvorschlag nur schlecht durchsetzen können, wenn Sie ihn nicht angemessen vortragen. Auch Ihre Schüler werden Ihnen eher folgen, wenn sie glauben können, was Sie sagen. Dafür müssen Sie auch unter Stress und unter denkbar schlechten Voraussetzungen einen klaren Kopf behalten und Ihre Sache angemessen vortragen oder sogar verteidigen können. Zu den schlechten Voraussetzungen gehört zum Beispiel, dass Sie sich gegen andere Interessen, die teilweise sogar gegen Ihre Person gerichtet sind, durchzusetzen vermögen.

Performance üben

Dabei geht es nicht nur um Sachwissen. Das Resultat einer Prüfung wie einer Arbeitsgruppendiskussion hängt zu mehr als 50 Prozent von Ihrer Art sich zu präsentieren und zu diskutieren ab, und zu deutlich weniger als 50 Prozent von Ihrem abrufbaren Wissen. Das hat bereits der berühmte Freiherr von Knigge gewusst: „Wir werden täglich gewahr, daß oft die klügsten und gelehrtesten Männer, wenn nicht zuweilen die untüchtigsten zu allen Weltgeschäfte, doch wenigstens unglücklich genug sind, durch Mangel einer gewissen Gewandtheit, zurückgesetzt blieben, und daß die Geistreichsten, von der Natur mit allen inneren und äußeren Vorzügen beschenkt, oft am wenigsten zu gefallen, zu glänzen verstehen." (Knigge 1975, S. 11f.) Das bedeutet nicht, dass Sie nichts zu lernen brauchen, um eine gute Prüfung hinzulegen, aber das beste Lernen und Wissen nutzt Ihnen nichts, wenn Sie das, was Sie vorbereitet haben, nicht abrufen können. Ihre ganze Kompetenz nutzt Ihnen nichts, wenn Ihnen niemand abnimmt, dass Sie kompetent sind, weil Sie nicht das dazu passende Auftreten haben. „Anzugträger" haben ihre Probleme mit „Jeansträgern" und umgekehrt. Man mag solche Reaktionen für schäbig halten, letztlich aber funktionieren wir alle so: In einem wissenschaftlichen (Prüfungs-)Kontext wird Kompetenz generell nicht mit einer unaufmerksamen Haltung, einer undeutlichen oder unkonzentrierten Aussprache, einem phlegmatischen Auftreten oder einem unpräzisen Ausdruck verbunden. Da Sie das wissen, ist es nur ein kleiner Schritt, zumindest für die Prüfungssituation all die Dinge zu tun, die notwendig sind, um sie so gut wie Ihnen nur möglich zu absolvieren.

Wissen oder Performance?

Beides ist verlangt: Sie wissen viel (viel mehr als Sie glauben) und Sie müssen es angemessen präsentieren. Und Sie müssen es reflektieren, d. h. eben auch diskutieren können. Das ist nicht einfach, wenn Sie nervös sind und zudem der Überzeugung sind, viel zu wenig zu wissen (nebenbei: Sie werden diese Überzeugung nie wirklich verlieren). Denken Sie stattdessen positiv. Sie können Ihre Kompetenz nur unter Beweis stellen, wenn Sie die angemessenen Mittel dazu anwenden: Sprachgewandtheit, Körperhaltung, Zuwendung, Klarheit im Ausdruck, und kaum etwas ist einfacher als das.

Spannung und Nervosität

Sie haben jeden Grund nervös zu sein, weil es jetzt darauf ankommt. Nervös sein heißt aber vor allem, positive Spannung aufzubauen, um gut sein zu können: Dann sind Sie präzise, alles, was Sie wissen und können, steht bereit und fließt Ihnen zu. Negative Spannung führt aber dazu, dass Sie Ihre Leistungsfähigkeit nicht abrufen können: Sie machen dicht, Sie verstehen die Fragen nicht, fühlen sich dumm, Sie vergessen alles, Sie stammeln, Sie kommen nicht auf den Punkt. Wie das eine erreichen, ohne in das andere zu verfallen?

Prüfungssituation vorbereiten

Zum einen: Sie müssen die Prüfungssituation vorbereiten, Sie müssen sie üben, üben, üben. Wenn Sie im Studium wenige mündliche Prüfungen absolvieren müssen, dann üben Sie vor größeren Prüfungen mehrmals mit Kommilitonen. Versuchen Sie die Prüfungssituation positiv zu besetzen. Denken Sie daran, dass sie das, wozu Sie geprüft werden, wahrscheinlich genauer kennen als Ihr Prüfer, der sich möglicherweise nicht eigens vorbereitet hat. Sie sind also im Vorteil. Sie sind gut vorbereitet. Versuchen Sie also, konzentriert und fokussiert zu sein.

Elemente mündlicher Prüfungen

Die meisten mündlichen Prüfungen umfassen die folgenden Elemente:

- Überblick
- Biografische und textliche Daten und Fakten
- Zugriff und Definition
- Textkenntnis
- Kontextwissen.

Jedes Thema hat seinen Kontext

Abb. 15: Kontexte. In mündlichen Prüfungen sollen Sie in der Regel Texte, Motive oder Autoren charakterisieren und einordnen.

Vom Allgemeinen zum Besonderen

Dabei haben sie einen typischen Verlauf, nämlich vom Allgemeinen zum Besonderen. Mündliche Prüfungen beginnen normalerweise mit einem Überblick oder einer allgemeinen Einordnung oder Definition. Dann folgt eine Eingrenzung des Themas („welche Funktion hat …", „wie bewerten Sie …", „welche Entwicklung nimmt …" etc.). Schließlich folgt die Auffächerung des Themas („wie grenzen Sie voneinander ab", „wie erklären Sie eine Entwicklung", „wie unterscheiden sich" etc.), die dann auch zu den Texten oder Textelementen führt. Berücksichtigen Sie diese Struktur (vom Allgemeinen zum Besonderen) bereits in der Vorbereitung, auch bei der Auswahl der Sekundärliteratur, die Sie zur Vorbereitung nutzen wollen.

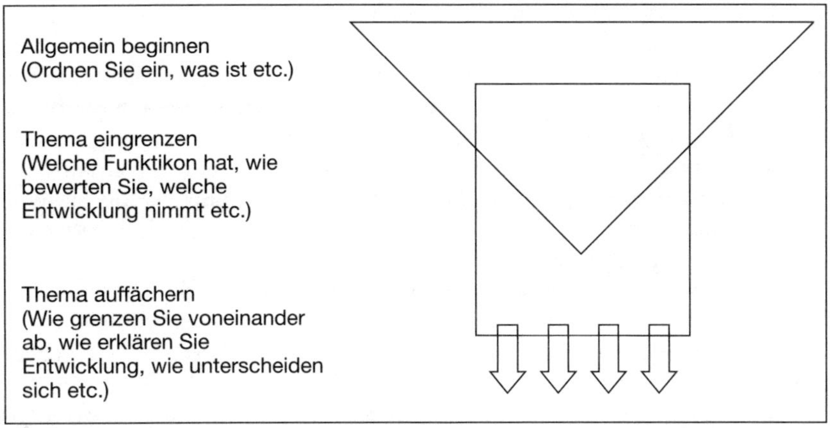

Abb. 16: Fragestruktur. Die Fragen gehen vom Allgemeinen zum Besonderen. Hinleiten, Begrenzen, Ausdifferenzieren: Mündliche Prüfungen haben einen Standardaufbau.

Überblick

Sie müssen zumeist erst einen Überblick über das Thema oder eine erste Definition des Gegenstands geben. Dafür nennen Sie den historischen und kulturellen Rahmen, nennen die Hauptpunkte und charakterisieren sie (zum Beispiel den Autor oder den Text). Versuchen Sie, präzise zu sein und nicht auszuweichen. Inhaltsangaben werden in der Regel nicht gewünscht, aber es sollte erkennbar sein, dass Sie den Text kennen (also Plot, Hauptpersonen, Handlungszeit). Wenn es notwendig ist, bringen Sie das entsprechende theoretische oder methodische Wissen ein.

Kontrollierter Vortrag

Zentral ist die Art Ihres Vortrags. Bilden Sie ganze Sätze. Verwenden Sie Fachsprache, aber übertreiben Sie bitte nicht, das provoziert Ihren Gesprächspartner. Bei größeren Prüfungen (30 oder 60 Minuten) ändert sich Ihr Auftreten ein wenig: Sie müssen Ihr Thema angemessen groß schneiden. Bereiten Sie genug Stoff vor (bitte aber nicht besinnungslos büffeln, sondern machen Sie sich kundig). Größere Themenzusammenhänge sollten Sie mit Thesen aufarbeiten (Thema strukturieren, Erklärungsmuster bilden, begründen etc.). Bilden Sie im Thesenpapier Cluster, die diskutiert werden können und die gegebenenfalls intensiver behandelt werden können. Bilden Sie ausreichend Cluster, mit denen Sie etwa eine Prüfung von 60 Minuten bestreiten können. Suchen Sie, falls die Zeit ausreicht, die Fachdiskussion. Das wird nur in Prüfungen, die mindestens eine halbe Stunde dauern, möglich sein. Aber gerade hier kommt es darauf, dass Sie sich als ernsthafter Gesprächspartner zeigen können. Seien Sie nicht unterwürfig, sondern selbstbewusst und kritisch. Dabei sollte Ihnen aber immer bewusst bleiben, dass nicht Sie die Prüfung leiten, sondern Ihr Prüfer. Provozieren Sie ihn nicht und führen Sie ihn nicht vor, wenn Ihnen Ihre Note lieb ist.

7. Übungstext, Essay, Rezension, Aufsatz, Dissertation

Schreiben üben

Schreiben muss man üben, nur wenige Menschen können schreiben, ohne es offensichtlich je geübt zu haben. Neben Seminararbeiten werden gelegentlich im wissenschaftlichen Studium freiere und kürzere Textformen eingesetzt, mit denen die Schreibfähigkeit ausgebaut werden soll. Diese Texte, die einen Umfang von zwei bis fünf Seiten haben können und die zum Teil mehrfach im Semester angefertigt werden sollen, können als kleine Abhandlungen, Rezensionen oder als Essays gefasst werden.

Kurze Übungstexte

Die Themen müssen auf zwei bis fünf Seiten behandelt werden können. Generalthemen sind dafür kaum geeignet, zumindest wenn Sie wissenschaftlichen Standards entsprechen sollen. Rezensionen hingegen, die einen allgemeinen Eindruck vom Thema, von der Methode und vom Ergebnis eines wissenschaftlichen Werks bieten sollen, sind für solche Umfänge ideal. Auch lassen sich Essays auf wenige Seiten beschränken, vor allem dann, wenn sie als kurze Reflexionen und Abwägungen gefasst sind.

Essay

Der Essay bietet mehr Freiheiten im Stil und im Vorgehen als wissenschaftliche Texte. Sie können in ihm etwa auf einen umfassenden Apparat verzichten, mit dem Sie Ihre Erklärungen und Behauptungen belegen müssten. Stattdessen stehen Ihre Position, Ihre Meinung und Ihre Auffassung im Vordergrund der Darstellung. Während Sie für die wissenschaftliche Abhandlung Distanz zum Gegenstand aufbauen müssen, um ihn angemessen behandeln zu können, ist der Essay gerade von Ihrem sehr persönlichen Verhältnis zum Thema und von Ihrem Zugriff darauf geprägt. Auf der anderen Seite sind die Anforderungen an Ihren Stil, an Ihre Argumentation und an Ihre Überzeugungskraft sehr viel höher als bei der wissenschaftlichen Abhandlung. Ist hier zumeist Sachlichkeit und Angemessenheit gefordert, darf der Essay auch ironisch, spöttisch, gewagt oder persönlich sein – wenn Sie damit bestimmte, genau überlegte Ziele verfolgen. Unabsichtlich sollten Sie keine dieser Haltungen einnehmen, schon, um sich selbst vor den Reaktionen zu schützen, die eine vielleicht als abfällig verstandene Bemerkung hervorrufen kann. Achtung: Tappen Sie aber auch nicht in die Beliebigkeits- und Betroffenheitsfalle. Nicht alles, was ein „ich“ sagt, ist durch die Essayform legitimiert.

Publikationsreife Texte

Weiter führende Textformen, die in Richtung Öffentlichkeit zielen, sind Rezensionen, Aufsätze und Dissertationen, mithin eben auch Buchveröffentlichungen.

Rezension

Rezensionen sind in der Regel knappe Texte über Buchveröffentlichungen, seien sie wissenschaftlicher oder literarischer Natur. Sie können referierend, wertend oder diskutierend sein. Sie orientieren sich an mehr oder weniger offengelegten Maßstäben, denen der zu rezensierende Text genügen soll. Rezensionen können einen Forschungsbericht beinhalten, ordnen also eine wissenschaftliche Abhandlung in einen Forschungs- oder Themenzusammenhang ein. Dabei soll die Position des Autors der zu besprechenden Studie reflektiert und bestimmt werden. Von großer Bedeutung ist aber dabei, dass Rezensenten ihre eigene Position mit reflektieren. Außerdem sollen Rezensenten fair sein. Was ein Autor aus welchen Gründen auch immer nicht wissen kann, darf man ihm nicht vorwerfen. Immerhin hat der zu rezensierende Autor sich jede ihm erdenkliche Mühe gemacht, um seine Studie zu schreiben. Dafür gebührt ihm zumindest soweit Respekt, sich mit dieser Studie angemessen auseinander zu setzen. Das heißt, ihre Prämissen, ihre Argumentation und ihre Materialien sollen in angemessenem Umfang berücksichtigt und vorgestellt werden. Der Schwerpunkt liegt in dieser Präsentation, nicht darin, die Studie mit Süffisanz zu zerstören.

Defizite benennen

Zur Rezension gehört allerdings, neben den Ergebnissen auch die Defizite einer Studie zu nennen. Ist die These nicht plausibel und die Argumentation lückenhaft oder irreführend, sind die Materialien nicht ausreichend, ist die Sprache nicht ausgearbeitet oder die Form schlampig, darf durchaus darauf hingewiesen werden. Rezensenten tun allerdings gut daran, gegenüber Text und Autor nicht selbstherrlich oder überheblich zu werden. Fehlersucher sind beinahe immer erfolgreich, sie helfen aber der Forschung nicht, sondern stellen – übertreiben sie es – vor allem ihre eigene Kompetenz in den Vordergrund, mit der die Fehler ja gefunden werden können. Auch sollte die Stillage einer Rezension immer zurückhaltend bleiben. Eine erregte Besprechung gehört nicht in die Wissenschaft. Hingegen sind die Darstellung, Reflexion und Diskussion einer Studie von großem Wert. Sie helfen anderen bei der Einschätzung einer Studie und bei der Ausbildung einer eigenen Position. Nicht zuletzt deshalb ist die Rezension als Übungsform im wissenschaftlichen Studium sehr sinnvoll.

Aufsatz

Der Aufsatz ist – salopp gesagt – die öffentliche Form der Hausarbeit. Aufsätze sind wie Arbeiten wissenschaftliche Abhandlungen, die aber im Unterschied zu Seminararbeiten eine wichtige Funktion in der wissenschaftlichen Diskussion haben. Aufsätze stellen Detailstudien oder Thesen konzentriert vor. Sie haben im Wesentlichen dieselbe Struktur wie Hausarbeiten und denselben Apparat. In den Literaturwissenschaften haben sich Aufsätze zu in sich geschlossenen Abhandlungen entwickelt, die nur noch selten Überlegungen oder Studien zur Diskussion stellen. Zumeist präsentieren sie Positionen, die so gut wie möglich mit Materialien und Literaturhinweisen abgesichert werden. Problematischere Sachverhalte und persönlichere Positionsbestimmungen werden dem Essay vorbehalten.

Dissertation

Dissertationen sind monografische Abhandlungen über ein wissenschaftliches Thema, die eine Lücke in der Forschung schließen, ein neues Thema eröffnen, neue Materialien erschließen oder die Diskussion weiterführen. Während also Abschlussarbeiten keine eigenständigen Forschungsarbeiten sind, gilt dies als hartes Kriterium für Dissertationen. Allerdings werden Dissertationen auch geschrieben, um mit ihnen den akademischen Grad des Doktor phil. zu erwerben, der in der Gesellschaft immer noch einen guten Ruf hat und in diversen Berufen das Fortkommen und die Karriere erleichtert.

Dissertationsstandards

Dissertationen haben einen Umfang von mindestens 200 Standardtyposkriptseiten, können aber auch deutlich umfangreicher sein. Allerdings sollen sie in der Regel innerhalb von zwei bis drei Jahren abgeschlossen werden können (die Regel sind drei bis fünf Jahre). Die Themen müssen also anders geschnitten werden als für Abschlussarbeiten. Außerdem muss die Behandlung des Themas oder Problems intensiver sein. Hinzu kommt der relative Zwang zur originellen Arbeit, der aber von dem allzu wahren Satz relativiert wird, dass eine Dissertation zu mindestens 90 Prozent aus Fleiß und nur zu maximal 10 Prozent aus Originalität besteht. Vorausgesetzt wird von einer Dissertation auch, dass sie auf der Grundlage einer umfassenden Kenntnis der Forschung geschrieben wird. Allein für das Studium der einschlägigen Forschungsbeiträge muss also ausreichend Zeit eingeplant werden. Bei quellenintensiven Arbeiten, in denen Archive ausgewertet werden müssen, die möglicherweise nicht einmal erschlossen sind oder bei denen sachliche Zusammenhänge gefunden werden müssen, die so noch nicht bekannt sind, ist der Zeitaufwand noch sehr viel größer (vgl. Brenner-Wilczek, Cepl-Kaufmann, Plassmann 2006).

Edition

Hoch einzuschätzen ist auch der Aufwand, der für die Kommentierung von Editionen aufgewandt werden muss. Zwar muss nicht jede selbstverständliche Kleinigkeit und jede Nebensächlichkeit in einem historischen Text erläutert werden, aber die Entscheidung, wo die Nebensächlichkeit anfängt und die Hauptsache aufhört, ist nicht immer einfach (vgl. Plachta 1997). Auch hier sind Zeit und Sachverstand zu investieren – oder das erste, um das zweite zu erwerben. Mindestens aus diesem Grund sind die Erfahrungen der Betreuer zu nutzen und ist ein belastbarer Zeitplan zu erstellen. Auch sollten Sie den Austausch mit anderen Doktoranden suchen, um gemeinsame Probleme schneller lösen zu können und um Ihre eigene Arbeit und Thesen im Gespräch erproben zu können.

Promotionsstudium

Dissertationen schließen an das Master-Studium an und gehören zu einem eigenständigen Qualifizierungsschritt. Die meisten Universitäten geben heute die Gelegenheit zu einem „Promotionsstudium". Das heißt, sie lassen qualifizierte Kandidaten dazu zu, eine Dissertation zu schreiben. Lange Jahre war das oft nicht möglich. Wenn also ein Promovend keine Mitarbeiterstelle hatte, musste er sich auf eigenes Risiko auf die Promotion vorbereiten und seine Arbeit schreiben. Mit den heutigen Regeln ist die Qualifizierungszeit zumindest nachweisbar. Damit wächst der Druck auf die Universitäten und Fachbereiche, sich intensiver als bisher um ihre Promovenden zu kümmern. Bislang beruht die Promotion auf einer unverbindlichen Vereinbarung zwischen einem Hochschullehrer und einem Literaturwissenschaftler mit Magister- oder Masterabschluss oder einem Staatsexamen. Promovenden mussten also einen hohen Eigenantrieb haben, mussten – falls ohne Stelle an der Universität – die Finanzierung selbst besorgen, die Betreuung beschränkte sich auf gelegentliche Gespräche mit dem Betreuer, die Arbeit fand in der Regel allein am Schreibtisch statt. Heute bemühen sich viele Universitäten und Fachbereich um weiter gehende Qualifizierungen für ihre Promovenden, etwa im Schreiben, Recherchieren, Präsentieren oder Forschen, stellen ihnen Diskussionsforen zur Verfügung, auf denen sie sich austauschen können, und versuchen, sie auf praktische Berufe auch außerhalb der Universität vorzubereiten. Versuchen Sie also, eines dieser Angebote wahrzunehmen und frühzeitig auch andere Aspekte des wissenschaftlichen Arbeitens, die außerhalb Ihrer eigenen Forschungen liegen, wahrzunehmen und zu nutzen (vgl. Brenner 2001).

Bibliografie

Wissenschaftliches Arbeiten

Andermann, Ulrich; Martin Dres und Frank Grätz: Wie verfasst man wissenschaftliche Arbeiten? 3., völlig neu erarbeitete Auflage. Mannheim, Leipzig, Wien, Zürich 2006 (= Duden).

Aristoteles: Rhetorik. Übersetzt, mit einer Bibliographie, Erläuterungen und einem Nachwort von Franz G. Sieveke. München ^{5}1995.

Bangen, Georg: Die schriftliche Form germanistischer Arbeiten. Empfehlungen für die Anlage und die äußere Gestaltung wissenschaftlicher Manuskripte unter besondere Berücksichtigung der Titelangaben von Schrifttum. 9., durchgesehene Auflage. Stuttgart 1993.

Behmel, Albrecht: Erfolgreich im Studium der Geisteswissenschaften. Tübingen, Basel 2005.

Blinn, Hansjürgen: Informationshandbuch deutsche Literaturwissenschaft. Vierte, völlig neu bearbeitete und stark erweiterte Ausgabe. Mit Internet- und CD-ROM-Recherche. Frankfurt/M. ^{3}2005.

Brenner, Sabine (Hrsg.): Promotionsratgeber für Doktoranden der Philosophischen Fakultät. Düsseldorf 2001.

Brenner-Wilczek, Sabine; Gertrude Cepl-Kaufmann und Max Plassmann: Einführung in die moderne Archivarbeit. Darmstadt 2006.

Cotrell, Stella: The Study Skills Handbook. Houndmills, Basingstike, Hampshire, New York ^{2}2003.

Cramme, Stefan und Christian Ritzi: Literatur ermitteln, lesen und festhalten. In: Franck, Norbert und Joachim Stary (Hrsg.): Die Technik wissenschaftlichen Arbeitens. Eine praktische Anleitung. 14., überarbeitete Auflage. Paderborn, München, Wien, Zürich 2008, S. 33–70.

Dahinden, Urs; Sabine Sturzenegger und Alessia C. Neuroni: Wissenschaftliches Arbeiten in der Kommunikationswissenschaft. Bern, Stuttgart, Wien 2006.

Dath, Dietmar: Schlimmer als falsch. Ein Methodenstreit erschüttert die theoretische Physik. In: Frankfurter Allgemeine Zeitung vom 31.7.2006, S. 27.

Dehmel, Albrecht: Erfolgreich im Studium der Geisteswissenschaften. Tübingen, Basel 2005.

Delabar, Walter: Dezentrales Wissensmanagement. Vorschläge zur Neuorganisation der literaturwissenschaftlichen Lexikographie. In: Jahrbuch für Internationale Germanistik 23 (2001) H. 2, S. 105–118.

Duden. Rechtschreibung der deutschen Sprache. 21., völlig neu bearbeitete und erweiterte Auflage. Hrsg. von der Dudenredaktion. Auf der Grundlage der neuen amtlichen Rechtschreibregeln. Mannheim, Leipzig, Wien, Zürich 1996 und ff. (= Duden in zwölf Bänden Bd. 1).

Duden. Reden gut und richtig halten! Ratgeber für wirkungsvolles und modernes Reden. 2., neu bearbeitete und ergänzte Auflage, hrsg. und bearbeitet von der Dudenredaktion in Zusammenarbeit mit Siegfried A. Huth. Mannheim, Leipzig, Wien, Zürich 2000.

Eco, Umberto: Wie man eine wissenschaftliche Abschlußarbeit schreibt. Doktor-, Diplom- und Magisterarbeit in den Geisteswissenschaften. Ins Deutsche übersetzt von Walter Schick. 11., unveränderte Auflage der deutschen Ausgabe. Heidelberg 2005.

Ehlich, Konrad und Angelika Steets (Hrsg.): Wissenschaftlich schreiben – lehren und lernen. Berlin, New York 2003.

Esselborn-Krumbiegel, Helga: Von der Idee zum Text. Eine Anleitung zum wissenschaftlichen Schreiben. 2. durchgesehene Auflage. Paderborn, München, Wien, Zürich 2004.

Franck, Norbert: Handbuch Wissenschaftliches Arbeiten. Frankfurt/M. 2004 (= Fischer Information und Wissen. Fischer Taschenbuch 15186).

Franck, Norbert und Joachim Stary: Gekonnt visualisieren. Medien wirksam einsetzen. Paderborn, München, Wien, Zürich 2006.

Franck, Norbert und Joachim Stary (Hrsg.): Die Technik wissenschaftlichen Arbeitens. Eine praktische Anleitung. 14., überarbeitete Auflage. Paderborn, München, Wien, Zürich 2008.

Frank, Andrea; Stefanie Haacke und Swantje Lahm: Schlüsselkompetenzen: Schreiben in Studium und Beruf. Mit Abbildungen und Graphiken. Stuttgart, Weimar 2007.

Giles, Jim: Internet encyclopaedias go head to head. In: http://www.nature.com/news/2005/051212/full/438900a.html (Zugriff: 7.1.2006).

Göttert, Karl-Heinz: Einführung in die Rhetorik. Grundbegriffe – Geschichte – Rezeption. München ^{3}1998.

Grabienski, Olaf; Thorsten Ries und Jörg Schönert: Erfahrungen mit dem Blended Learning im didaktischen Reformprojekt „Grundstudium Literaturwissenschaft“. In: Jahrbuch für Internationale Germanistik 38 (2006) H. 1, S. 95–107.

Gradmann, Sebastian; Peter Hühn und Jörg Schönert: Ein netzgestütztes Living Handbook of Narratology im Open Acces Modell. In: Jahrbuch für Internationale Germanistik 38 (2006) H. 1, S. 109–114.

Gschwender, Oliver: Internet für Philologen. Eine Einführung in das Netz der Netze. Berlin 1999.

Händel, Daniel; Andrea Kresimon und Jost Schneider: Schlüsselkompetenzen: Reden – Argumentieren – Überzeugen. Mit 12 Abbildungen und Graphiken. Stuttgart, Weimar 2007.

Haller, Klaus und Hans Probst: Katalogisierung nach den RAK-WB. Eine Einführung in die Regeln für die alphabetische Katalogisierung in wissenschaftlichen Bibliotheken. 5. überarbeitete Auflage. München, New Providence, London, Paris 1996.

Hansel, Johannes und Lydia Kaiser: Literaturrecherche für Germanisten. Studienausgabe. 10., völlig neubearbeitete und erweiterte Auflage (von Johannes Hansel: Bücherkunde für Germanisten). Berlin 2003.

Hyams, Helge-Ulrike: Das Prüfungsbuch. Für Sozial- und Geisteswissenschaftler. Wiesbaden 2004 (= UTB 2555).

Jensen, Uffe Juul: Stichwort „Wissenschaft“. In: Jörg Sandkühler (Hrsg.): Europäische Enzyklopädie zu Philosophie und Wissenschaften. Hamburg 1990, S. 911–921.

Jeßing, Benedikt: Arbeitstechniken des literaturwissenschaftlichen Studiums. Stuttgart 2001 (= RUB 17631).

Jeßing, Benedikt: Bibliographieren für Literaturwissenschaftler. Stuttgart 2003 (= RUB 17640).

Kammer, Manfred: Bit um Bit. Wissenschaftliches Arbeiten mit dem PC. Stuttgart, Weimar 1997.

Knigge, Adolph Freiherr: Über den Umgang mit Menschen. Leipzig 1975.

Krajewski, Markus: Elektronische Literaturverwaltungen. Kleiner Katalog von Merkmalen und Möglichkeiten. In: Franck, Norbert und Joachim Stary (Hrsg.): Die Technik wissenschaftlichen Arbeitens. Eine praktische Anleitung. 14., überarbeitete Auflage. Paderborn, München, Wien, Zürich 2008, S. 97–115.

Lange, Tanja: Netzgestützte Kommunikation und Kooperation für Forschung (und Lehre) in den Geisteswissenschaften. In: Jahrbuch für Internationale Germanistik 38 (2006) H. 1, S. 83–94.

Leseliste. Kommentierte Empfehlungen. Stuttgart 1994.

Lorenzen, Klaus F.: Das Literaturverzeichnis in wissenschaftlichen Arbeiten. Erstellung bibliographischer Belege nach DIN 1505 Teil 2.2., erw. und verb. Auflage. (FH Hamburg, FB Bibliothek und Information) Hamburg 1997.

Luidl, Paul: Desktop Knigge. Setzerwissen für Desktop Publisher. Augsburg 2000.

Moennighoff, Burkhard und Eckhard Meyer-Krentler: Arbeitstechniken Literaturwissenschaft. 11., korrigierte und aktualisierte Auflage. München 2003 (= UTB 1582).

Niederhauser, Jörg: Duden. Die schriftliche Arbeit. Ein Leitfaden zum Schreiben von Fach-, Seminar-, und Abschlussarbeiten in der Schule und beim Studium. Literatursuche, Materialsammlung und Manuskriptgestaltung mit vielen Beispielen. 3., völlig neu erarbeitete Auflage. Mannheim, Leipzig, Wien Zürich 2000.

Paschek, Carl: Praxis der Literaturinformation Germanistik. 2. völlig neu bearbeitete Auflage. Berlin 1999 (= Germanistische Lehrbuchsammlung 48).

Raabe, Paul: Einführung in die Bücherkunde zur deutschen Literaturwissenschaft. Mit 14 Tabellen im Anhang. 11., völlig neubearbeitete Auflage. Stuttgart, Weimar 1994.

Presler, Gerd: Referate schreiben – Referate halten. Ein Ratgeber. München 2002.

Rossig, Wolfram E. und Joachim Prätsch: Wissenschaftliche Arbeiten. Leitfaden für Haus- und Seminararbeiten, Bachelor- und Masterthesis, Diplom- und Magisterarbeiten, Dissertationen. 6. erweiterte Auflage, Weyhe 2006.

Rost, Friedrich und Joachim Stary: Schriftliche Arbeiten in Form bringen. Zitieren, belegen, Literaturverzeichnis anlegen. In: Franck, Norbert und Joachim Stary (Hrsg.): Die Technik wissenschaftlichen Arbeitens. Eine praktische Anleitung. 14., überarbeitete Auflage. Paderborn, München, Wien, Zürich 2008, S. 179–195.

Schönherr, Hartmut und Paul Tiedemann: Internet für Germanisten. Eine praxisorientierte Einführung. Darmstadt 1999.

Sowinskis, Bernhard: Deutsche Stilistik. Beobachtungen zur Sprachverwendung und Sprachgestaltung im Deutschen. Überarbeitete Ausgabe. 33.–37. Tsd. Frankfurt/M. 1982.

Stary, Joachim: Wissenschaftliche Literatur lesen und verstehen. In: Franck, Norbert und Joachim Stary (Hrsg.): Die Technik wissenschaftlichen Arbeitens. Eine praktische Anleitung. 14., überarbeitete Auflage. Paderborn, München, Wien, Zürich 2008, S. 71–96.

Steiner, Peter M.: Effektiv arbeiten mit dem Internet. Darmstadt 2006.

Willberg, Hans Peter und Friedrich Forssmann: Erste Hilfe Typographie. Ratgeber für Gestaltung mit Schrift. Mainz 2000.

Literaturwissenschaft

Albrecht, Wolfgang: Literaturkritik. Stuttgart, Weimar 2001 (= SM 338).

Anz, Thomas; Rainer Baasner (Hrsg.): Literaturkritik. Geschichte, Theorie, Praxis. München 2.2007 (– bsr 1588).

Arnold, Heinz Ludwig und Heinrich Detering (Hrsg.): Grundzüge der Literaturwissenschaft. München 8.2008 (= dtv 30171).

Baasner, Rainer unter Mitarbeit von Maria Zens: Methoden und Modelle der Literaturwissenschaft. Eine Einführung. 2., überarbeitete und erweiterte Auflage. Berlin 2001.

Barthes, Roland: Das Rauschen der Sprache. Frankfurt/M. 2006.

Bauer, Matthias: Romantheorie. Stuttgart, Weimar 1997.

Burdorf, Dieter: Einführung in die Gedichtanalyse. 2. überarb. und aktual. Aufl. Stuttgart, Weimar 1997.

Burdorf, Dieter; Christoph Fasbender und Burkhard Moenninghoff (Hrsg.): Metzler Lexikon Literatur. Begriffe und Definitionen. Begründet von Günther und Irmgard Schweikle. 3., völlig neu bearbeitete Auflage. Stuttgart, Weimar 2007.

Becker, Sabina; Christine Hummel und Gabriele Sander: Grundkurs Literaturwissenschaft. Stuttgart 2006.

Bogdal, Klaus-Michael (Hrsg.): Neue Literaturtheorien. Eine Einführung. Opladen 1990, Göttingen 3.2005

Bogdal, Klaus-Michael; Kai Kauffmann und Georg Mein: BA-Studium Germanistik. Ein Lehrbuch. Reinbek bei Hamburg 2008.

Döring, Jörg: An die Nachgeborenen. Brechts *Ballade von den Seeräubern* und Durs Grünbeins *O Heimat, zynischer Euphon.* In: Delabar, Walter und Jörg Döring (Hrsg.): Bertolt Brecht (1897–1956). Berlin 1998, S. 355–377.

Förster, Jürgen; Eva Neuland und Gerhard Rupp (Hrsg.): Wozu noch Germanistik? Wissenschaft, Beruf, Kulturelle Praxis. Stuttgart 1989.

Geisenhanslüke, Achim: Einführung in die Literaturtheorie. Von der Hermeneutik zur Medienwissenschaft. Darmstadt 4.2008.

Genette, Gérard: Die Erzählung. München 1994.

Göttert, Karl Heinz: Einführung in die Rhetorik. Grundbegriffe – Geschichte – Rezeption. München 3.1998.

Grübe, Rainer; Ralf Grüttemeier und Helmut Lethen: BA-Studium Literaturwissenschaft. Ein Lehrbuch. Reinbek 2005.

Gumbrecht, Hans Ulrich: Der Luxus des freien Denkens. 2007 soll das „Jahr der Geisteswissenschaft" werden. Zeit endlich wieder Mut zur Exzentrik zu fassen. Zehn Beobachtungen. In: Frankfurter Allgemeine Sonntagszeitung Nr. 1, vom 7.1.2007, S. 17.

Hauff, Jürgen; Albrecht Heller, Bernd Hüppauf, Lothar Köhn und Klaus Peter Philippi: Methodendiskussion. Arbeitsbuch zur Literaturwissenschaft. 2 Bde. 22.–28. Tsd. Frankfurt/M. 1975.

Jahraus, Oliver: Literaturtheorie. Theoretische und methodische Grundlagen der Literaturwissenschaft. Tübingen, Basel 2004 (= UTB 2587).

Jeßing, Bendikt und Ralph Köhnen: Einführung in die Neuere deutsche Literaturwissenschaft. Stuttgart, Weimar 2.2007.

Mikos, Lothar: Film- und Fernsehanalyse. Konstanz 2003 (= UTB 2415).

Kammer, Stephan und Roger Lüdeke (Hrsg.): Texte zur Theorie des Textes. Stuttgart 2005 (= RUB 17652).

Kimmich, Dorothee; Rolf Günter Renner und Bernd Stiegler (Hrsg.): Texte zur Literaturtheorie der Gegenwart. Stuttgart 2.2008.

Michel, Sascha (Hrsg.): Texte zur Theorie der Literaturkritik. Stuttgart 2008 (= RUB 18549).

Neuhaus, Stefan: Literaturkritik. Eine Einführung. Mit 8 Abbildungen. Göttingen 2004 (= UTB 2482).

Nünning, Ansgar (Hrsg.): Metzler Lexikon Literatur- und Kulturtheorie. 4., aktualisierte und erweiterte Auflage. Stuttgart 2008.

Pechlivanos, Milto; Stefan Rieger, Wolfgang Struck und Michael Weitz (Hrsg.): Einführung in die Literaturwissenschaft. Stuttgart, Weimar 1995.

Plachta, Bodo: Editionswissenschaft. Eine Einführung in Methode und Praxis der Edition neuerer Texte. Stuttgart 1997.

Porombka, Stephan: Literaturkritik. Ein Trainingsbuch. Konstanz 2006 (= UTB 2776).

Schneider, Jost: Einführung in die moderne Literaturwissenschaft. Bielefeld 4.2002.

Schneider, Jost: Einführung in die Roman-Analyse. Darmstadt 2.2006.

Schößler, Franziska: Einführung in das bürgerliche Trauerspiel und das soziale Drama. Darmstadt 2.2008.

Schutte, Jürgen: Einführung in die Literaturinterpretation. 3., überarbeitete und erweiterte Auflage. Stuttgart, Weimar 1993 (= Sammlung Metzler 217).

Vogt, Jochen: Aspekte erzählender Prosa. Eine Einführung in Erzähltechnik und Romantheorie. 7., neubearbeitete und erweiterte Auflage. Opladen 1990.

Vogt, Jochen: Einladung zur Literaturwissenschaft. Mit einem Vertiefungsprogramm im Internet. 6., erweiterte und aktualisierte Auflage. München 2008.

Register